U0041103

洞燭先機

股市億萬贏家關鍵技術揭密

透過簡單易操作的系統，判讀技術線圖！
吸取投資名人經驗，輕鬆駕馭「逢低買進」模式。

理財暢銷書作者
蕭正崗｜著

【作者序】

股市億萬大贏家關鍵揭密

感謝各位金融界前輩們提攜與指正，讓正崗第二本著作《洞燭先機》能順利出版，這一本是繼我的第一本暢銷書《投機取巧》之後，再以技術分析為主軸，更深入探討與研究，印證技術分析應用在陸股與台股投資上，均有異曲同工與微妙之處。

希望借此幫助想透過股市理財致富華人，同時中國有超過上億股民朋友，如何能在股市高度競爭與投資高手如雲情況下，投資理財能「領先別人洞燭先機，掌握財富。」

2015/09/10 第十一屆中國企業教育百強論壇在青島舉行，此論壇有「中國培訓界的奧斯卡 」之稱，非常榮幸我也是這場論壇受獎貴賓。我個人經過六年的努力，獲得「中國十大最具價值培訓師」得到中國培訓界的肯定！台灣富豐雲端公司的專業培訓課程，也得到中國企業培訓十佳金牌投資理財課程」真是無比的光榮。

股市是通往財富自由最佳的捷徑，希望能透過此書發行拋磚引玉，讓更多人瞭解正確理財技巧，幫助更多人在股市穩健獲利，創造精彩人生，並且將投資獲利 5 ～ 10% 回饋社會，幫助弱勢族群做公益，因為取之於社會用之於社會理念，我們的社會必將更加美好。

2016 年是一個充滿希望挑戰與挑戰的一年，布蘭特原油 1/15 已經來到 28.94 美元，再創新低價，人民幣 2016/1/4 急貶 0.68% 收在 6.5338 兌 1 美元，1/7 繼續貶值至 6.59 美元，幅度高達 16%，造成歐美國際股市全部大跌。

在開放的全球投資環境下，股市已經不分國界，只要您有能力，您即可以從股市裡提款。如何透過股市的投資理財技術與其它金融商品操作，追求提早實現財富自由機會，金融市場每一次黑天鵝出現，都是財富重新分配最佳時機，您準備好迎接今年財富重新分配的機會了嗎？

本書將為您揭開股市億萬贏家如何用錢幫他們賺錢的關鍵技術，我將一一為您驗證，金融億萬贏家他們是如何快速的累積財富，掌握先機，準備好了嗎？讓我們一起 GO ！

富豐雲端財富創辦人
蕭正崗

蘇振軍
東海期貨有限責任公司、上海總部總經理助理兼經紀業務部總經理

推薦序 ❶

字字千金，我只能知一二

過去的一年裡，中國股市經歷了罕見的牛市與熊市的急速變換，驚魂尚未安定，好朋友蕭正崗先生送來了新書手稿，新的視角、新的高度重新回顧過去的行情，中國股市處處有精彩，日日也有風雨。

台灣股市發展已近半百，度我大陸三十載。聰明的人都是借用別人的經驗作為自己的經驗，而愚蠢的人非要用自己撞的頭破血流的經驗作為經驗。蕭正崗先生是台灣人，台灣的股票市場與我們中國大陸股票市場相比，無論是發展時間、投資資者結構以及監管環境都要成熟的多，我們現在所經歷的在台灣投資者眼中早已輕車熟路歷歷在目，無時不印證了歷史總在不斷的重演的經典良訓。

最近這波股市更是告誡我們，股市也不是你想買，想買就能買的，股市投資需要學習，需要研究，需要練習，需要方法，而投資理財的成功有方向、有標的、有方法，蕭正崗先生運用自己所學，融會貫通、深入淺出地把股市運行規律和投資技巧總結出來，透過這本新書來為中國股市投資者提供靈丹妙藥，為大家做好投資路上的最佳嚮導。

「賺錢的人不說，說的人都不賺錢」已經成為圈內的潛規則。究其原因，一是沒事時間和精力去寫這樣的書籍；二是好的方法太多人知道了就不再有用；三即便是好的方法說出來大部分人也領會不了其中的精髓，而書中提到「股市億萬大贏家關鍵技術揭密」就是如此，字字千金，我只能知一二。在案例分析方面，蕭正崗先生採取了以國內股票作為標的，一是檢驗其投資理念的有效性，其次也能夠更貼近我們大陸股票市場的投資環境，使讀者便於理解及運用。由此可見蕭先生用心之良苦，為我們大陸金融市場思考之深刻。

記得首次與蕭總相識時，我們討論的共同的話題就是，中國需要成功學，更需要投資理財的成功學，理財成功學比傳統的成功學要更適合我們想創業的想致富的同仁們，傳統的成功學讓我們激情澎湃但卻沒有好的項目，沒有好的方向，光有激情，卻沒法落地，最終終難獲益。

隨著國家資本市場大發展，下一波財富掘金路上，股市仍將還是一個重要的財富積累市場，希望這本書能給廣大有緣通讀此書的您帶來切切實實的收益，也幫助您在今後的投資路上能滿載而歸，也不枉、不負改革之機遇、紅利。

林昌興
群益期貨協理（期貨分析師／上海證券交易所特聘講師）

推薦序 ❷

與其消息靈通檔檔漲停，不如一技在身持盈保泰

在這個財富變動的年代，唯一不變的就是「大賺小賠」這個硬道理，蕭總經理不但兼顧了投資最重要的心法，其激勵人心的方式和幽默的口著實讓我佩服，身為顧問講師，我最愛和蕭總經理同台，因為只要參加講座或培訓，學員無不被蕭總鼓舞的熱血沸騰，而且在生動的課程中，更有蕭總他自己真金白銀實戰的經驗血淚分享，足以讓投資大眾踏上正確的投資之路。

近年來全球股市沸沸揚揚，台灣及大陸股市水漲船高，大部分的散戶聽信明牌，就一股腦兒的把資本往股市丟，我們最常聽到客戶詢問的一件事，就是哪隻股票會漲、哪個人又賺了多少，大部分投資朋友在進入市場之前，對於風險報酬利潤是沒有概念的，我曾經看過投資人從 500 萬賺到 1 億，因為貪念過大融資加碼滿倉，半年內就把資本全數吐光，最後才瞭解與其消息靈通檔檔漲停，不如一技在身才能持盈保泰。

我最愛的書是塔雷伯《隨機的致富陷阱：解開生活中的機率之謎》

（*Fooled by randomness : the hidden role of chance in the markets and in life*），和蕭總此書中的理念不謀而合，一般投資人炒股賺了錢，總以為自己可以掌控大局與盤面，殊不知沒有正確的技術和執行的技巧，財富總是如過往雲煙般隨著大盤崩跌而回到原點，因此我特別推薦朋友在踏出投資的第一步前，先看看贏家與教練如何培訓，如何透過心理層面與學習打敗大盤，古人說書中自有黃金屋，當你看完蕭正崗總經理的著作後，對於投資與獲利必能信手拈來、水到渠成。

李吉昌
凱基證券豐中分公司協理

推薦序 ❸

適當配置風險與報酬，邁向滿分的財務自由

好友再出書，是以為序。

離蕭正崗總顧問 2013 年 7 月出版的新書《投機取巧》問世，短短兩年間，第二本財經投資經典也即將出版，小弟三生有幸搶先洞燭先機！

拜讀內文，不得不敬佩正崗總顧問這幾年在財經界的耕耘與努力，今年還榮獲得大中華舉辦「中國十大最具價值培訓師」的殊榮，正崗總顧問更以其宏觀的視野將其最新力作付梓，讓兩岸三地上億股民，「以台股歷史為鏡，可以知興替 . 策未來」啟領股民的新思維。

最欣賞正崗總顧問的成功不二法門：「請成功者協助、與成功者合作、為成功者工作」。將其早期失敗的投資經驗轉化成贏家堅定的信念與智慧，也讓自己在股市投資脫胎換骨，反敗為勝。如今將多年鑽研成功勝利的投資心法，無私的回饋投資朋友， 帶領讀者到專業投資的殿堂。

理財最重要的就是「觀念」，觀念對了，買什麼都能賺！只要選對投資標的，靈活運用各項技術指標，您也能快速累積財富，實現人生的夢想！

雲端大數據與工業 4.0 的年代，投資思維也須與時俱進，本書將是投資朋友值得仰賴學習的投資工具書，鉅細靡遺，可讓投資朋友建立正確的投資心態，並溫故知新再度覆習或學習技術分析，去知悉破解技術指標所存在的盲點，您將可以在風險與報酬之間做出適當的配置，邁進百分之百的財務自由。

陳品蓁
元大證券北屯分公司副總經理

推薦序❹

贏家的秘密就是，將複雜技術簡單、紀律化

賺錢之神邱永漢曾說：「股市是給沒錢的人翻身最佳地方。」

德國投資大師柯斯托蘭尼曾說：「有錢人可以投機，但是沒有錢的人一定要投機。」

股市隨時都可賺錢，但是如何從股市裡翻身，創造財富呢？您需要有一套被印證成功而且證明有效的方法才行。

正崗兄這次繼第一本暢銷書之後，隔二年再推出他的第二本著作，本人榮幸先閱讀了這本書的手稿，他從最重要的心理層面談起，如何避免 93% 股市輸家所犯了的錯誤，傳授您 7% 股市長期大贏家贏的關鍵技術。他從技術分析切入並且從判斷股價的趨勢談起，期貨有句名言：「趨勢是您的朋友，要先判斷趨勢，才知多頭與空頭或盤整，亦才可能順勢操作。」多頭趨勢股價不斷創新高，逢拉回都是買點，空頭走勢股價不斷創新低，逢反彈都是賣點，但是一般投資人常犯的錯誤就是多頭漲多了看不順眼去放空，空頭跌深了以為可以買到最低點去搶反彈，總是逆勢操作，又很難克服人性恐懼和貪婪難把握停損停利，最後卻是大賠出場的宿命！

這本書易懂易學，本人建議要買，要看，要熟讀，而且必須遵守書中教導如何賺多賠少的紀律操作，股市天天都是機會，那一個點是買點？那一個點又是賣點？為什麼大多數的投資人都是追高殺低？贏家的秘密就是將複雜的技術簡單化，紀律化，學會判定多，空方向後以長線保護短線的概念操作，就如此而已。

Part 5　台股 6 大智慧模組化理財系統　147

Part 6　股市穩建獲利後，如何快速倍增財富？　213

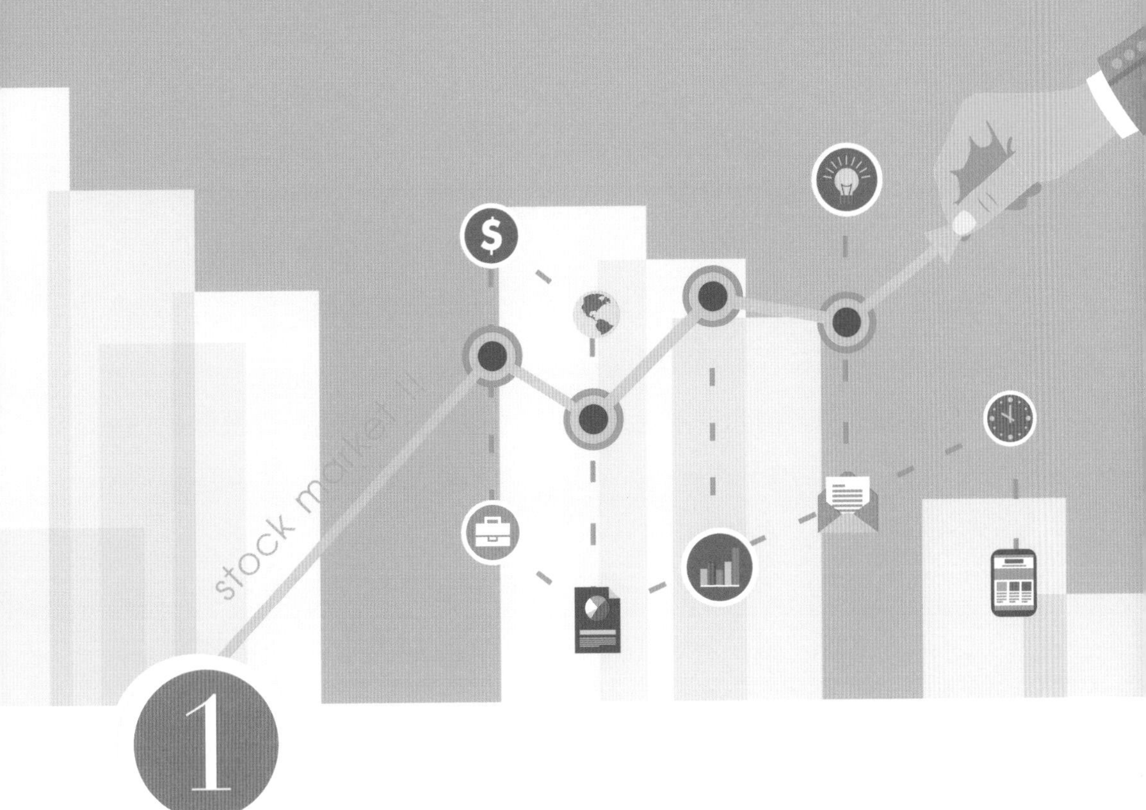

1 導讀

《易經．繫辭下傳》有云：「古者包犧氏之王天下也，仰則觀象於天，俯則觀法於地，觀鳥獸之文，與地之宜，近取諸身，遠取諸物，於是始作八卦，以通神明之德，以類萬物情。」

千年前，中國的老祖宗曾說：「秀才不出門，能知天下事」。筆者不得不由衷佩服老祖先，居然能預知未來。現今媒體與網路普及化之下，真的可以做到「不出門能知天下事了」。預估 2030 年以後，很多上班族已不用出門，只要在家工作即可，因為網路科技與互聯網的發達，很多工作透過雲端就可以完成。

某知名財經周刊曾做過一個統計：股市長期能夠賺錢的贏家，占總投資人數約 7%，也就是說 93% 的投資朋友是輸家，也就是說，為何還有這麼多人要來股市冒險呢？

因為股市的市場多大，每日交易的金額是千億起跳，可以有這樣大的成交金額，並非一般行業可以相比的。如果你是 7% 的贏家，那你有本事拿多少你就拿多少，這是一個贏家的致富天堂。

中國已從世界工廠成為世界市場

2015 年的大陸「1111 光棍節」，短短一天便在網路上創造了 4,565 億新台幣的驚人成交紀錄，面對於中國紅色供應鍊崛起，台灣未來勢必得要重新訂定未來發展的經營策略。大陸的紫光集團併購展訊和銳迪科，正式進入 IC 設計領域，國內的 IC 設計龍頭聯發科面對展訊的殺價競爭，營收大減，造成股價直直落。

2015 年 11 月，大陸紫光董事長趙偉國挖角台灣「DRAM 教父」華亞科董事長高啟全，並且還要入股力成 25% 股權，更放話企圖併購聯發科，一連串的動作，讓台灣電子產業群起嘩然……。身處台灣，我們有必要先進一步掌握這個世界市場的脈動，畢竟懂得掌握先機，才能佔盡先機，贏得勝利。

多方了解中國市場的致富之道

其實，多方了解中國股市好處很多，例如站在投資的角度，找到好的經營者，投資他的公司的股票，你不需要管理幾萬人與投資幾個億的建廠設備，就能與企業一起與分享經營獲利，我們稱之賺取資本利得，配股配息。

再者，假如股價有上下波動時，我們也可先透過技術分析來研判股價短線的轉折，低進高出先賺到股價的價差。加上工作時間自由，工作時間短，時間彈性又自由。不用太多口才，盤中要冷靜思考，不用講太多話。而且無須外出，只要在家裡上網觀盤，即可交易賺錢。更遑論不用趕上、下班打卡，看盡老闆與客戶的臉色。

投資股市者，逾 9 成是輸家？

1．不了解股市，認為股市賺錢簡單，隨便買即可賺錢：有一種行業月薪 5 ～ 10 萬人民幣，是駕駛民航機機師，你會因為他的薪高，在你沒有經過嚴格訓練時，不懂如何駕駛駕飛機，就想去開飛機嗎？不會對吧？因為你知道太危險了。

2．不夠專業：一知半解，看幾本書，以為上幾堂課就以為可以成為股市贏家，有那麼簡單嗎？如果是這樣簡單，大家都不工作了，來炒股就好了，不是嗎？

3．長線／短線分不清：許多人原本想賺短線的「價差」投機一下；但不小心被股票套住後，心理卻想，反正不賣就不會賠，開始與股票八年抗戰，變「長線投資」，但是因科技不斷進步，很多公司失去競爭力，最後倒閉下市了，這樣的公司不勝枚舉。財富就化為烏有。

4．過度使用槓桿，重壓持倉：有人認為股市可以快速致富，就借用民間的配資，操作槓桿 4 ～ 5 倍，台灣稱丙種資金，一旦行情反轉，做錯邊，3 支跌停版，就會被強制斷頭平倉賣出，財富又受重大損失，因此聽聞還有人因炒股慘賠而選擇輕生。

5．把運氣當專業：散戶在股票初升段有賺就趕快跑了，不久股價又創新高，所以就趕快追回股票，當主升段第一波股價又持續創高，心想怎麼沒有買多一點呢？後悔不已，此時更讓自已覺得像股神，交易股票賺錢實在太簡單了，而待第三波末升段時，方才驚覺買太少了，趕緊壓下重注、賭上身家，擴大槓桿操作，結果行情緊轉直下，高點持股買倉，先前所贏的錢全數還回市場，甚至還把老本通通全賠光。這就是主力操作的三部曲「養，套，殺」。

6．缺少金牌教練指導：想當醫生，必須要讀 6 年醫學院，畢業後還要從實習醫生做起，之後才能主治醫生。想打進 NBA 打職業籃球賽，你必須從高中開始就是籃球校隊，進入大學後依然要進入籃球隊磨練並透過甄選，方可進入職業 NBA 一試身手，因此，一步一腳印絕非空話，這世上沒有空降的 NBA 球員，不是嗎？

7．不想學習，只想不勞而獲：聽明牌炒股：聽說誰的親戚是某某公司的董事，股票很大利多，會炒到多少目標價。他就這樣相信了，當然有可能是準的，但有時股價可能還沒來到目標價就下跌了，你也不知道要獲利了結，一味地加碼攤平，結果股價倒是真的一去不回頭了。

8．沒有環境：人是環境下的產物，意志力往往抵不過環境的影響力，我想問大家一個問題，假如你生活的地方一個月不賣肉，只能吃素食，那麼平日習慣有魚有肉的你，應該怎麼辦？你會試著忍耐，還是想辦法另尋出路呢？

股市贏家擅長的技術分析

根據我的觀察，贏家通常會先將複雜的技術簡單化，然後重複做，用心去體悟。而經過我多年的研究，這些國際級的投資大師，以及能在股市賺進 9 位數字財富的行家，其慣用的手法各有優、缺點。

但歸咎幾個重點，我發現想成為股市大贏家還真的有方法可供參考，甚至就連賠錢也都有跡可循。但要如何操作呢？

我先用 10 個字做個結論，那就是「有長線看法，再操作短線」，操作應從長線看到中線再走到短線，出手時則應用短線技術分析，然後進場。接著再經由風險控制和適當的資金管理，只要勝率夠高 7 成以上，長期下來，你就會得到投資的正報酬。

再者，試著複製別人已經證明，確實有效的方法！

對於想在股市炒股可以成功的投資者，第一條路是自己埋頭苦幹，學習，總結，實踐，在總結，在實踐；第二條路則是向佼佼者學習，複製他們已經驗證成功的營利模式，你覺得那一個是最聰明的選項呢？相信大多數人肯定會選擇後者，對吧？

「股神」華倫．巴菲特（Warren E. Buffett）認為，學習投資大師的智慧和經驗是投資成功的唯一途徑，「投在大師門下學習幾小時的效果，遠勝自己過去 10 年裡，自以為是的天真思考。」巴菲特不但學習了素有「證券分析之父」保羅．格雷厄姆（Paul Graham）的投資策略，還進一步吸收了教父級的投資大師菲利普·費雪（Philip A. Fisher）的投資策略，並將兩者完美融合在一起。所以他總是稱自己的操作策略是：85% 的格雷厄姆加上 15% 的費雪。

美國史上最著名的短線奇才傑西·李佛摩（Jesse Livermore），在《股票作手回憶錄》（*Reminiscences of a stock operator*）一書中曾說過：「經驗通常會付給你穩定的紅利，而觀察會讓你得到最好的名牌。」相信你我都聽過「站在巨人肩膀上」這句話，人類的各種知識

何謂技術分析？

意指過去金融市場的資訊，經由圖表（分析過去價格走勢及價量等資料）來預測股價走勢，進而決定投資策略，決定買進賣出的時機。

（1）技術分析原理：

技術分析的基本假設前提是：雖然時空更迭，但歷史終會重演，只要掌握股價變動軌跡屬於何種形態，就能正確預測未來的股價走勢。也就是說，技術分析較側重於投資時機之掌握。

（2）常見的技術分析與指標：

例如K線、價量關係、均量水準、RSI、移動平均線、乖離率、OBV、MACD、ADL、寶塔線等等。

都是通過不斷累積才能進步的，人們都在學習前人知識的基礎上繼續前進，股市也是如此，我們需要的是前人的知識和經驗，而非自己從頭開始地累積經驗。

假如一個人不學習現有的股票知識，而是自己從頭開始，只從自己的操作中去體悟市場，總結錯誤經驗，產生有用的知識。哪怕他是個很聰明的人，也不見得能取得多大的成就，即使取得成就也不知道需要耗費多少年的努力。怕的是股市今天慘賠，明天又慘賠，之後即使有大賺的機會出現，你已經輸光所有的籌碼，手上已沒有現金可以投入市場了。

喬治·索羅斯（George Soros）曾在 1992 年 9 月，於著名的英鎊戰役中贏得 20 億美元利潤， 1997 年又再度成功狙擊泰銖而獲得「金融大鱷」稱號。而話說索羅斯稱霸投資世界，他向來只奉行「賺多，賠少」四個字，「賺多」是指必須提高選股勝率與操作紀律，至於「賠少」則代表必須嚴格遵守停損（止損）紀律，方可成局。

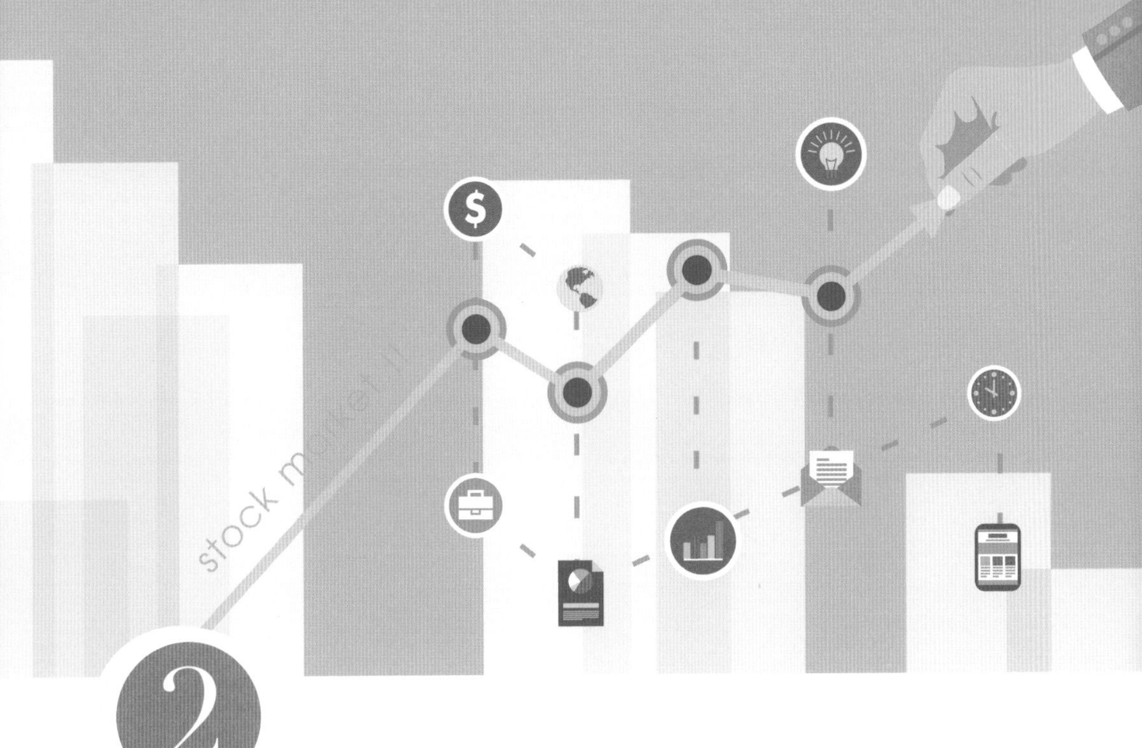

2

如何賺多賠少，落實紀律操作？

先從市場贏家學習經驗，再將經驗轉化成你的操作「信念」。腦神經學研究發現，新的事物必須重複21次以上，大腦才能記住95%。本篇將會不斷提出範例，目的就是讓大家的學習效果更好。

首先，何謂策略？就是「達成目標的方法與步驟」，要想成為股市贏家，那麼就要跟股市第一名學習，之後再來學習成功者的交易策略，明白他們出手的步驟是什麼？這就好比我們跟著五星級的米其林大廚學習作菜，並且確實做到 100% 複製步驟流程，這樣一來，味道肯定不差。但反觀若不按照五星級米其林主廚所教導的步驟流程來作菜，菜餚味道一定不會一樣，總之，要做出味道一模一樣的菜色，所有的步驟流程都必須完全複製，這種說法，你同意嗎？

而正所謂「工欲善其事，必先利其器」，陸股的看盤軟體有很多，筆者提供一套很不錯的看盤軟體給各位讀者參考（http：//www.caifutong.com.cn/），股市炒股人人都想賺錢，但在最後真正保有獲利賺錢放入口袋者確是極少數，能夠選擇最佳的出擊時間，就能夠握先機。只是何時選才是最佳入場時間點？有待觀察……。

借鏡台股的歷史軌跡看陸股未來

「華爾街沒什麼新鮮事，因為人性從未改變，恐懼與貪婪。」華爾街有句名言是這樣說的；而另一句股市經典名言：「股市行情總在悲觀中誕生，在懷疑中成長，在樂觀中毀滅。」則清楚點出，股票投資者的心聲與無奈上證指數從 2007/10 的高點 6124 點，下跌至 2008/10 歷史低點 1,664 點，開始反彈 2009/8 高點 3,478 點（幅度在 0.382% 左右），又進入長期的型態整理，到了 2014/7 正式向上帶量型態突破，收在 2,201 點。

但是當時很多人還在懷疑，認為這次真的會漲了嗎？果然，陸股

就以黑馬之姿大漲，在此請容我以型態試算一下滿足點：

3478 － 1664 ＝ 1,814 點

2201 ＋ 1814 ＝波段滿足 4,015 點 哇，這是真的嗎？多人還在懷疑當中？？陸股 8 個月後 2015/4 就達到漲幅測量滿足，還超漲到了 6 月，當時股市在極樂觀情況下，見波段最高 5,178 點，指數開始壓回，幅度又急又大，2015/8 最低點 2,850 點，波段跌幅高達 -44.95%，造成一波散戶投資朋友還來不及反應，又套在高點，很多人把一年多來的賺的錢又還回給市場，甚至有很多人在 2015/4 ～ 2015/6 進場的人，就賠了超過 5 成以上資金，真是讓人難過。

歷史是面鏡子，金融市場的鏡子是就技術分析，這樣的事情也曾經發生在台灣 25 年前的股市。

在台灣早年也發生過。1990/2 見到歷史高點 12,682 點，台股大盤指數崩跌 1990/10 的 2,485 點[註1]，指數開始反彈 1991/5 的 6,365 點[註2]，台股經過 6 年多盤整，終於強勢上攻至 1997/8 的高點 10,256 點（這一段與 2015/6 上證 5,178 點很像），開始反轉向下修正 5,422 點，修正幅度高達（-47.13%）

1999/2/28 以後開始大漲月線連三紅，長多格局啟動，之後見創新高 2000/2 的 10,393 點，漲幅 91.63%，股市的財富又重新分配一次。接下來上證的指數將會是如何呢？

以台灣的經驗作為借鏡來看上證指數，我個人是抱持相當樂觀的態度，雖然上證從 2015/6/12 高點的 5,178 點，下跌至 2016/1/27 的 2,638 點，從高點向下已接近跌幅 50%，2,589 點以下都是分批布局的長線好時機。就連投資大師吉姆．羅傑斯都還是看好陸股未來的長線

投資價值，以長線而言，這也是巴菲特所說「危機入市」的好時機，不是嗎？

多空交錯，市場依然有利可圖

這一波上證指數，2015/6/15 的最高點 5,178，急跌 8 月的低點

2,850 點，在 7/9 當天政府為避免發生系統性風險，出手救市釋放很多的利多政策。大盤立即出現止跌反轉 K 線。

在利多的政策釋出之下，上證指數終於止住跌勢，7/24 當天收盤站上 4,000 點。有超過數百家的公司在 7/9 當天出現 K 線的反轉訊號，股價就大漲向上噴出，有些股價少則反彈漲幅 3 成，多則大漲超過 5 成以上，如果你能看的懂，就能洞燭先機。

各位你知道嗎，在 7/6 當天已開始出現止跌反轉 K 線訊號，我也是大膽買進二檔：

买入 卖出 撤单 成交 持仓 刷新 历史成交 锁定 系统 多帐号 ********7575

起始日期: 2015/ 7/ 6 终止日期: 2015/ 7/ 6 共3条

成交日期	成交时间	股东代码	证券代码	证券名称	委托类别	成交价格	成交数量	发生金额	剩余金额	佣金	印花税	过户费	成交费	成交编号
20150706	14:55:40	A768767139	600823	世茂股份	买入	11.010	00							96237
20150706	14:46:45	0700053495	002134	天津普林	买入	10.540	00							99030

600823 世茂股份 2015/7/6 ～ 7/13，上漲 30%。

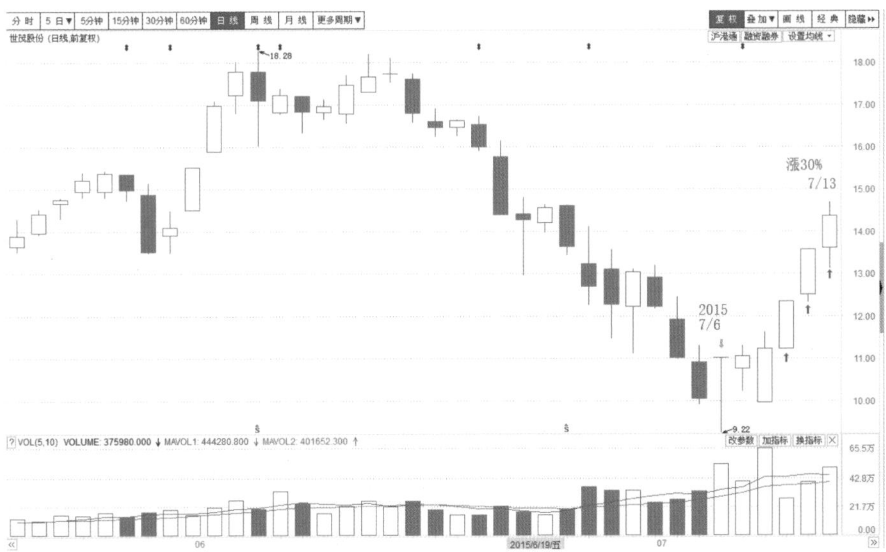

002134 天津普林 2015/7/6 ～ 7/13，上漲 30%。

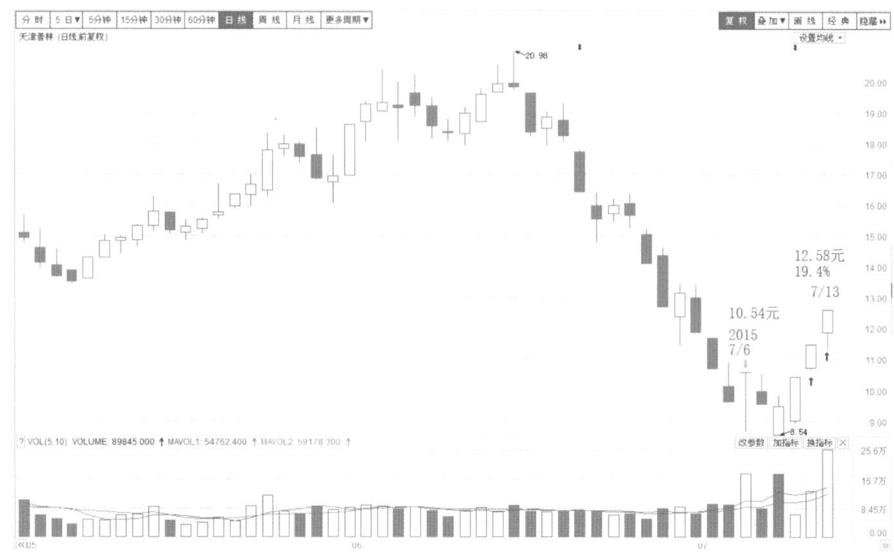

我們就從陸股開始實驗，如何運用這一套被證明有效的技術分析，驗證投資名師們奉行的四字箴言：「賺多，賠少」，正式揭開投資股市，長期賺取 7% 獲利的贏家們，致勝的關鍵技術。

註

1　這一段與陸股的上證從 2007/10 月高點 6,124 點，下跌至 2008/10 的歷史低點 1,664 點很像。

2　這一段與上證 2008/10 歷史低點 1,664 點，開始反彈 2009/8 月高點 3,478 點很像。

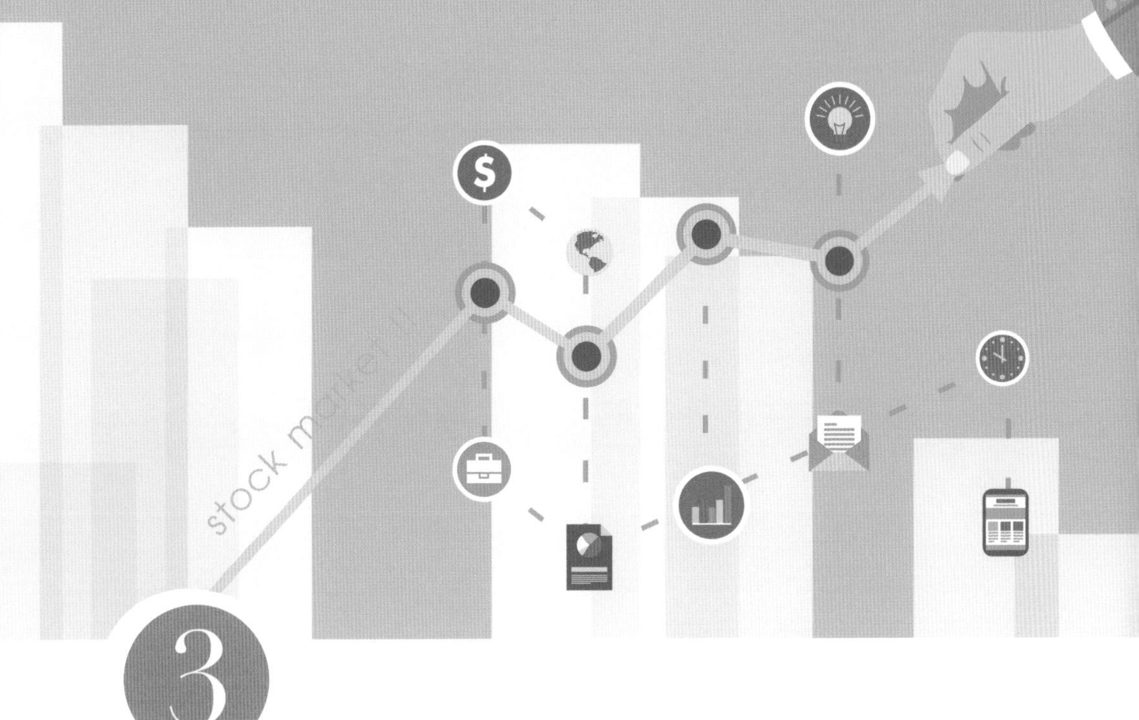

3

放諸四海皆準的技術分析：趨勢線

本篇要告訴各位的是，股市贏家輕鬆炒股的關鍵秘技：「趨勢」。這是股市操作中最重要的一部份，也是判斷目前股價的方向，本章節接下來將會深入研究與探討。

何謂趨勢線理論，指的就是如何掌握股價長線趨勢，在投資股市時，你通常必須先有長線的看法，才能開始做短線。而判斷趨勢則可用「趨勢線理論，移動平均線」這個原則來研判股票的方向。換言之，投資股市的致勝關鍵，就是先從趨勢線理論開始學起……

股價若在上升趨勢：找進場做多的買點

【定義】股價的每一波的低點，越來越高，將每一波的低點，向上找 3 個低點，連成的一條線，則稱之為上升趨勢線。趨勢向上股價拉回上升趨勢線，找買點。

買進關鍵點：股價拉回上升趨勢線，出現止跌 K 線，找買進。

【備註】止跌 K 線：長紅 K（上漲 5%），長下影線（5%），十字 K 線。以下我們列舉幾檔陸股的股票來做範例：

範例 交通銀行

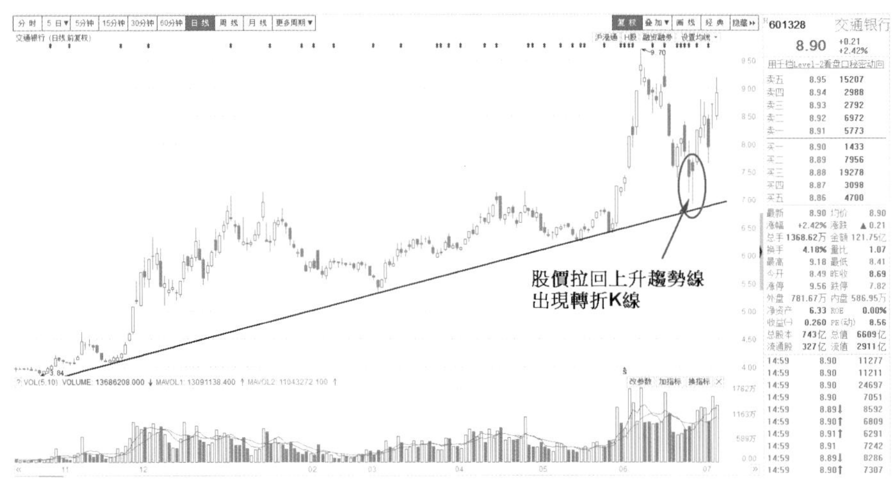

範例 蘆洲老窖

股價 2015/5/29 拉回到上升趨勢線，出現止跌 K 線，留下長下影線，隔日直接開高走高，股價就一路向上走高。

範例 三五互聯

2014/4/28 與 6/19，7/21 這 3 個股價的低點，向上連一條上升趨勢線，2016/1/6 當股價漲多壓回這一條上升趨勢線，神奇的就止

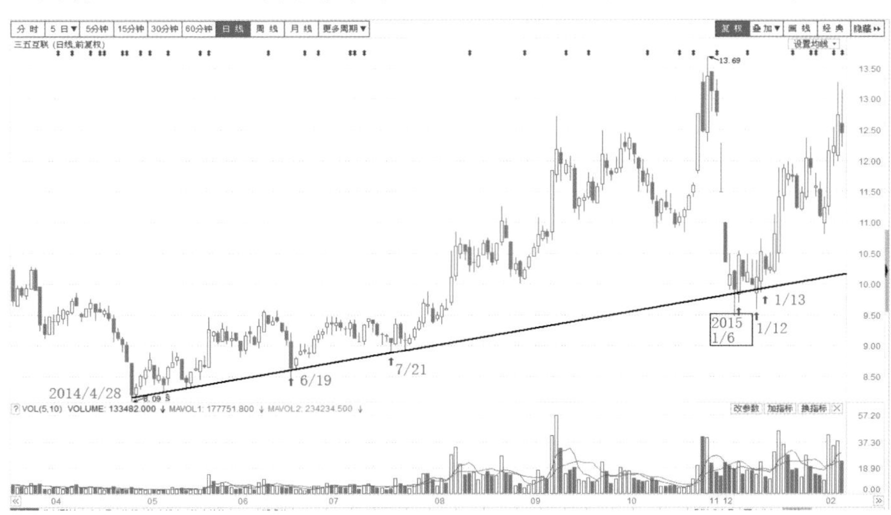

跌 K 線，1/12 與 1/13 二日股價開低走高，股價從 10 元又開始反彈到前波高 13 元附近。

用 2015/2/11 股價創新高，配合中國的牛市大行情，股價開始大漲，一飛沖天。

2015/6/3 最高股價 37.16 元，漲幅達高 132%。

範例 中粮地產

股價漲多後拉回中期上升趨勢線，出現止跌 K 線，為買進訊號。

開始大漲，8/17 收盤 23.17 元，漲幅 95.2%。

台股其實也是一樣依此模式作為判斷準則：

台股範例 2228 劍麟

劃一條上升趨勢線，在 2015/5/14 與 2015/7/9 兩天出現止跌 K 線，留了長下影線，隔天反彈向上。

台股範例 2881 富邦金

2015/1/16 出現止跌十字 K 線，股價開始反彈，突破 52 元。創新高後開始另一多頭攻勢，上漲 61.7 元（2015/4/23）。

台股範例 2409 友達

2014/6/26 上升趨勢股價拉回出現長紅 K 線，股價開始反彈向上，盤漲向上，股價來到 2014/8/28 最高來到 15.25 元，收盤 14.9 元。

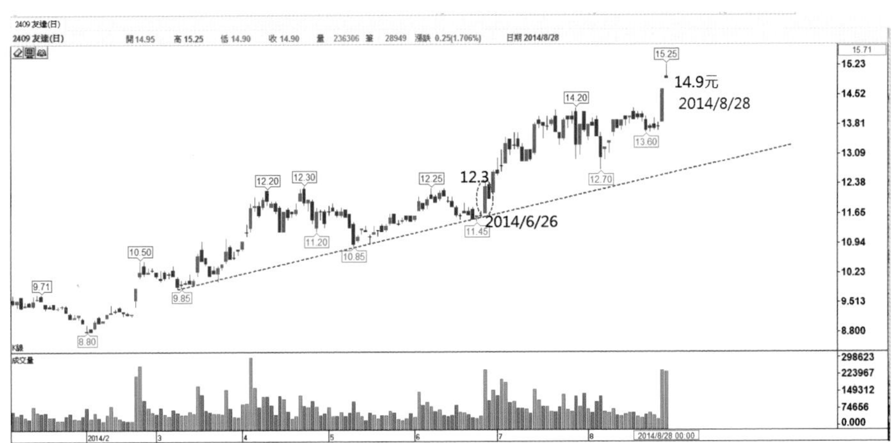

股價趨勢向下：反彈找做空點或搶反彈後獲利了結點

【定義】股價的每一波的高點越來越低，將每一波的高點，向下連成的一條線，找到 3 個高點所連成的一條下降趨勢線，則稱之「下降趨勢線」。

趨勢向下，股價反彈到下降趨勢線，找空點或搶反彈後獲利了結點。

賣出關鍵點：股價反彈到下降趨勢線，出現止漲 K 線，找賣點或搶反彈之獲利了結點。

【備註】止漲 K 線：長黑 K（下跌 5%），長上影線（5%），十字 K 線。以下我們列舉幾檔陸股的股票來做範例：

範例 中國軟件

2014/3/25 當天股價上漲到了下降趨勢線，壓回收了一個止漲 K 線（長上影線有 5.4%）。

4/2 股價以長黑 K 跌破上升趨勢線之後股價開始向下修正，股價一路探底，5/9 最低點 12.34 元，波段跌幅 39.3%。

範例　鐵嶺新城

畫一條中長期下降趨勢線，2103/6/6 反彈到了下降趨勢線出現止漲 K 線（長上影線，隔日長黑 K 確認再向下測底，7/16 與 8/2 股價又再度反彈到下降趨勢線出現止漲 K 線（長黑 K），股價受這一條下降趨勢線，股價通常就會再來回測前低。

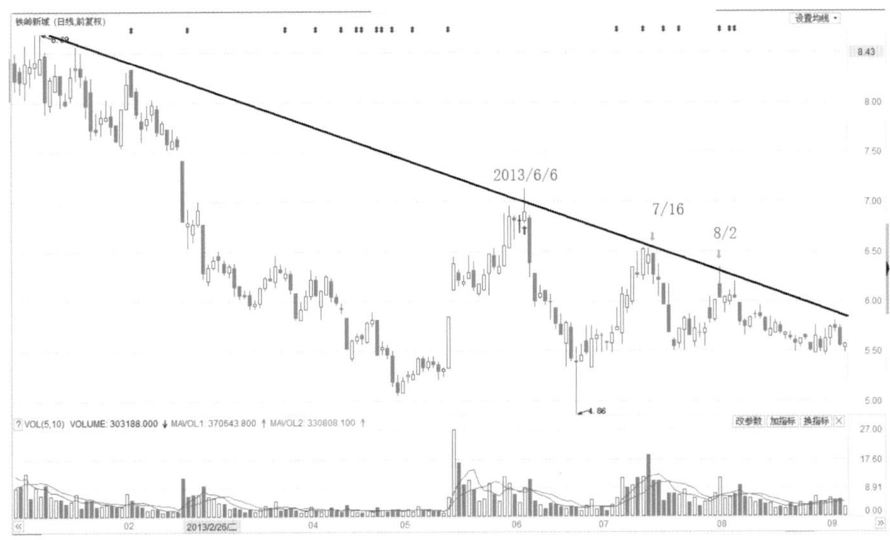

台股範例　3474 華亞科

在下降趨勢下股價弱勢向下不斷創新低，2015/5/28 股價跌深反彈到下降趨勢線，出現止漲 K 線，結果如何？

2015/7/27 跌至 17.15 元，跌幅 52.36%。

趨勢線的分類

趨勢線可分成：長期趨勢（12 個月以上）的上升趨勢與下降趨勢或箱型。中期趨勢（6 ～ 11 個月）的上升趨勢與下降趨勢或箱型。

短期趨勢（3～5個月）的上升趨勢與下降趨勢或箱型。長期趨勢裡包含著中線趨勢與短期趨勢，中期趨勢裡包含著短期趨勢，短期趨勢裡會有「股價型態」，而型態形成前會先出現短線的的反轉 K 線。

短期趨勢（3～5個月）

範例 短期趨勢：中國中車 註1

屬長期趨勢裡的短期趨勢（3個月箱型整理）突破。

4/7 開盤就一字線封版，慶祝（18.69元），4/8 再漲停封版，開盤一字線 20.56 元，4/9 上漲 22.61 元差一檔漲停。

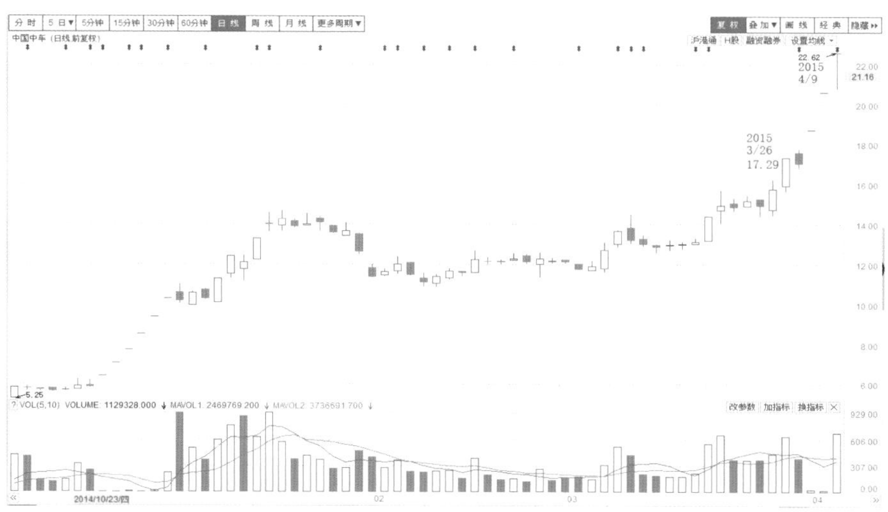

4/13 ～ 4/15 連續 3 天加碼中國南車。

买入 卖出 撤单 成交 持仓 刷新　　历史成

起始日期: 2015/ 4/13　终止日期: 2015/ 4/17

成交日期	成交时间	股东代码	证券代码	证券名称	委托类别	成交价格	成交数量
20150413	09:34:44	A768767139	601766	中国南车	买入	23.280	00
20150414	09:38:55	A768767139	601766	中国南车	买入	26.250	00
20150414	10:17:17	A768767139	601766	中国南车	买入	26.950	00
20150415	10:02:59	A768767139	601766	中国南车	买入	29.600	00

4/20 出清中國南車，均價在 36 元左右。

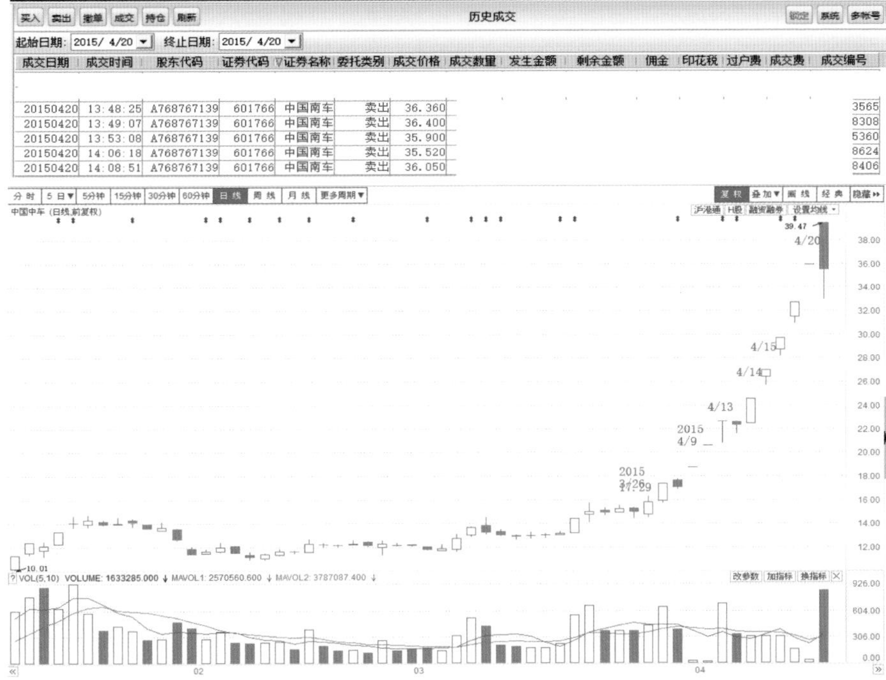

历史成交

起始日期：2015/ 4/20　终止日期：2015/ 4/20

成交日期	成交时间	股东代码	证券代码	证券名称	委托类别	成交价格	成交数量	发生金额	剩余金额	佣金	印花税	过户费	成交费	成交编号
20150420	13:48:25	A768767139	601766	中国南车	卖出	36.360								3565
20150420	13:49:07	A768767139	601766	中国南车	卖出	36.400								8308
20150420	13:53:08	A768767139	601766	中国南车	卖出	35.900								5360
20150420	14:06:18	A768767139	601766	中国南车	卖出	35.520								8624
20150420	14:08:51	A768767139	601766	中国南车	卖出	36.050								8406

出場之後，股價出現反轉 K 線，盤整 15 天後，向下跳空，股價快速向下修正 2015/8/5 的 15.7 元左右。

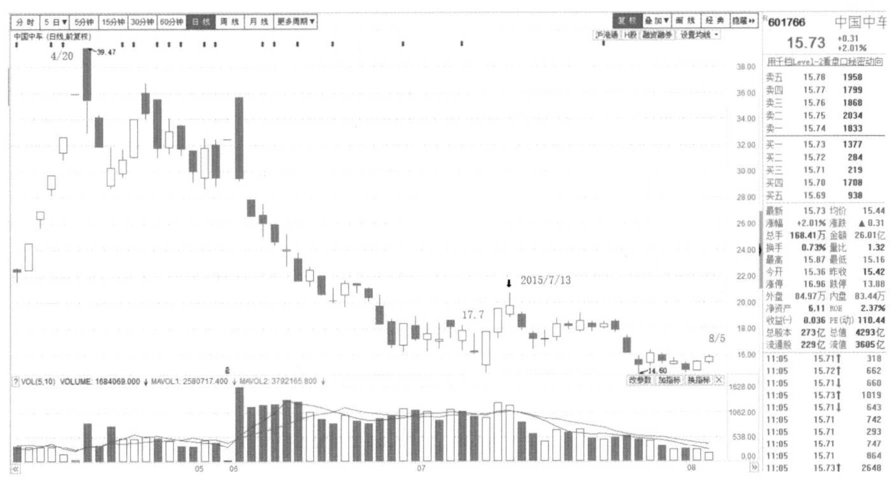

範例 紫光

在 2015/10/26 股價跳空突破 3 個月的下降趨勢線，股價開始大漲，到筆者製做資料時 11/6，股價已大漲 56.35%，來到 120 元。

範例 中信證券

2014/11/10 成功突破 3 個月箱型整理，為好的進場買點。

突破之後，中信證券開始隨中國牛市一起大漲，最高來到 2105/1/7 高點 36.97 元，漲幅 175%。

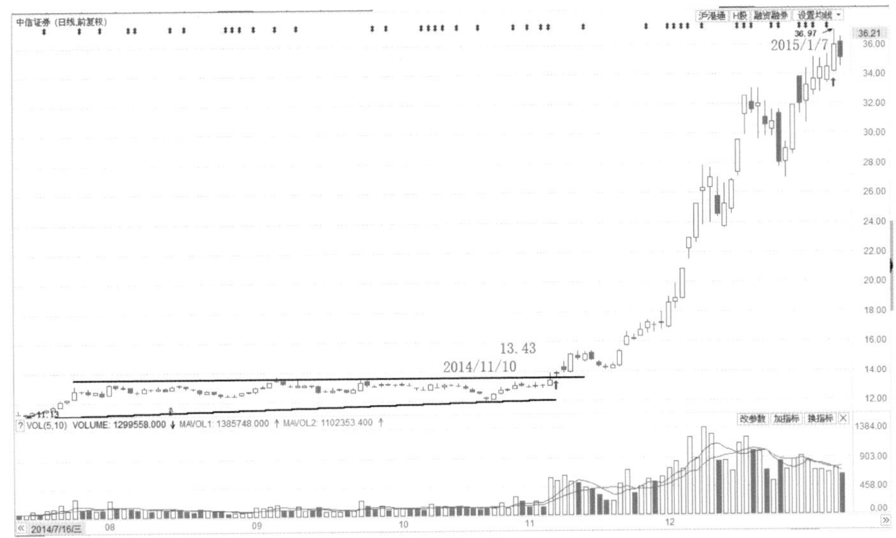

中信證券在陸股漲多後，隨大盤指數 2015/6/15 向下修正，股價也快速修正到 2015/10/15 突破中期下降趨勢線，11/4 向上突破箱型，這裡其實是一個買點，我當然也進場加碼買進，盡快建立持股。

买入 卖出 撤单 成交 持仓 刷新

起始日期: 2015/11/ 4　终止日期: 2015/11/ 4

成交日期	成交时间	股东代码	证券代码	证券名称	委托类别	成交价格	成
20151104	13:57:30	A768767139	600030	中信证券	买入	17.250	
20151104	13:55:36	A768767139	600030	中信证券	买入	17.190	

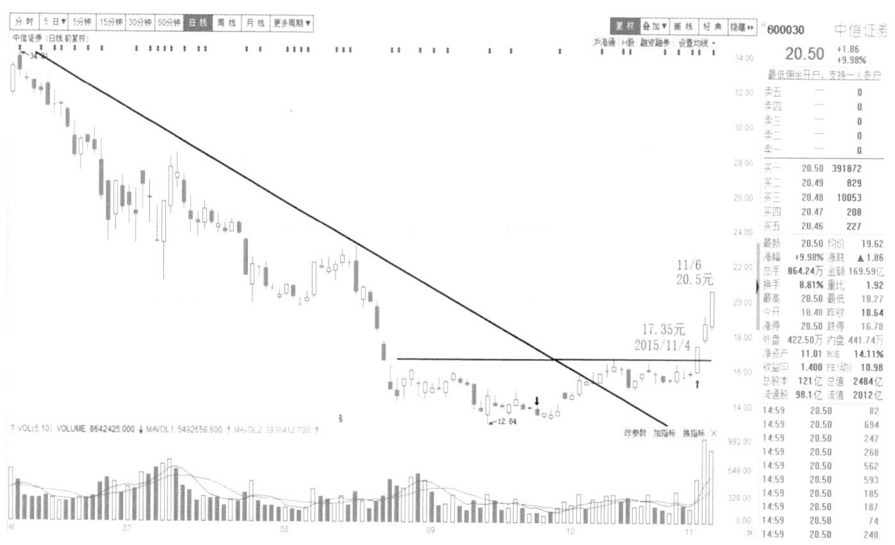

中信證券股價連續2天上漲，我隔日也持續加碼買進（筆者11/6截稿日止）。

台股範例 3008 大立光

在2015/11/2，長紅K線突破4個月的下降趨勢線，為趨勢反轉訊號，短線轉強，接連3日向上噴出，大漲300元（漲幅11.36%）。

中期趨勢（6個月以上）

中期上升趨勢線的3個月箱型突破：

範例 中國石油

可畫一條中期上升趨勢線，股價在2014/11/28股價向上突破頸線後，是一個非常棒的買點。

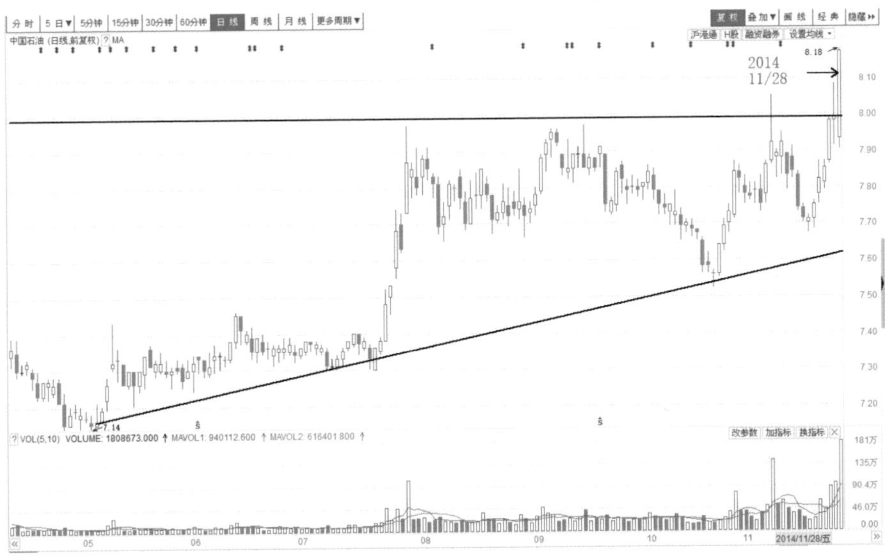

果然，中國石油股價一路大漲，從8.16元上漲到波段高點的13.26元。

只要中長期的趨勢線沒被跌破之前，可用短期下降趨勢來找進場點，以中國石油為例：突破短期下降趨勢線，股價就會來挑戰前高。

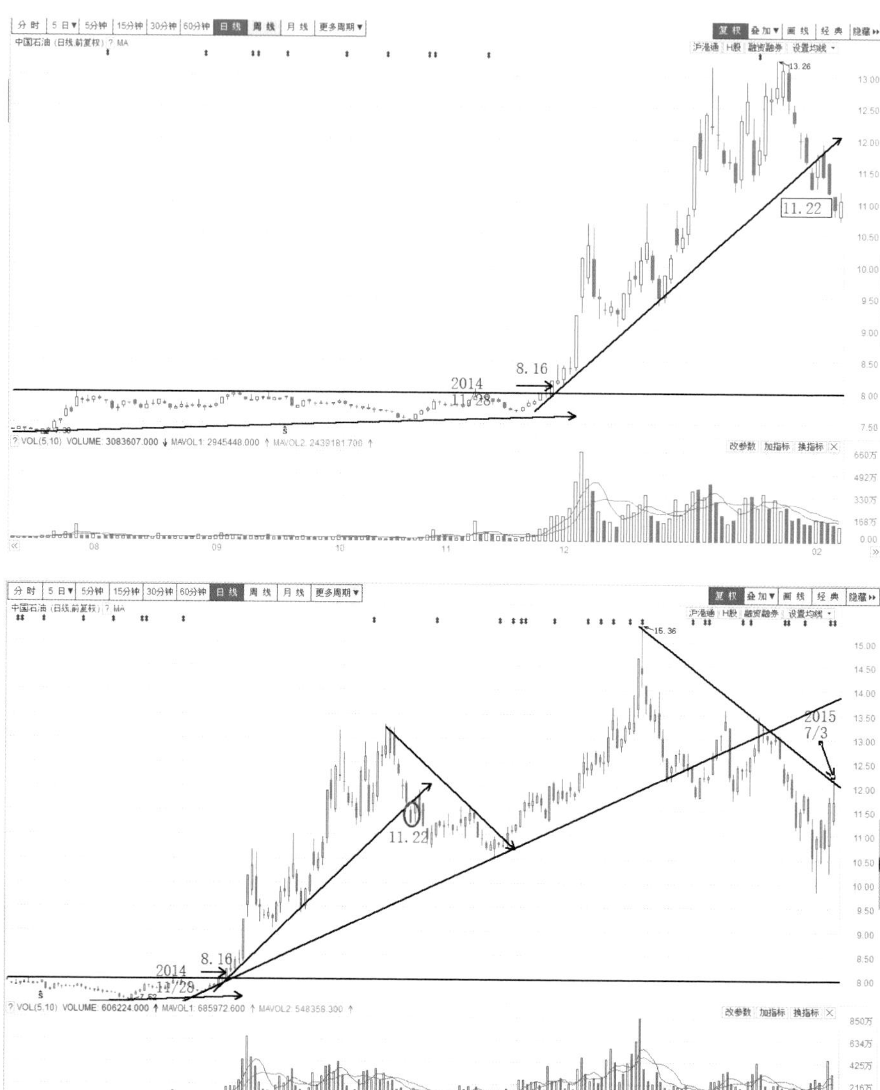

中国石油（日线,前复权）
8.16
2014
11/28
11.22
13.26
VOL(5,10) VOLUME: 3083607.000 MAVOL1: 2945448.000 MAVOL2: 2439181.700
8.16
2014
11/28
11.22
15.36
2015
7/3
VOL(5,10) VOLUME: 606224.000 MAVOL1: 685972.600 MAVOL2: 548358.300

範例 濰柴動力

2014/7/14 突破 7 個月下降趨勢線。

突破下降趨勢線後股價大漲，來到 2014/8/11（10.48 元前波高點的 10.57 元）。

2014/10/28 拉回上升趨勢線，收止跌長紅 K 線，股價就向上大漲，2014/12/22 再創新高 14.56 元。

範例 德賽電池

股價在中線上升降趨勢線，最後突破頸線 45 元左右成為一個買點，緊接著股價真的就大漲來到了 69 元。

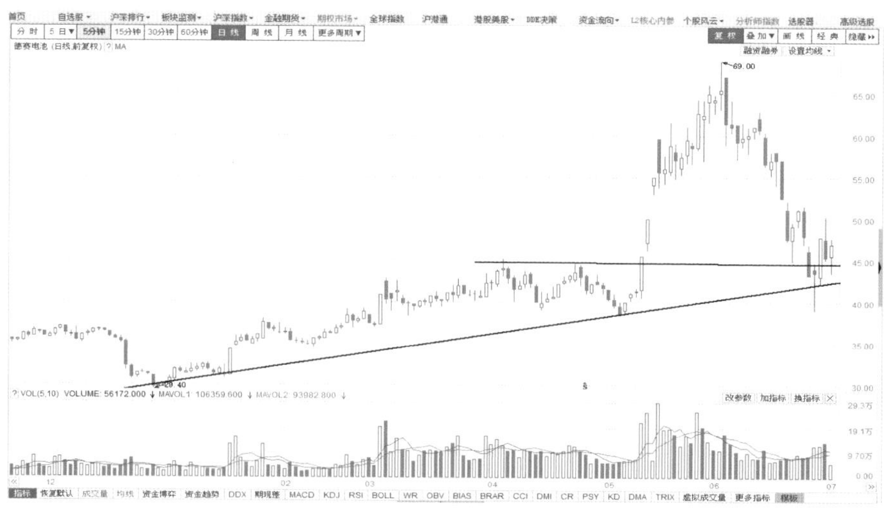

範例 康美藥業

上升趨勢線是中線走多頭，2014/2 股價突破頸線（關鍵點），建議進場做多。

突破關鍵點後就一路大漲，超過 200% 以上。

範例 中集集團

2014/6/30 突破 6 個月的下降趨勢線，13 元左右進場做多買進。

突破關鍵點後，一路大漲至 2014/12/12 的 22.73 元，漲幅超過 80%。

範例 廣東甘化

在上升趨勢線當中，股價在 2015/3/20 股價 14 元左右，突破了 6 個多月以上頸線就一路大漲到了 2015/5/20 最高 29.89 元，波段漲幅超過 100% 以上。

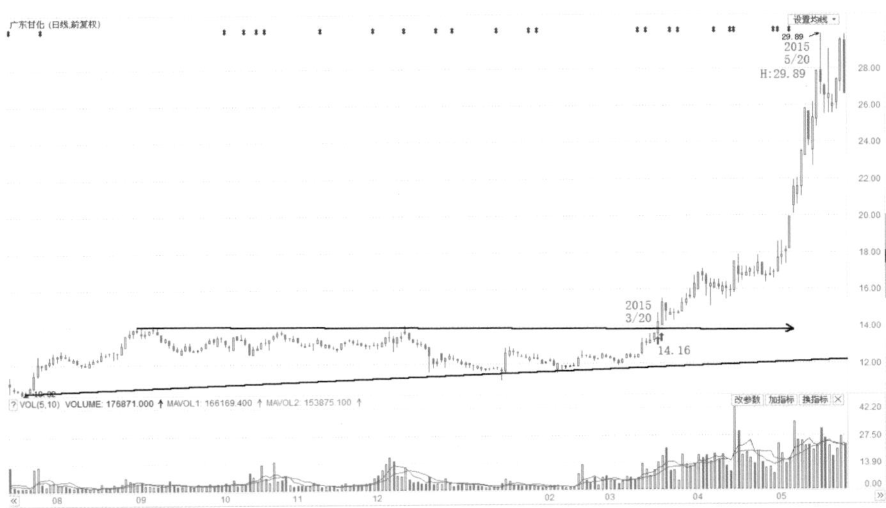

範例 康美藥業

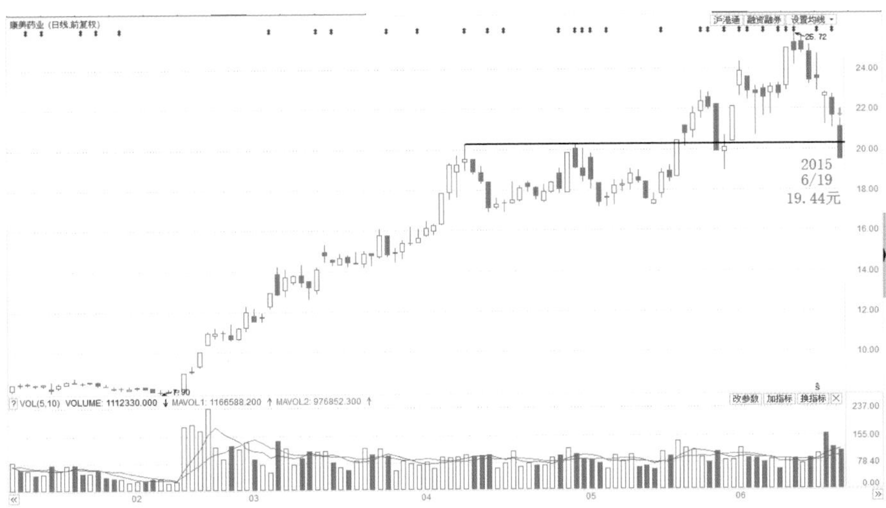

2015/6/19 股價跌破頸線，頭部成型，股價轉弱有持股者應該出場。跌破之後股價向下拉回雖然有向上挑戰頸線，但都沒成功站上，形成箱型區間。

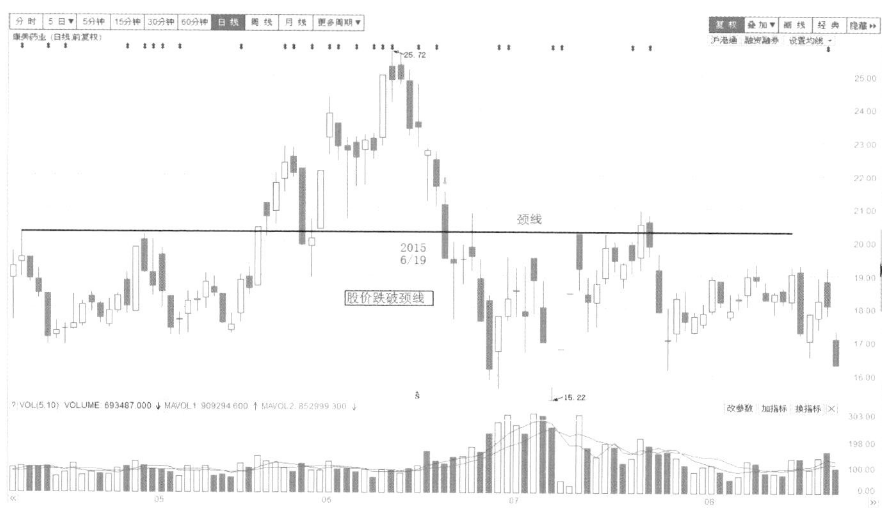

在 2015/8/25 股價跳空跌破 6 個月頸線，股價正式形成頭尖頂的頭部型態，不宜作多，即使股價反彈，頸線上的層層套牢賣壓將會很大，股價易跌難漲。

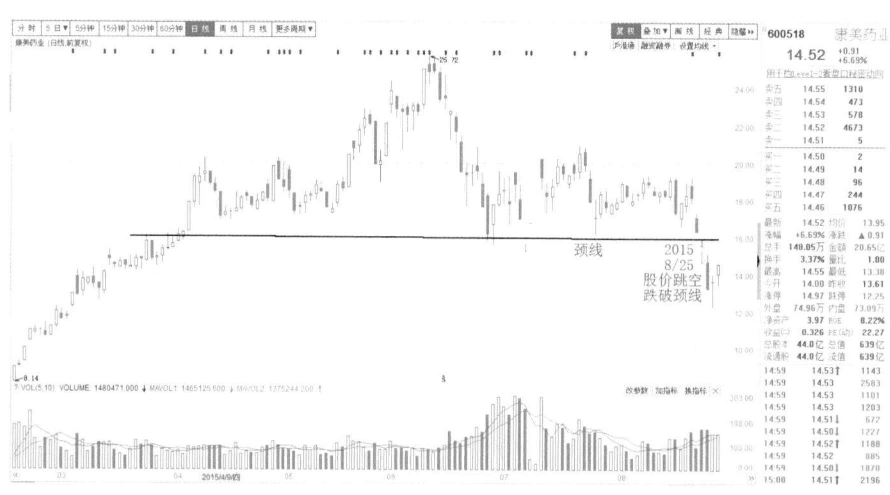

範例　抱喜鳥

2015/6/26 跌破 6 個月上升趨勢線，如有持股者，應把股票獲利出場，若不小心追到高點，也要立即設立停損。因為跌破 6 個月的上升趨勢線，股價最少整理 3 個月，明知股價不漲了，就要當機立斷，出場觀望方為最佳策略。

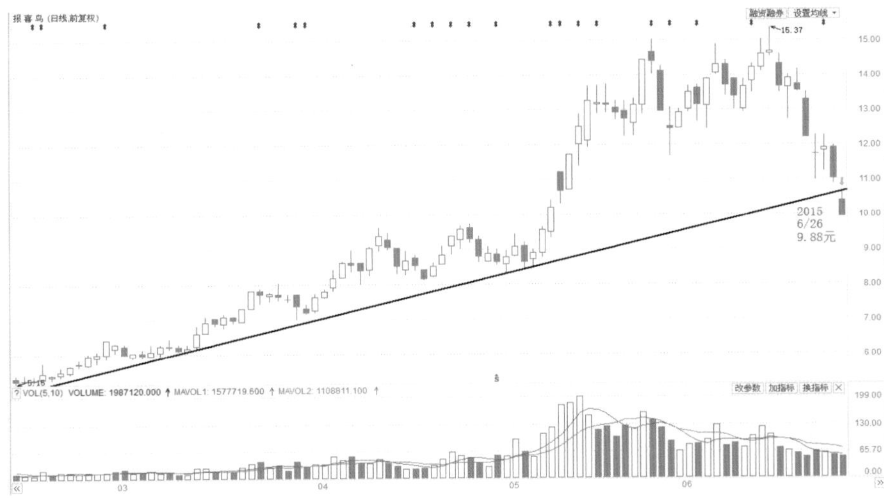

報喜鳥跌破中期上升趨勢之後，股價下探至 7/8 的 4.99 元。

範例 海博股份

2015/6/19 跌破 6 個月上升趨勢線，股價開始大幅向下修正。

技術分析的騙線問題：假跌破 VS. 假突破

何謂假跌破：假如股價跌破上升趨勢線，3 日內（含跌破日），重新站回上升趨勢線，即為假跌破，所以可以再買回持股。

範例 上海機場

2015/7 曾經跌破 8 個月上升趨勢線，但在隔日便又立刻站回上升趨勢線，此即為假跌破。所以股價待第三天便又漲停封版。

2015/7/29 再跌破，隔日立即又站回去，股價又向上反彈了一段，但是最後一次 8/20 再跌破，3 天內若沒站回原處，則這一條上升趨勢線即由支撐轉變成為壓力線，股價一旦反彈到此線，就會形成壓力，不易突破。

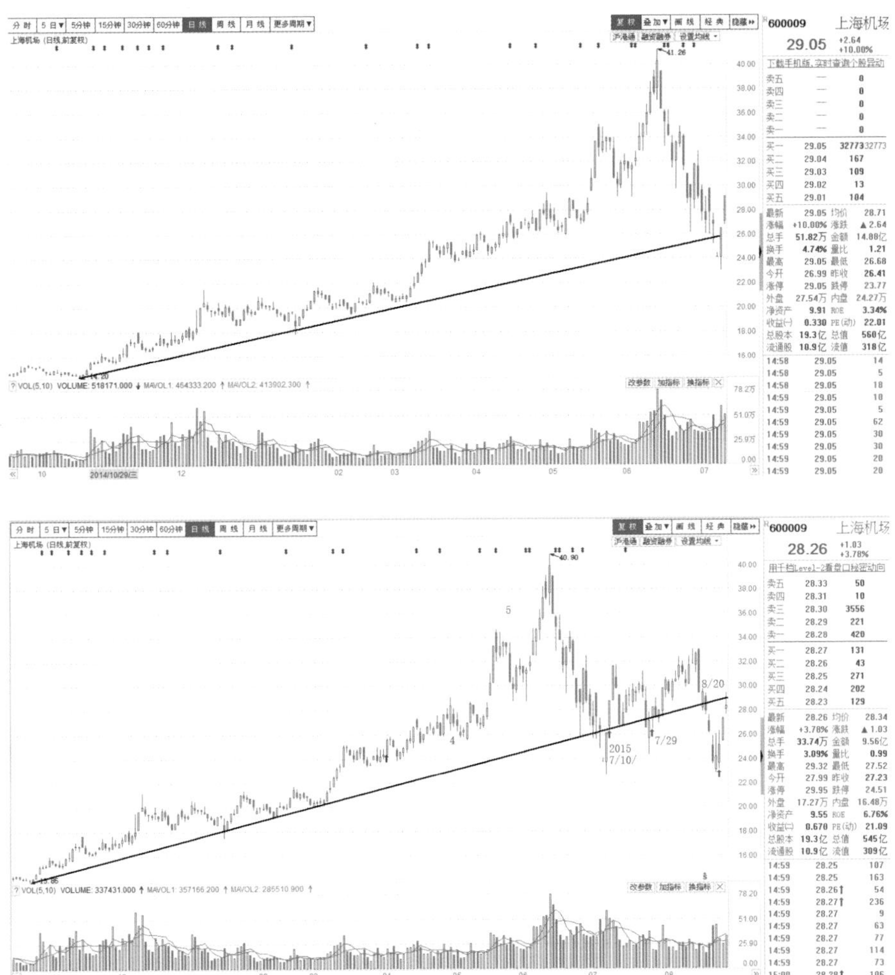

直到筆者 2015/9/27 日寫作時，該支股票還在盤整，做多只是浪費時間，不如等它方向出現再進場。

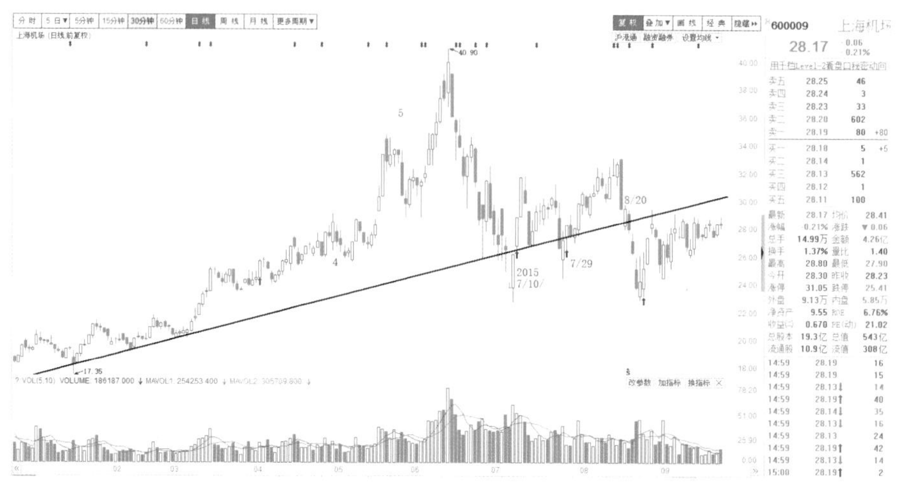

範例　包鋼股份

2015/6/19，跌破 7 個月中線上升趨勢線，跌停鎖死，股價開始修正，跌深 B 波反彈股價又來到四個月的頸線 7/13 無法突破留了上影線，隨即開始股價再次向下做 C 波修正。

範例　民生銀行

2015/8/24，股價跌破 8 個月的平行趨勢線（意指箱型的大頸線），即形成大頭部型態，股價變成易跌難漲的空頭格局，即使漲上來也是重大的套牢區，賣壓肯定很重，易跌難漲了，即使站上頸線，上方賣壓將會非常大，因為套牢8個月大箱型籌碼，也須要8個月時間來化解賣壓，因此考量投資的時間成本，就不用浪費在這一檔股票上。

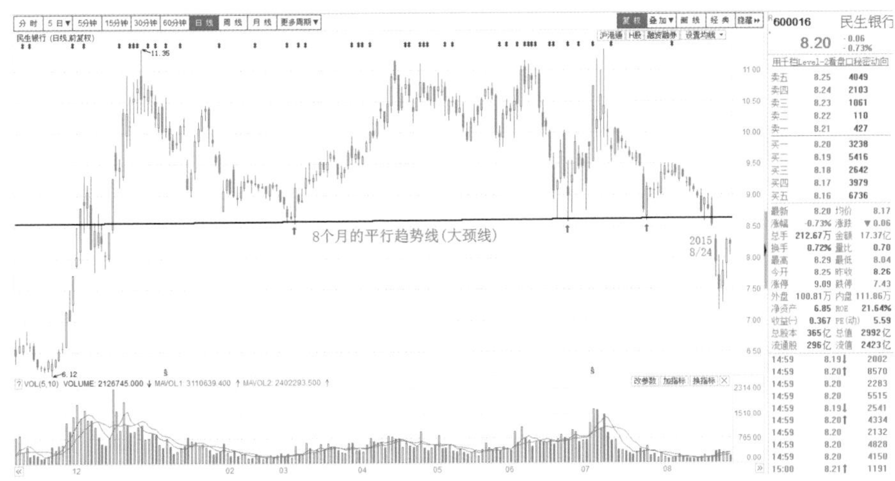

範例 中國中車

在2015/8/18股價14.01跌破頸線與中線上升趨勢線，表示股價要再次走弱，持股一定要出場，一連重挫至10元。

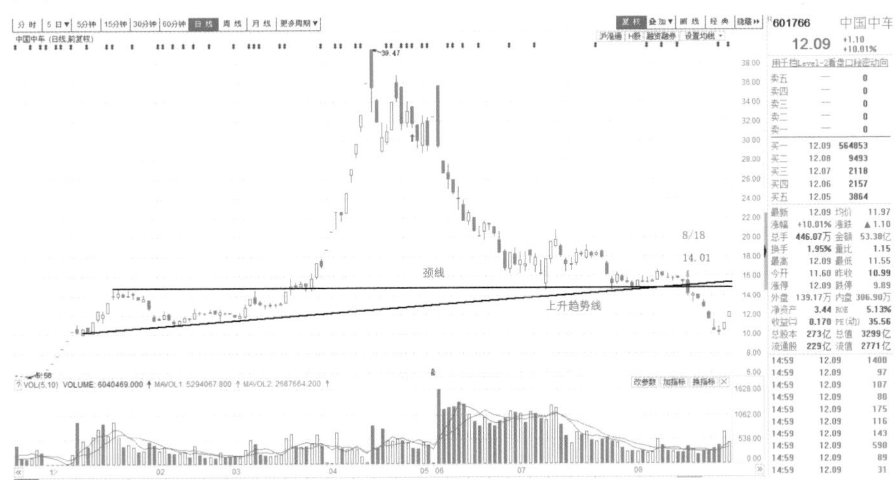

我們以台股的股王大立光為範例：

範例 3008 大立光

在 2015/1/20，長紅 K 線突破中期下降趨勢線。

開始上攻，上漲到了 2015/4/24 最高 3,230 元，假如從突破 2,555 元算起到收盤 4/24 的收盤 3,115 元，漲幅 21.9%

長期趨勢（12 個月以上）

可分長期上升趨勢線與長期下降趨勢線或箱型。是股價最重要的長線支撐，如果跌破，3 日內必須站回去，否則就整理期或修正期時間，將超過 6 個月以上。

範例 中信銀行

股價在長期趨勢線之上，可以畫一條 8 個月的中長期上升趨勢線，股價在 2014/9/18 突破 7 個月下降趨勢線，代表整理完成，向上突破，則趨勢向上，為進場買點。

範例 三安光電

2015/1/6 以長紅 K 帶量量，突破長期下降趨勢線。

開始走出長達半年漲勢，延著上升趨勢線操作，出現攻擊 K 線或止跌 K 線買進，勝率很大，最高上漲 2015/6/24 的 35.7 元，漲幅 134.5%。

在 2015/8/21 跌破 8 個月的上升趨勢線，哇！非同小可，多頭攻勢至少要休息 4 個月，不能隨意再進場作多。

範例 日照港

在 2015/7/8 跌破長期上升趨勢線，隔日立即站回去，股價立即反彈，立即漲了 3 支漲停版。8/26 跌破，隔日又立即站回去，再隔日則又再度反彈。

在 9/1 又再度跌破長期的上升趨，做多者須先止損出場，觀望為宜。

範例 瀘洲老窖

2015/7/9 跳空向下跌破中長期的上升趨勢線，隔日立即出現止跌長紅 K 線，判斷為假跌破，可進場買進。

連 2 日漲停，股價還拉回上有升趨勢線時，出現止跌 K 線，又再向上反彈，漲到 8/14 的 27.4 元。漲幅 25.8%

範例 彩虹股份

2014/7/14 股價拉回 10 個多月的上升趨勢線，出現止跌 K 線，股價開始慢慢上漲。

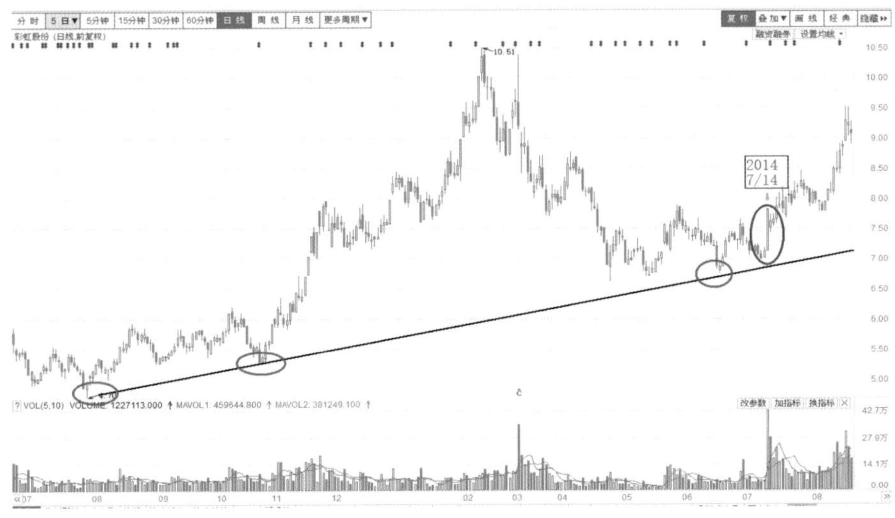

趨勢線實作練習：請畫一條上升趨勢線或下降趨勢線。

實作練習 1：天津磁卡，請畫一條下降趨勢線。

解答

實作練習 2：號百控股，請畫一條長期下降趨勢線。

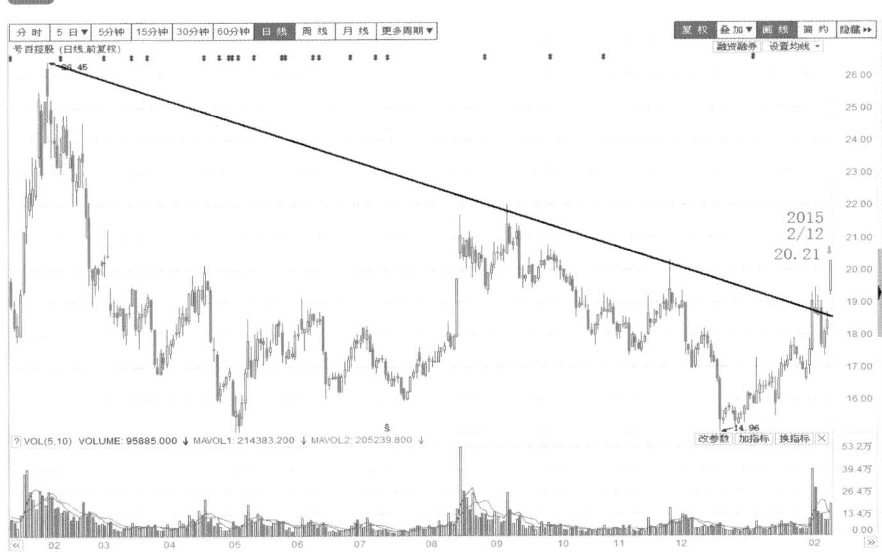

號百控股突破長期下降趨勢線之後，展開向上大漲行情。

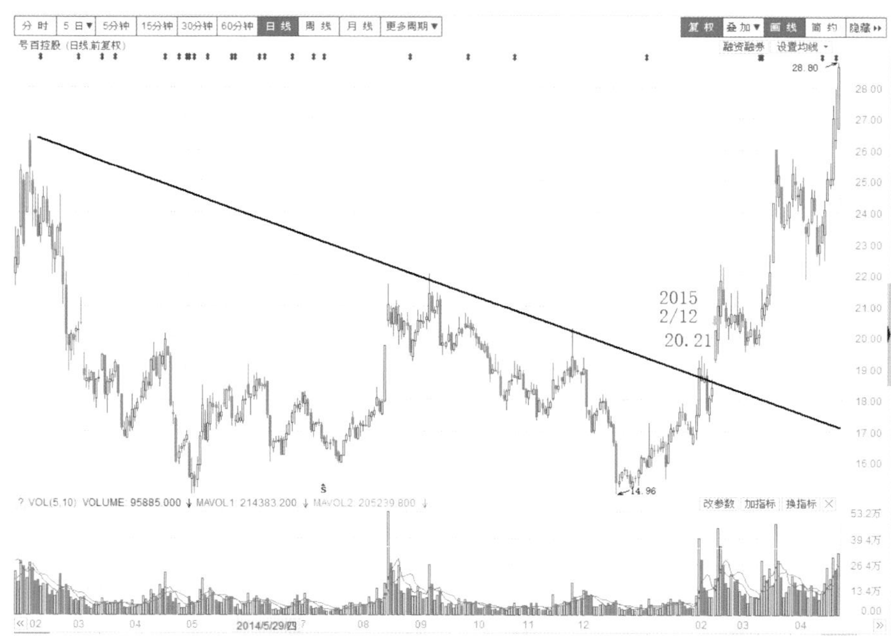

實作練習 3：藍生股份，請畫出中期與短期的上升趨勢線與短切線，頸線。

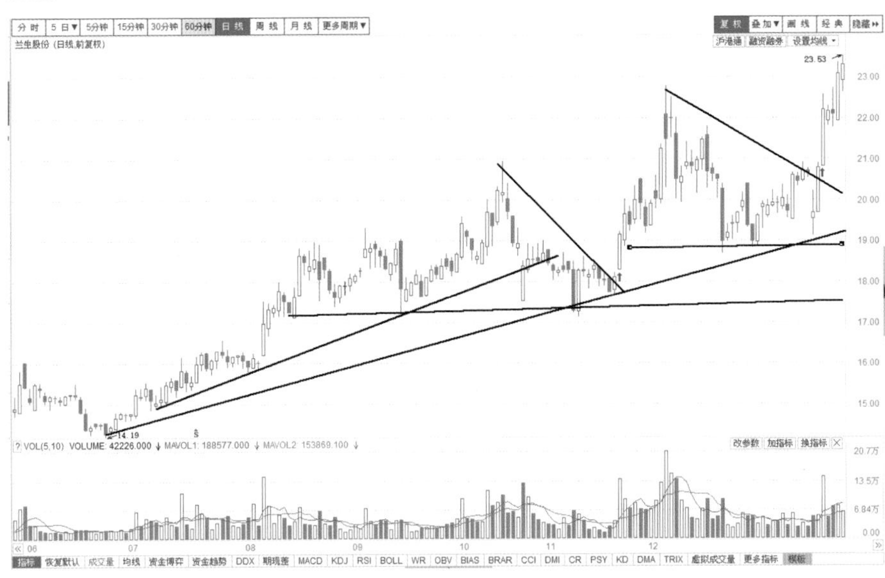

實作練習 4：經緯紡織，請畫出中期上升趨勢線，股價何時跌破？

經緯紡織在 2015/7/1 跌破 8 個月的上升趨勢線。

趨勢線總和運用範例：大華股份（圖示 1）

大華股份（圖示 2）

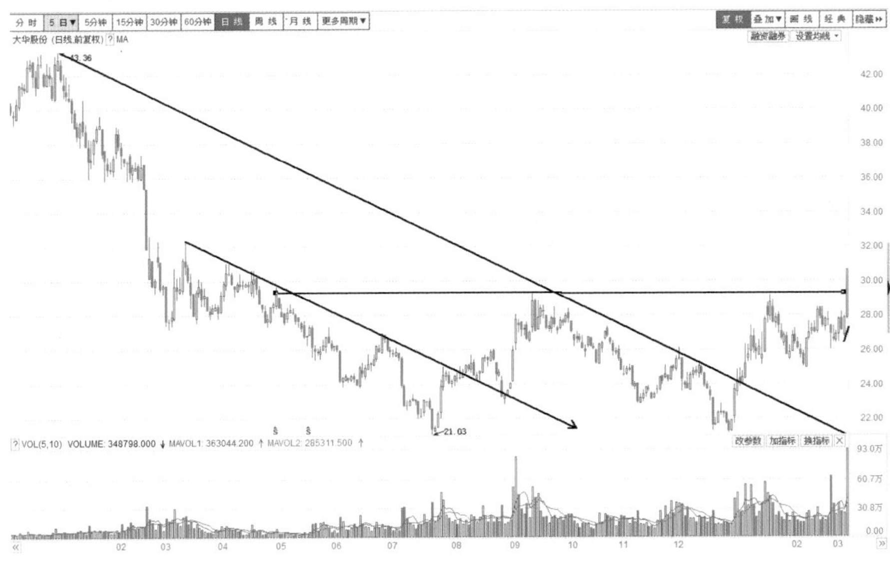

大華股份（圖示 3）

大華股份（圖示 4）

大華股份（圖示 5）

大華股份（圖示 6）

國際指數也可以用趨勢線來判斷趨勢：

例如道瓊斯工業指數，在 2008/9/2（11,516 點），2009/3/6 波段最低點是 6,469 點，跌幅超過 40% 以上。由高點向下畫一條 6 個月的下降趨勢線，2009/3/23（7,775 點）點長紅 K 棒向上突破中期的下趨勢線，即可知道波段修正結束。

從 2009/3/23 突破之後指數開始進入盤整，指數慢慢盤堅向上在 5/13 指數再次跌破上升趨勢線，指數再次進入盤整，此刻要先退出，等待方向表態。

道瓊斯工業指數在 6/1 創高後出現很 3 根止漲十字 K 線後，指數向下壓回到前波高支撐區，7/13 見止跌長紅 K 棒，指數再向上攻擊，7/23 正式站穩前高 8,877 點。再啟動新一波攻勢。

道瓊斯工業指數開始創高拉回不破前低，反彈再創新高，拉回不破前低的多頭走勢。

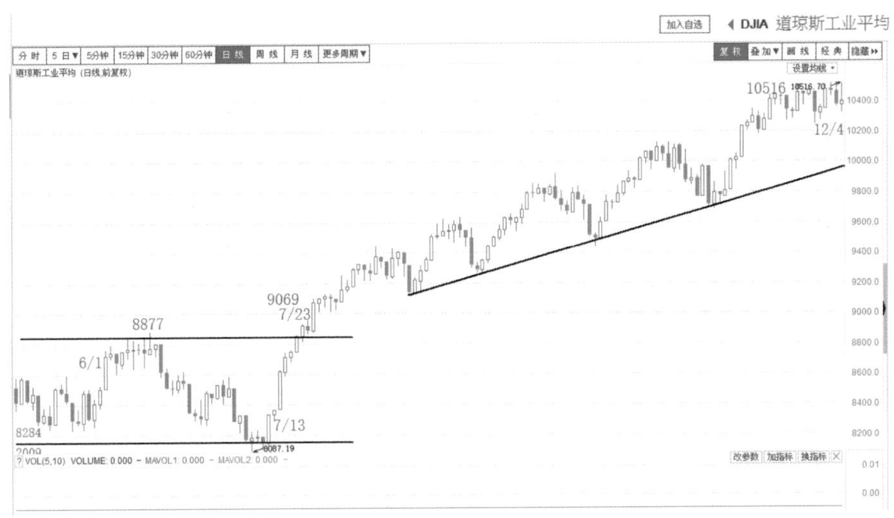

波浪理論（The Wave Principle）

打開 K 線圖，首先你要看的懂股價的位階處在低位階，中位階，高位階。再來考量應如何運用技術分析，找買進點。所以我們接下來就要來學習「波浪理論」？

【定義】波浪理論是由 拉爾夫·艾略特（Ralph N.Elliott）發明的分析工具，他觀察道瓊工業指數的價格趨勢後，宣稱這就像海浪般一波接著一波，確實有一定的規律存在。

【基礎】五升三降是波浪理論的基礎，在 1938 年的著書《波動原理》和 1939 年一系列的文章中，艾略特指出股市呈一定的基本韻律和型態，5 個上升波和 3 個下降波構成了 8 個波的完整迴圈。3 個下降波作為前 5 個上升波之調整（Correction），下圖即表示 5 個代表上升方向的推進波（Impulse Waves）和 3 個調整波（Corrective Waves）。

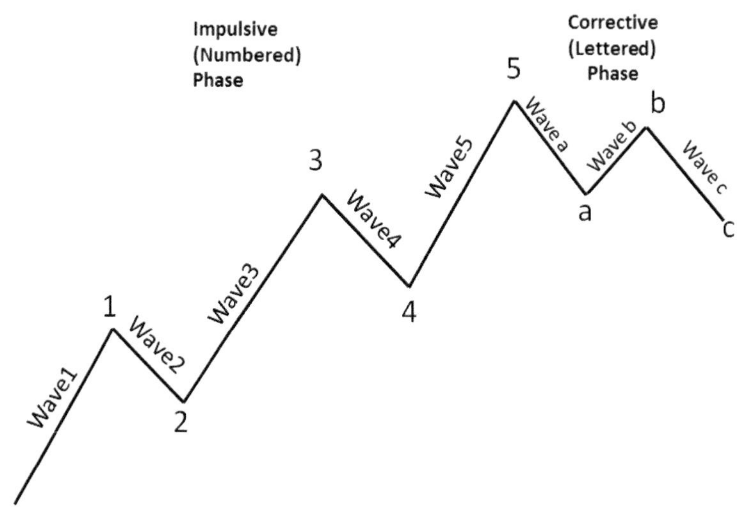

八波浪詳述

第一浪：迴圈的開始，屬於營造底部形態的一部分，漲幅通常為五浪中最短的行情。此時，買方力量並不強大，市場繼續存在賣壓。

第二浪：回檔幅度往往很深，幾乎吃掉第一浪升幅，人們誤以為熊市尚未結束。此浪近底部時，市場惜售，拋售壓力漸衰，成交量漸減，是為結束。第二浪能在第一浪底部上方打住，往往可構成三重底、雙重底、倒頭肩底等圖表形態。第二浪的回測不會跌破前低。

第三浪：此浪漲勢往往最大，持續時間最長，在第五浪結構中絕不會最短。此時，投資者信心恢復，成交量大幅上升，時常出現突破信號。第三浪的漲幅會超過第一浪的漲幅。

第四浪：調整浪，形態較複雜，構造與第二浪不同，時常出現傾斜三角形走勢，但其底部不會低於第一浪最高點。這是艾略特波浪理論的中心法則之一，股市中的第四浪不可以與第一浪有重疊，這是鐵律。

第五浪：在股市中漲勢通常小於第三浪，並且常出現失敗情況。

A 浪：僅為一暫時的回檔現象，實際上在第五浪中已有警告信號。多數人認為上升行情尚未逆轉，只是當 A 浪出現第五浪結構時才認識到它的到來。

B 浪：成交量不大，一般為多頭的逃命波，也是建立新空頭部位的第二次機會，許多人在此被套牢。

C 浪：出現全面性下跌。C 浪的出現，宣告上升趨勢的真正結束。

範例 交通銀行

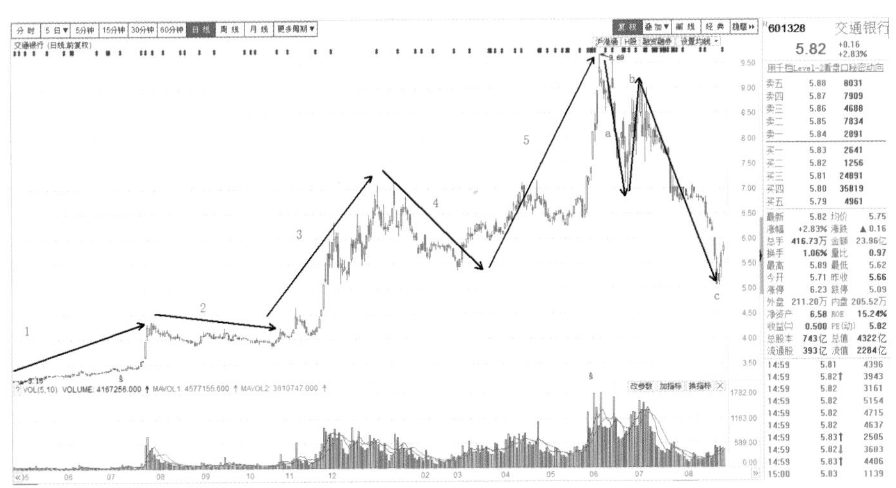

範例 格力電氣

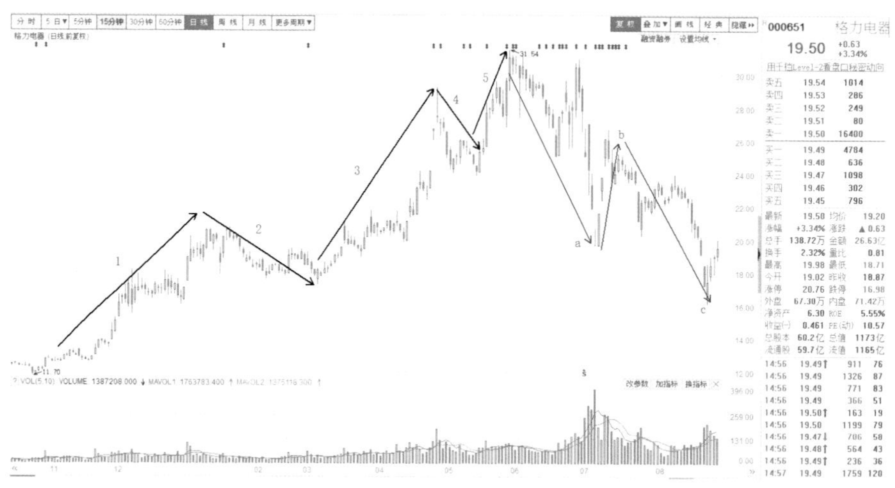

範例 美的集團

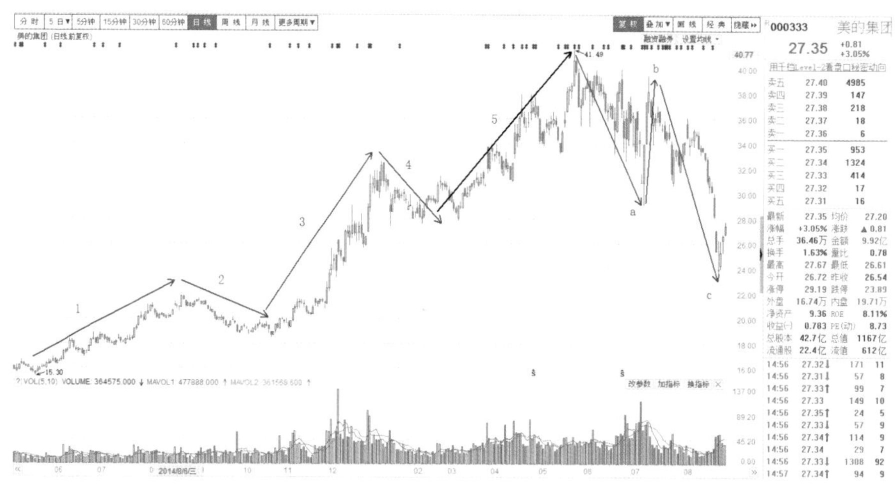

波動原理的 3 個重要概念

泛指波的型態、波幅比率、持續時間。

其中最重要的是型態。波有兩個基本型態：推進波 5-3-5-3-5 和調整波 5-3-5。

這裡我們要討論一下書中的一些用語。首先 5 波是指一個由圖 3 中 1、2、3、4、5 五個波構成的波浪，3 波是指一個由圖 3 中 a、b、c 三個波構成的波浪。

當我們說推進波為 5-3-5-3-5 型態時就是指推進波可以由 5 個子波構成，這 5 個子波又分別由 5 波、3 波、5 波、3 波、5 波構成，如下圖所示。

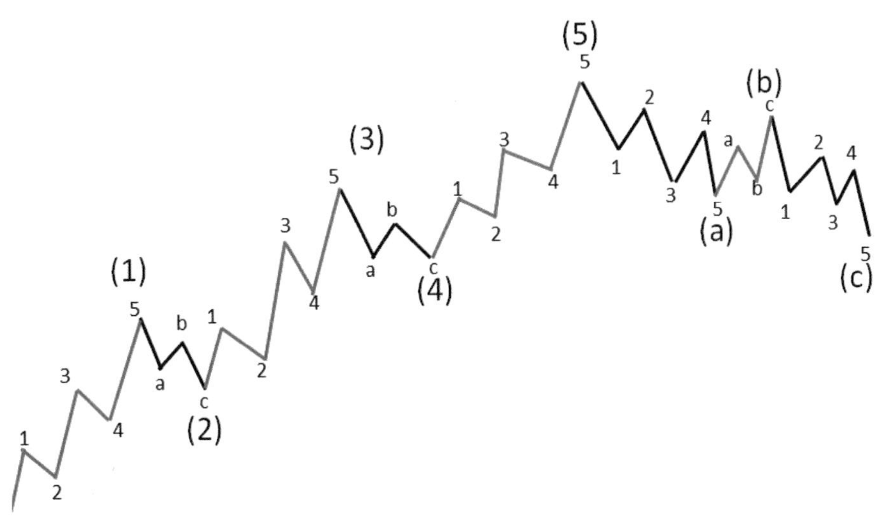

由於波浪理論要能精準的判斷五升三降是波浪，實在非常不容易，並非一般人可以體悟，所以我們先有波浪理論的概念即可。我們可以運用 MA（移動平均線）來提高趨勢線的勝率，因此，在實際分析工作可用趨勢線加 20MA 與 60MA 做為買賣點應用參考，即可省去很多不必要的猜想。至於如何設定 20MA 與 60MA，請參考下圖所示。

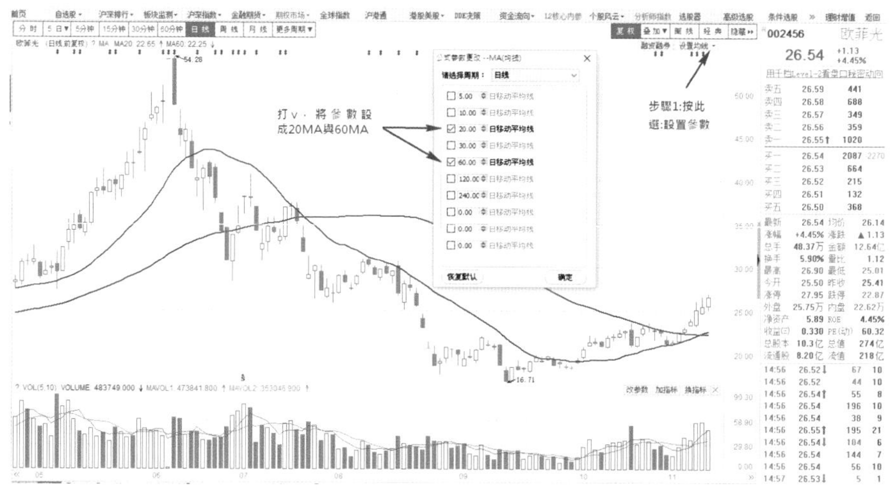

買進點：當股價以長紅 K 線，向上突破下降趨勢線，當 20MA 向上黃金交叉 60MA 代表打底完成，則是主升段的買進訊號。

範例 大唐電信

2015/2/10 股價向上突破下降趨勢線，並且 20MA 向上完成黃金交叉 60MA，則是主升段的買進訊號。

大唐電信波段大漲 57.5%。

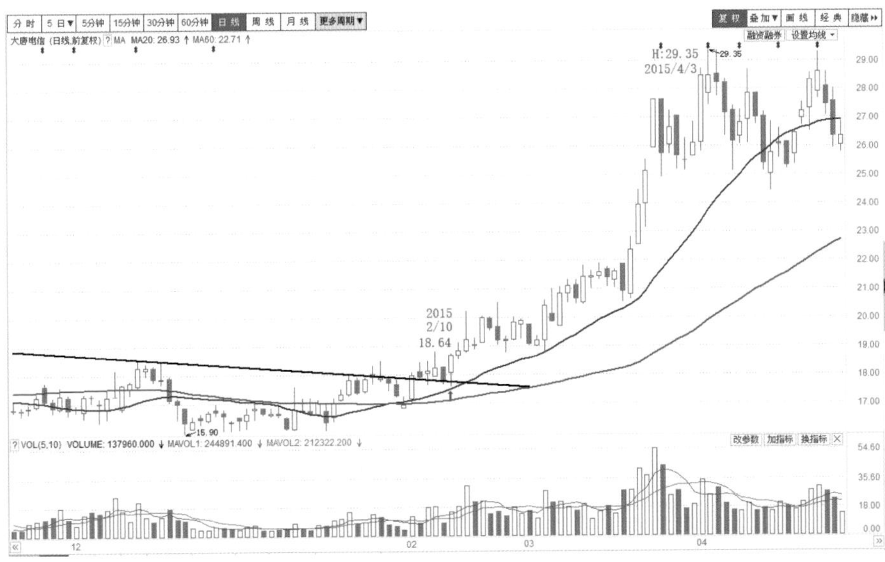

範例 鳳凰傳媒

股價突破中期下降趨勢線之後，2014/6/23 的 20MA 向上黃金交叉 60MA，則是主升段的買進訊號。

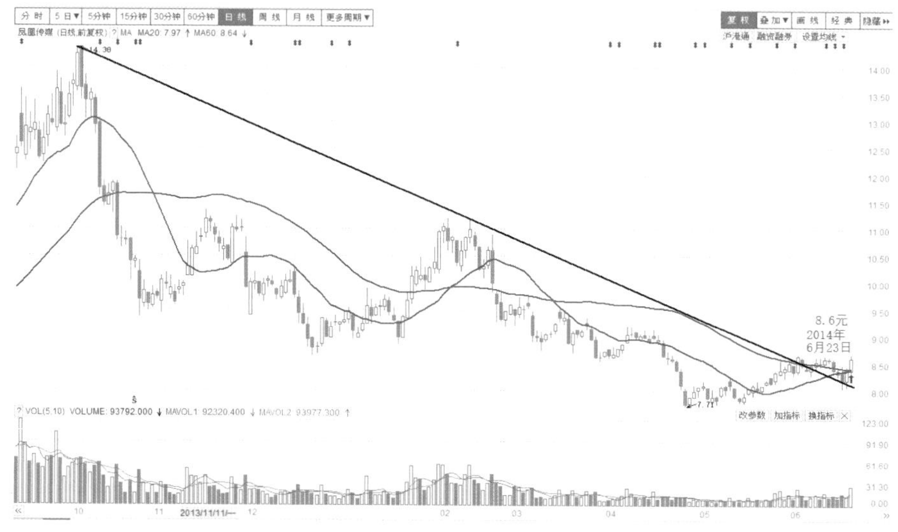

鳳凰傳媒股價一路從 8.7 附近開始起漲。2014/6/23 ～ 2015/6/15 鳳凰傳媒從 8.7 元漲最高 26.46 元，波段漲勢驚人，高達 204%。

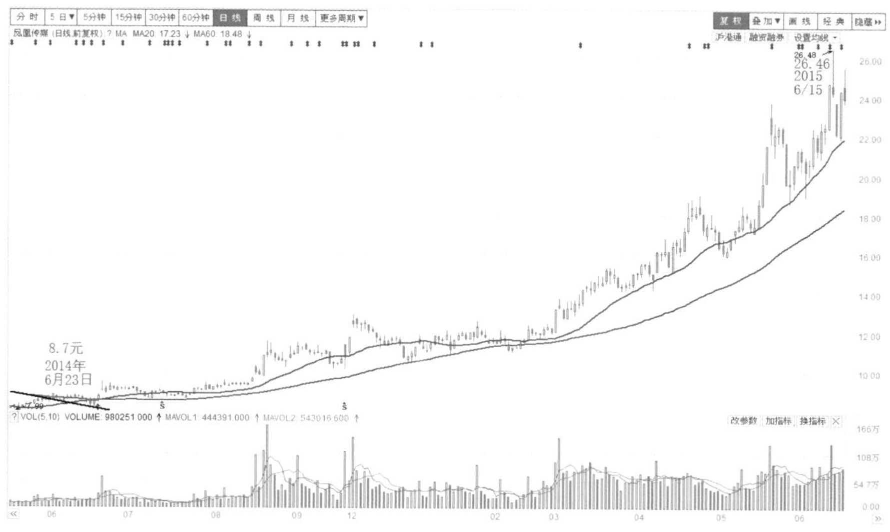

範例 上海機場

在 2013/8/26（14.4 元）成功突破 7 個月頸線，並且 20MA 向上完成了黃金交叉 60MA，出現型態突破的買進訊號，可進場買進。

漲幅來到 2013/9/2 上漲（17.11 元）漲幅已達型態的滿足點，可獲利出場。

在 2014/8/12（13.82）成功突破 6 個月頸線，並且 20MA 向上完成黃金交叉 60MA，是主升段的買進訊號買進。

2014/8/12（13.82 元）～ 2015/6/11 上海機場，最高上漲至 38.51 元，漲幅超過 178%。

範例 國海證券

2014/11/5 股價向上突破下降趨勢線，同時在 7 月底左右，20MA 與 60MA 早已完成黃金交叉，則是主升段的買進訊號。

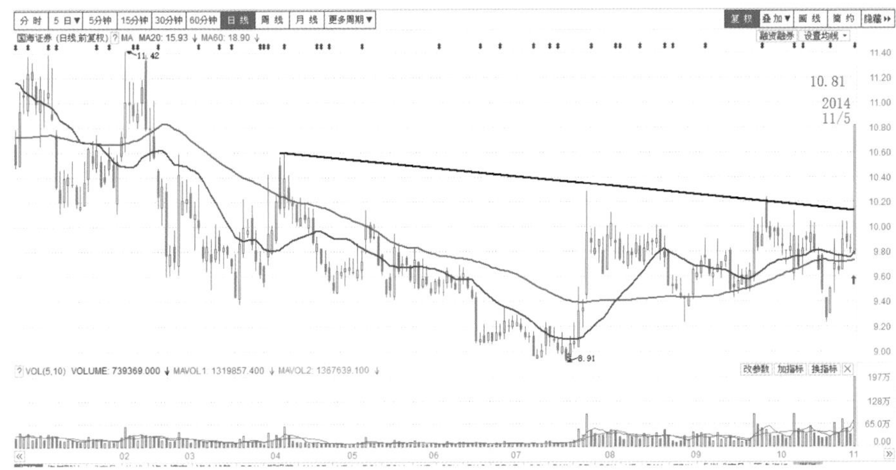

2014/11/5 ～ 12/9 國海證券，最高上漲至 21.53 元，漲幅超過 1 倍。

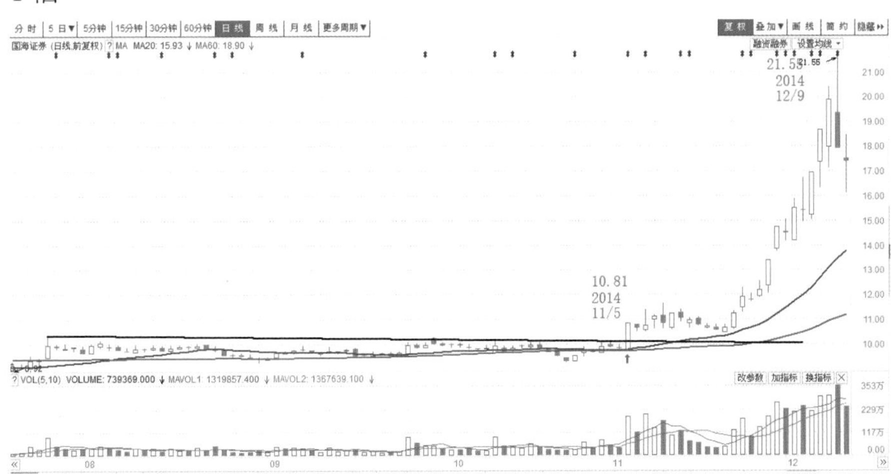

上升趨勢的股價

運用黃金切割率，找出強勢整理股票，拉回均線或上升趨勢線出現止跌K線時買進。若股價回檔，股價不會跌破前低，當股價創新高。我們用黃金切割率來劃分，測量股價拉回幅度，如果是強勢整理股價：拉回幅度約（0.191/0.382），股價正常整理幅度0.5，弱勢股價則拉回幅度會高達（0.618/0.809/1.0），則不宜作多。

範例 上海機場

從2014/8/28～9/29，用黃金分割率測量，拉回幅度在0.5左右。

10/29 股價突破新高後，順利向上噴出，再走一波行情。

範例 大唐電信

2015/5/8 收止跌 K 線，拉回幅度接近 0.5，並在 5/20 創新高，為買進訊號。

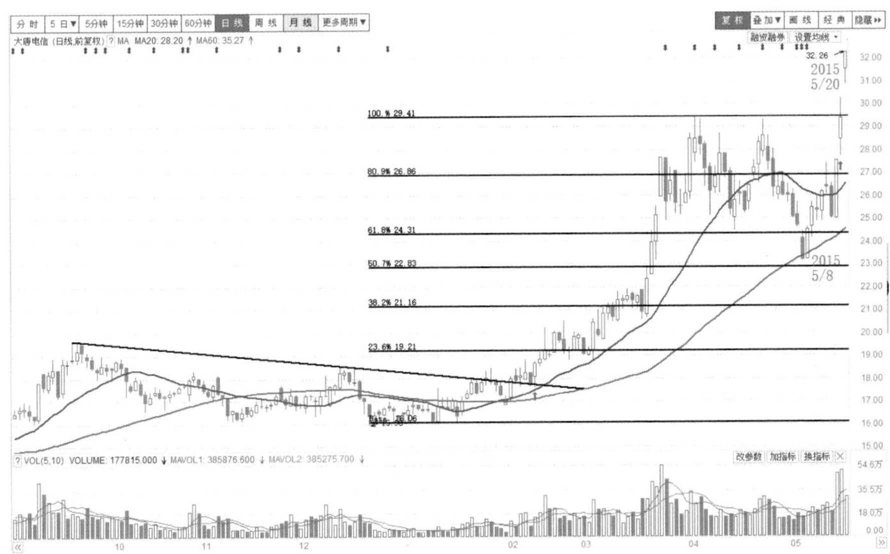

突破之後大漲到 6/1 的最高點 54.88 元，波段漲幅 76.65%。

範例 海鷗衛浴

股價拉回黃金分割率在 0.5，出現止跌 K 線之後，股價向上走高，2015/5/20 股價突破頸線。

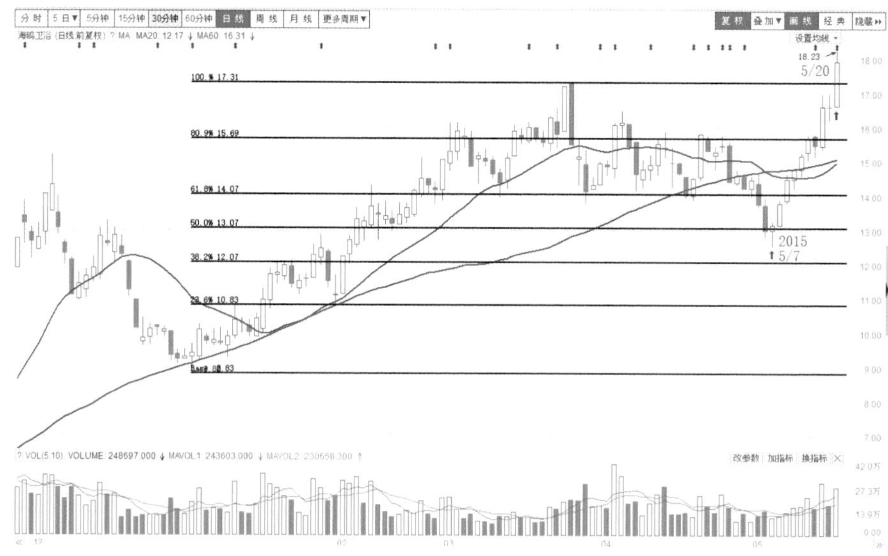

又向上再走一波，漲幅 42.25%

範例 江淮汽車

2015/10/28 股價拉回黃金分割率在 0.5，出現止跌 K 線之後股價向上走高，2/17 股價突破頸線。

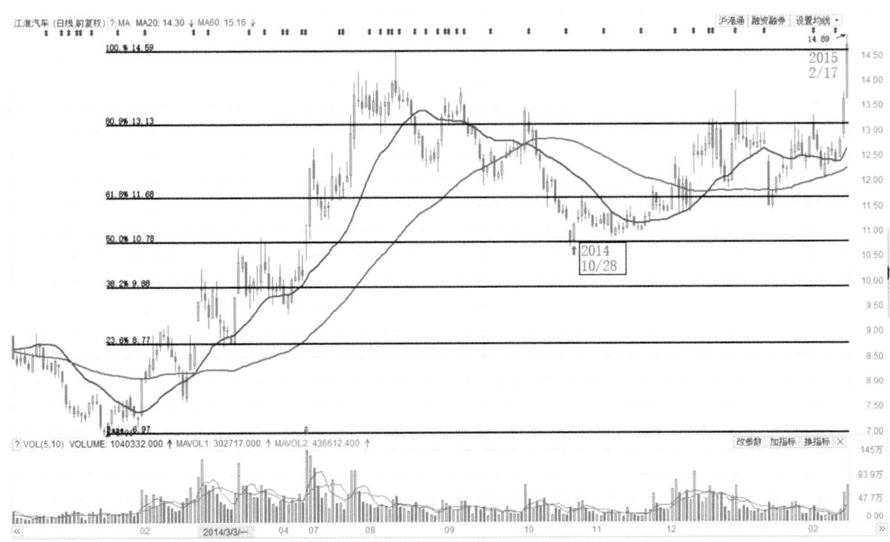

因股性的關係，雖然漲幅不大，但是到了 6/12 也上漲了 31.42%。

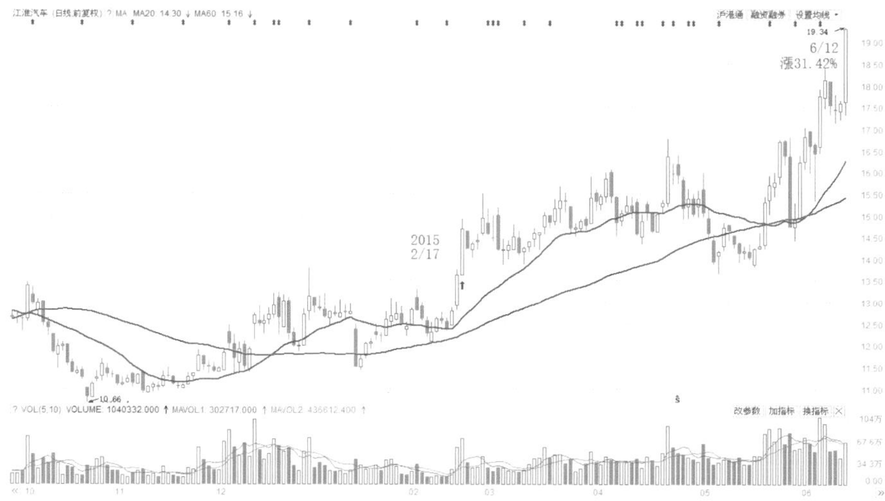

回測：當股價拉回幅度達 0.618 以上，股價轉為弱勢股，股價會來回測前波低點。

範例 海鷗衛浴

跌破 0.5 之後，即知道是從回檔變回測，一定不能做多，最後還破底。

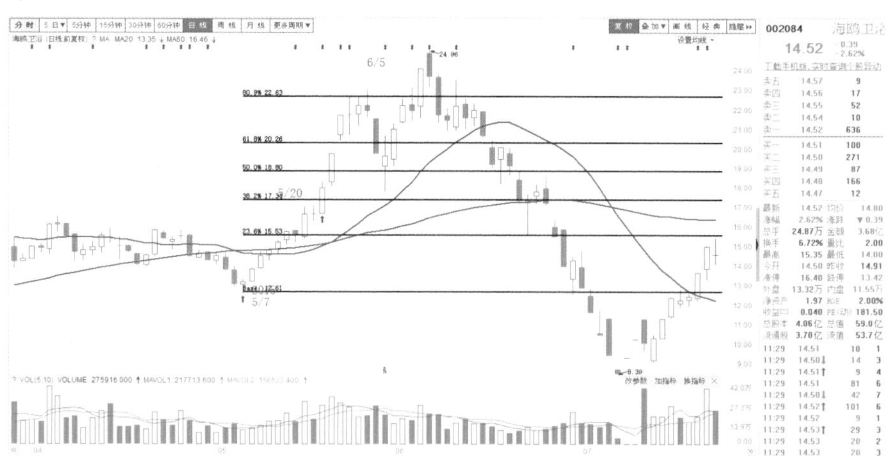

範例 中信證券

3 個黑色箭頭處，就是跌破（0.5/0.618/ 0.809/1.0），變成弱勢股，並且 20MA 與 60MA 也出現死亡交叉。

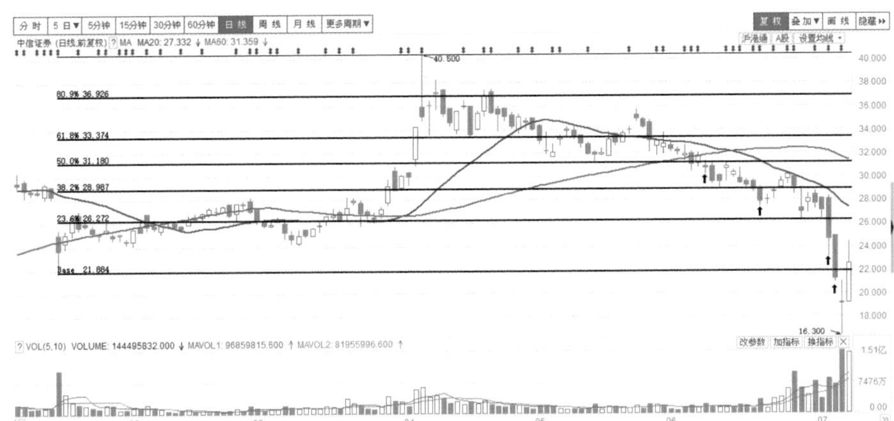

股價就一直向走盤跌，反彈到月 MA 就繼續向下探底，至 9/25 還未止住跌勢。

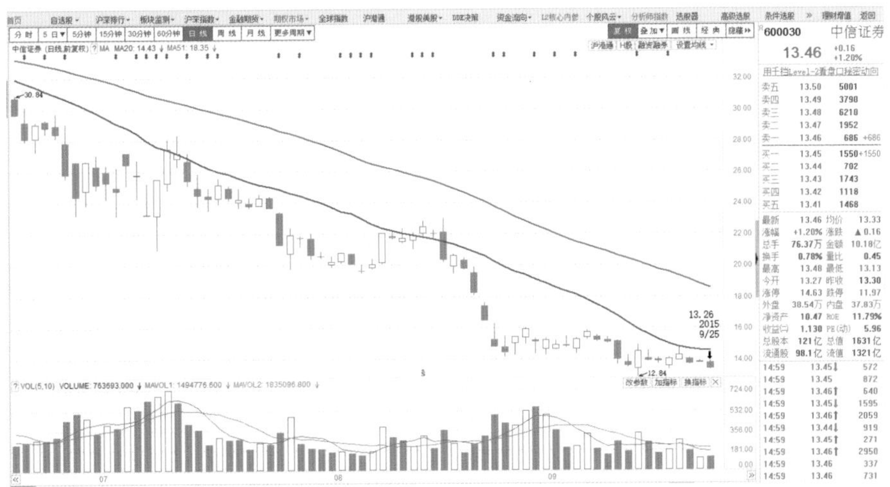

反彈幅度：股價跌破前低，以黃金切割率來測得反彈幅度（0.191/0.382/0.5/0.618/0.809/1.0），弱勢反彈以（0.191/0.382），反彈

0.5 以下都算反彈波。

範例　海南高速

黑色箭頭處反彈 0.382，股價無再向上法突破，因此股價開始走 B 波修正回檔。

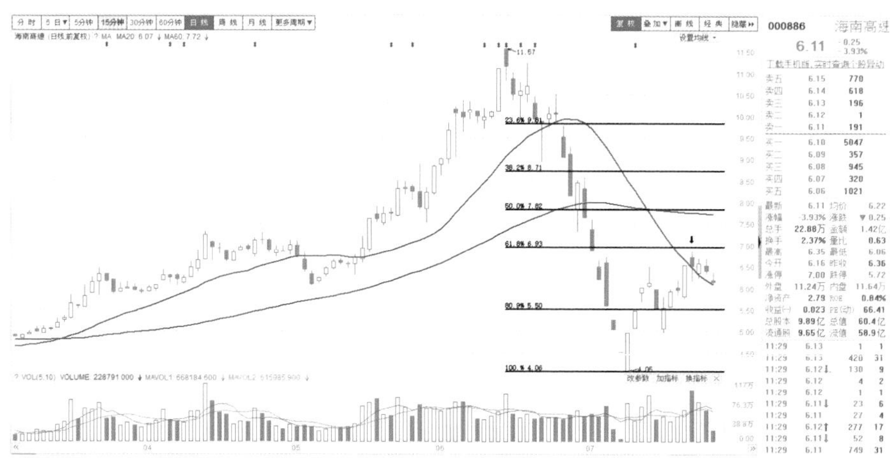

範例　平安銀行

反彈到了接近 0.618 附近，但是因為型態壓力區，股價一時難以突破，股價就再向下探底。

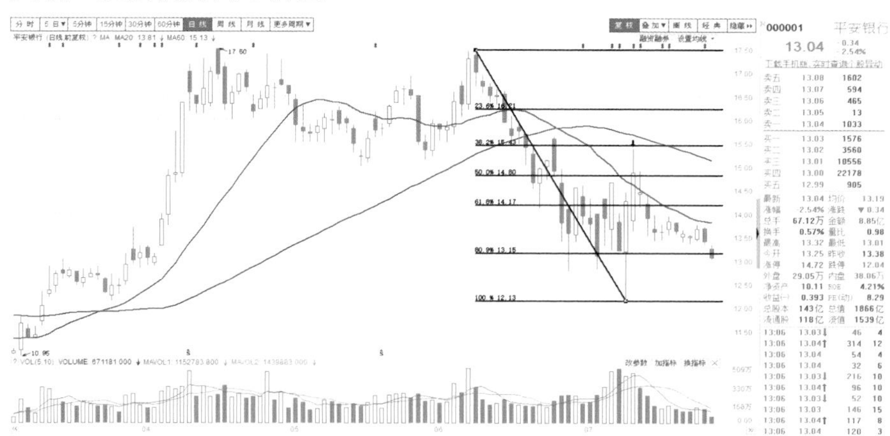

平安銀行股價一路探底，直至 9/28 還未見打底完成。

範例 上證指數

上證指數在 2015/7/9 反彈幅度 0.382%，在 7/27 指數收長黑跌破上升趨勢線，判讀為弱勢反彈。

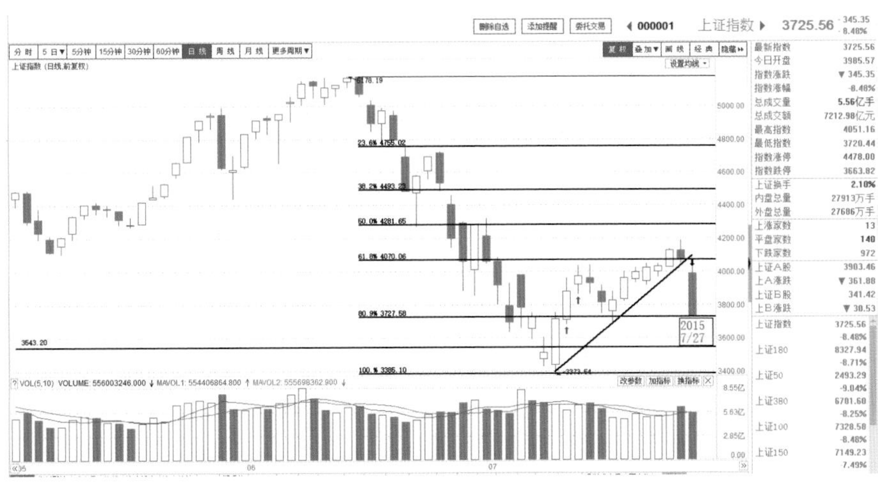

上證指數，果然再破底 8/26 收 2850 最低點，雖有反彈，但因為沒有追價買盤，反彈幅度偏弱勢。

範例　中國中鐵

2015/7/13 反彈，以黃金分割率在 0.382，股價屬於弱勢反彈。

以黃金分割率反彈約在 0.191 為弱勢反彈，所以不宜持有。

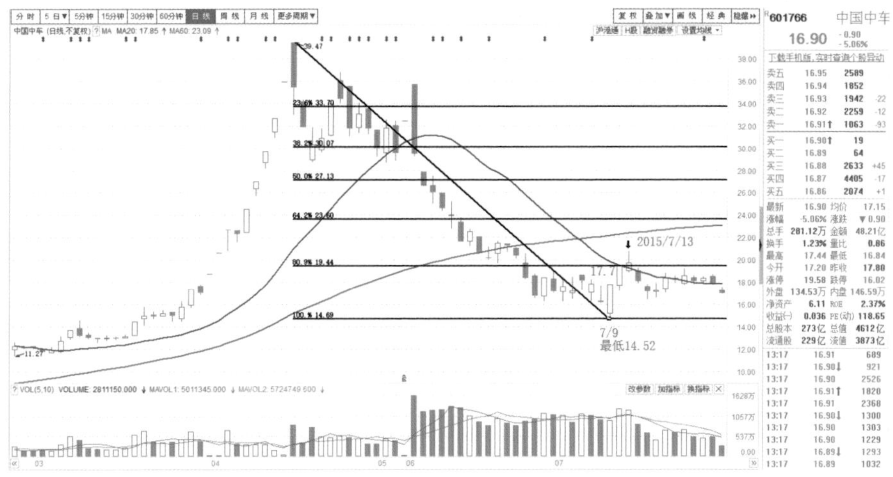

範例 張裕 A

以黃金分割率反彈約在黑色箭頭處，反彈 0.5，無法突破，就回檔測前低。

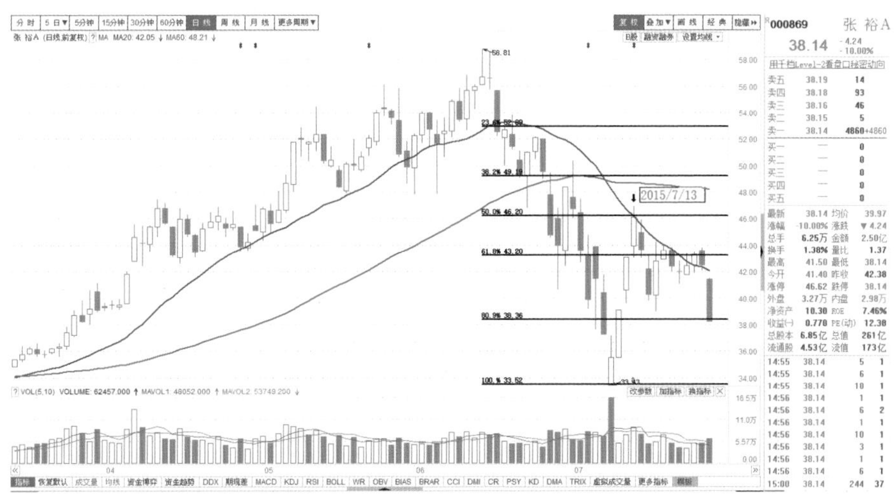

範例 大唐電信

以黃金分割率測幅反彈高點約在 0.5，股價破又再次壓回，股價破了前低，進入 C 波修正。

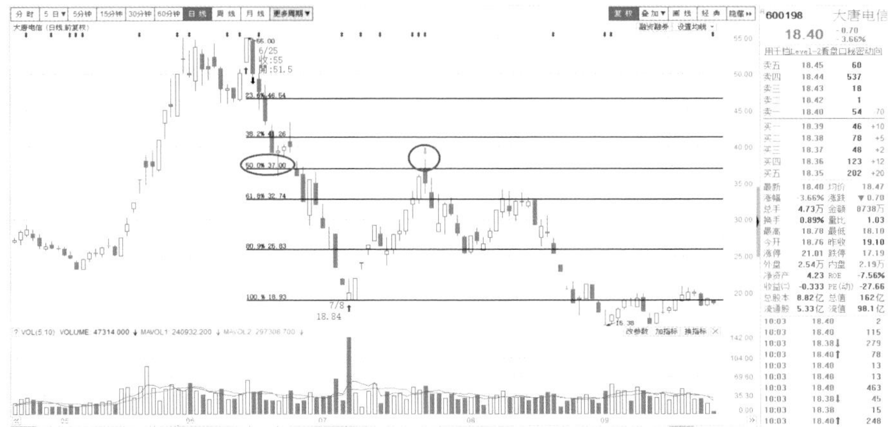

股票箱理論：股票走多頭，則股價維持在長期上升趨勢線之上，則股價是由一個一個的箱型，不斷往上推疊而成。

範例 拓維信息的股票箱

範例 紅旗連鎖的股票箱

範例 五礦發展的股票箱

空頭則股價也是在長期下降趨勢線之下，股價也是由一個又一個的箱型不斷往下推疊而成。

範例 五礦發展的股票箱

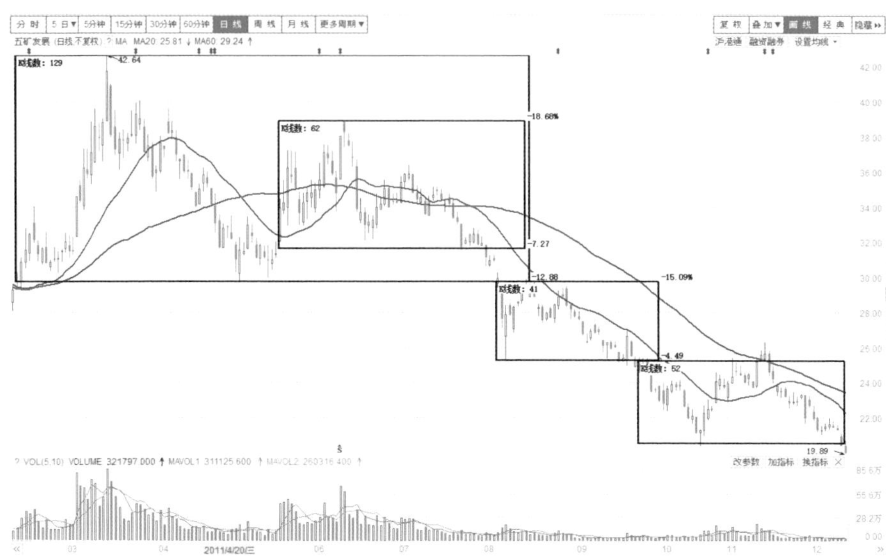

範例 恆生電子的股票箱

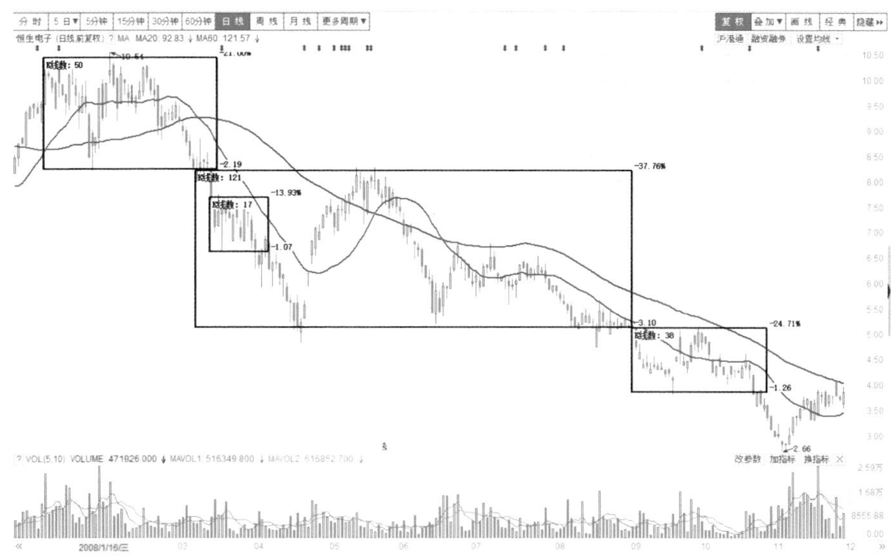

範例 全聚德的股票箱

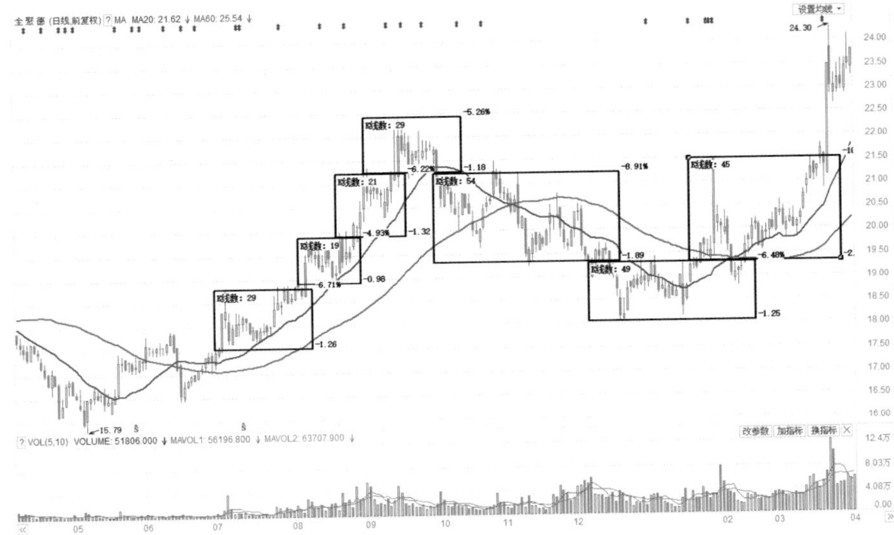

以股票箱的理論，可發現，股價如果突破箱型的或跌破箱型的低，都是另一段行情的啟動，所以當你的股票突破箱型的高點，要加碼，跌破箱型的低點要減持或出清。

股價上升趨勢是如何型成的？

1. 反彈：當股價下跌至末跌段時，會開始反彈，首先會出現止跌 K 棒與低檔反轉組合 K 線，並且成功打底完成，形成型態（W 底，頭尖底，圓型底）。
2. 回升：當股價創了短期新高，拉回又不破前低，則股價開始走主升段。
3. 向上趨勢形成：當股價再創新高，拉回又不破前波低，反彈又再創新高趨勢形成，則我們可以向上畫一條上升趨勢線。

範例 東方明珠

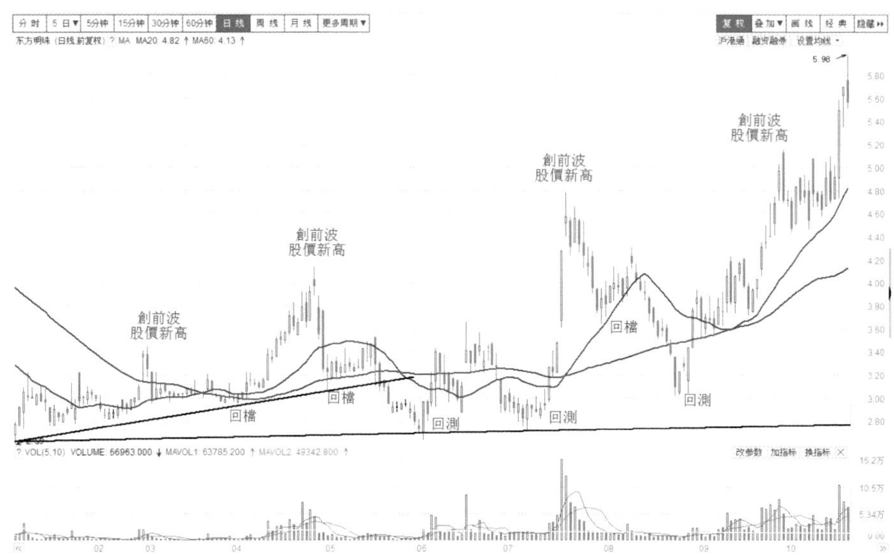

如何形成股價下降趨勢？

1. 回檔。
2. 回測（股價跌破前低）。
3. 股價再次跌破前低，即可畫一條向下降趨勢線，向下的趨勢形成，股價將易跌難漲。

範例 鳳凰傳媒

當股價在長期下降趨勢線之下，所有的上漲都視為反彈，回測沒跌破前低，才有機會突破下降趨勢線。當突破長期下降趨勢線後股價開始進入盤整型態，如果股價可以突破前高，則啟動初升段的開始。

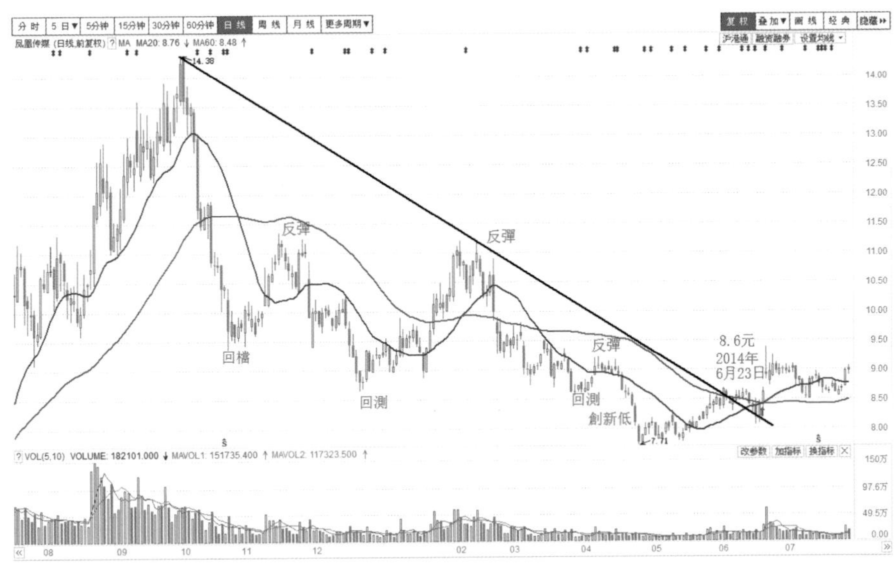

掌握 K 線＝掌握內線

判斷止跌訊號或止漲訊號就很重要，這樣可以掌握股價的轉折，股價低檔反轉首重 K 線。有句話說「千線萬線不如一條內線」，雖說內線是不合法的，但只要我們能夠掌握「K 線＝掌握內線」的原則，那根本就不需要內線了。

何謂 K 線，我們以下來簡單的介紹一下 K 線它的由來。

K 線的由來：「稻米交易所」17 世紀中旬，江戶時代，「本間家族」的本間宗久發現稻米價格變化的相關性，於是運用這套方法賺取大量財富。本間宗久生前出版了《阪田戰法》及《行情分析》兩本著作，內容詳載他在稻米交易上所使用的一些戰術，這套技法後來在日本逐漸發展成「陰陽線分析方法」，後來有人更把這套方法應用到股票市場中，成為相當重要的一派理論。

至於如何畫出 K 線？

筆者認為大家應該先對 K 線有了基本認知後，再進一步研究，以下請先了解幾個基本概念：

1. 組成 K 線是由四個價位組成：開盤價、收盤價、盤中最高價、盤中最低價。
2. 收盤價高於開盤價就是收紅 K 線，收盤價低於開盤價是收黑 K 線。
3. 日K線圖的一根K線，是當日交易的紀錄，當天的開盤價、收盤價、盤中最高價與盤中最低價

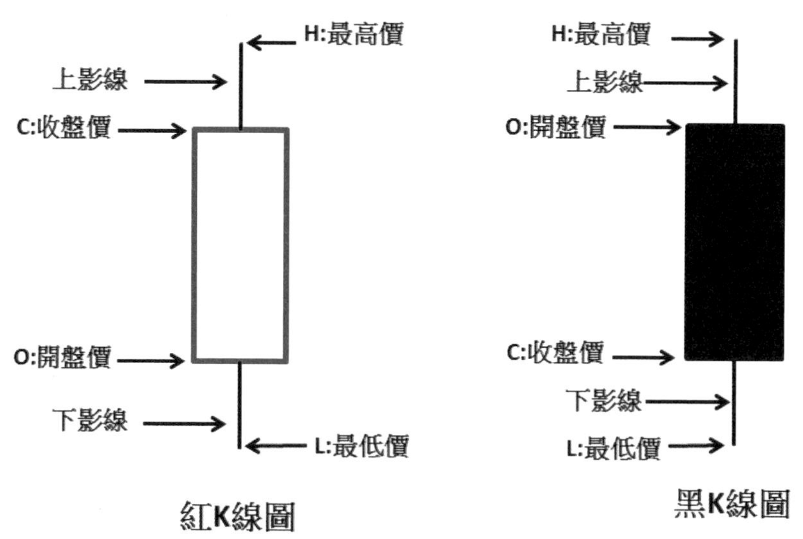

K 線週期可分成日 K 線、週 K 線、月 K 線。

平安銀行（日K線圖）

週K線圖的一根K線，是1週（5天）交易的紀錄。當週的開盤價，當週收盤價，當週最高價，與當週最低價。

平安銀行（週K線圖）

月 K 線圖的一根 K 線，是 1 個月（20 天月）交易的紀錄。當月的開盤價，當月收盤價，當月最高價，與當月最低價。

平安銀行（月 K 線圖）

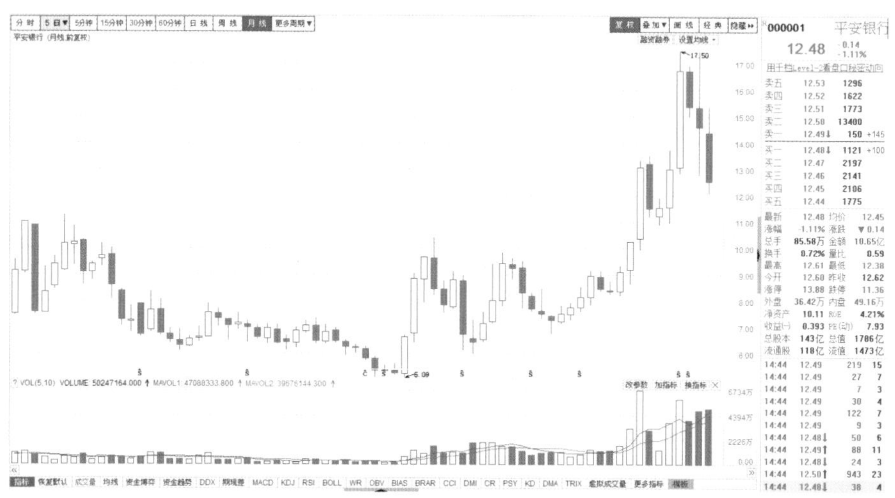

紅 K 線 VS. 黑 K 線

紅 K 線或黑 K 線並不代表當天股價一定上漲或下跌，當今日的收盤價高於開盤價＞就是紅 K 線，如果收盤價低於開盤價＞就是畫成黑 K 線。舉例來說：1 支股票以開盤就跌停（-10%），但收盤只有跌（-2%），所以收盤價高於開盤價，K 線是畫成紅 K 線，但還是跌 -2%。這代表並非出現紅 K 線就肯定上漲，出現黑 K 線就一定下跌。再說，1 支股票以開盤就漲停（10%），但收盤只有漲（3%），所以收盤價低於開盤價，K 線是畫成黑 K 線，但還是漲 3%。

K 線的長紅 K 線 VS. 長黑 K 線

實體長紅 K（漲幅 5% 以上）：代表控盤的主力的防守價。

1. 大量長紅 K 線的開盤價，日後股價回檔跌破此價位，表示多方力道轉弱，如果股價處於相對高檔，則要獲利出場。

範例 大唐電信

2015/6/25 長紅 K，收漲停價 55 元，但隔日卻沒向上開高，直接以低盤開出 54.89 元，並且收盤價也跌破昨日長紅 K 線開盤價 51.5 元，當時股價又處於高檔，所以視為控盤的有錢力獲利出場的訊號。

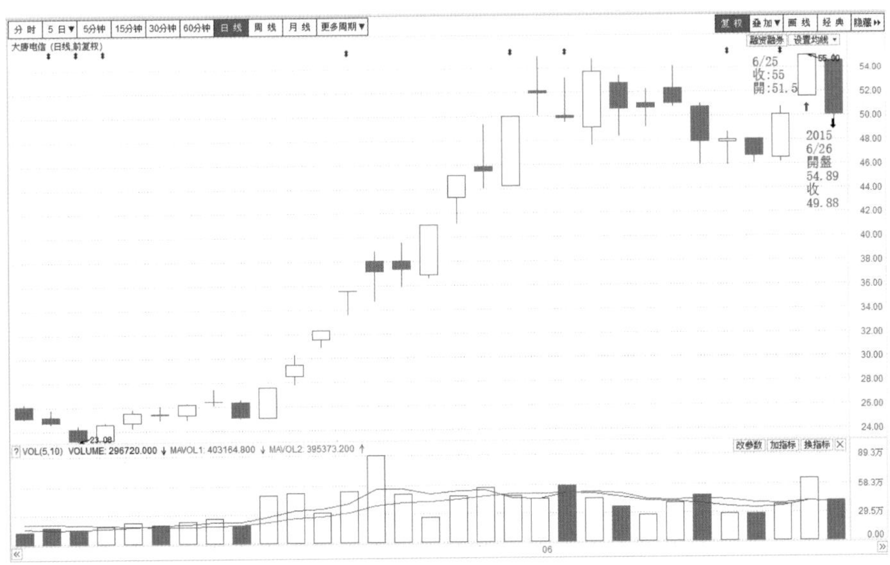

大唐電信下跌至 2015/7/8 的 18.84 元。

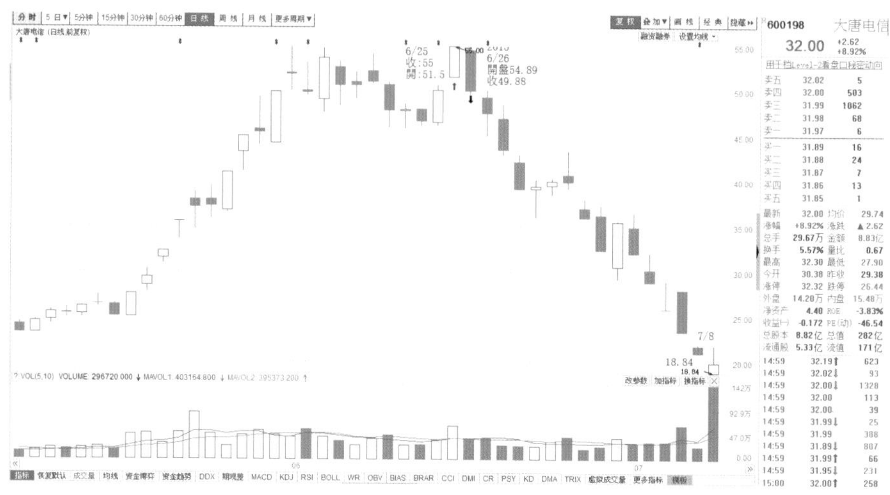

範例 國農科技

股價在 2015/6/12 創新高，但隔日股價開高走低，6/16 又再將 6/12 日的長紅 K 最低點跌破，則股價反應控盤的主力出場，股價將修正。

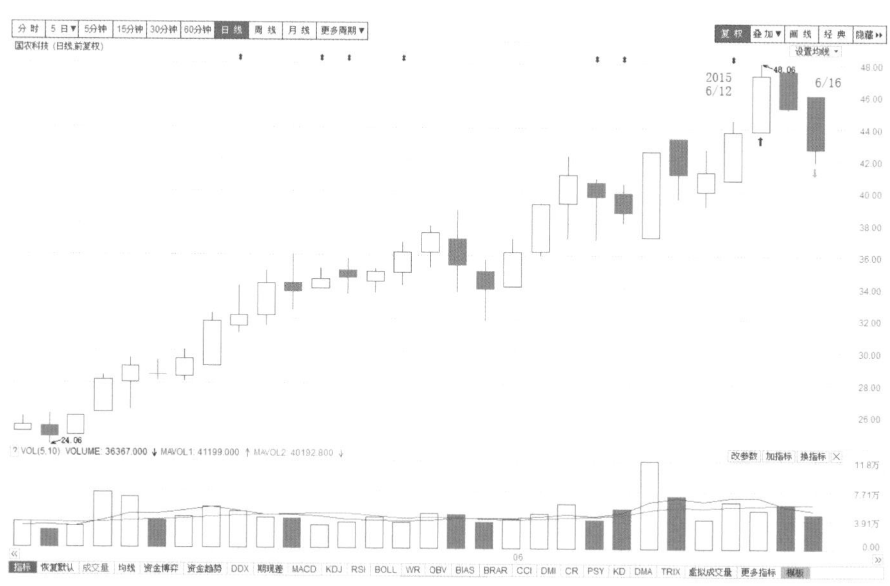

股價果真向下修正，幅度驚人。

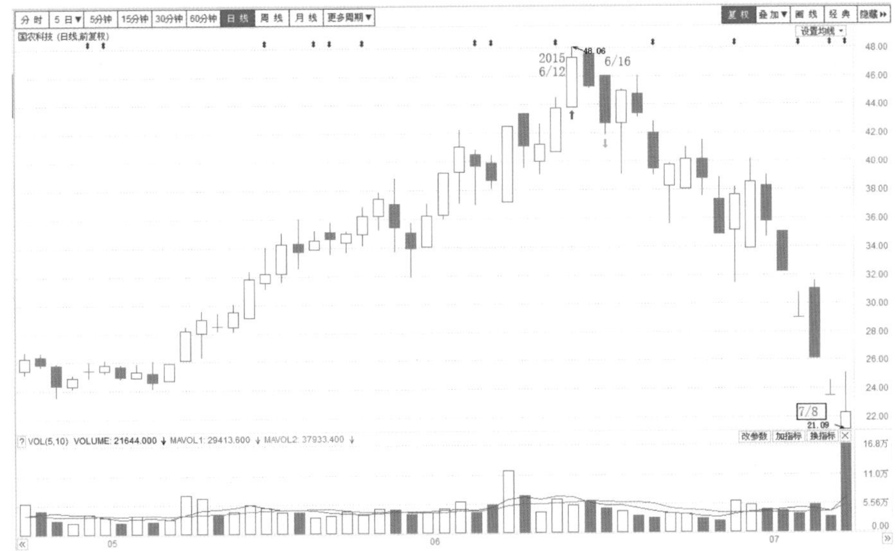

2. 大量長黑 K 線的開盤價，日後股價反彈突破此價位，表示空方力道轉弱，如果股價處於相對低檔，則要逢低佈局一些基本持股。

範例 紅旗連鎖

2015/7/7 股價收大量長黑 K 線，隔日股價開低走高，再隔日股價收盤完全站上長黑 K 的最高價，股價有反轉止跌訊號，可進場佈局。

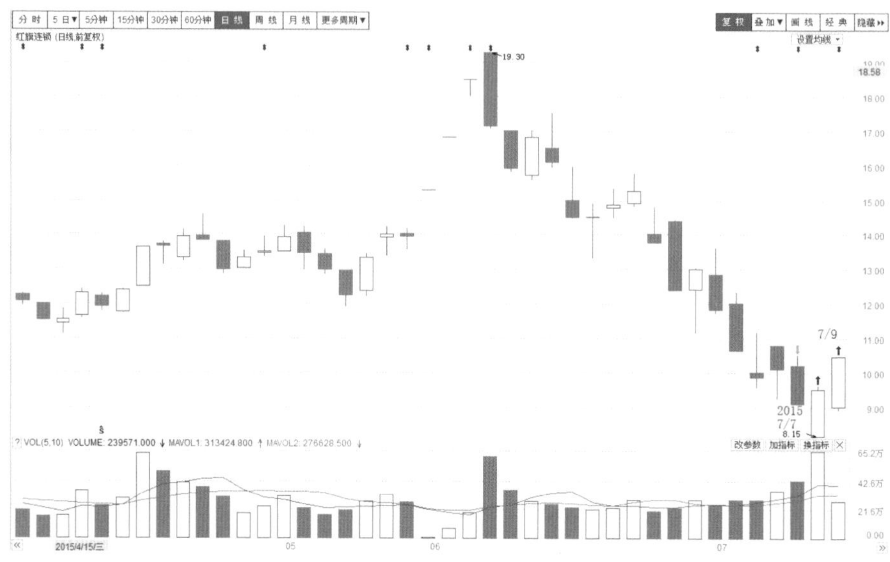

紅旗連鎖果然股價開始反彈，從 10.49 元漲到 14.79 元。

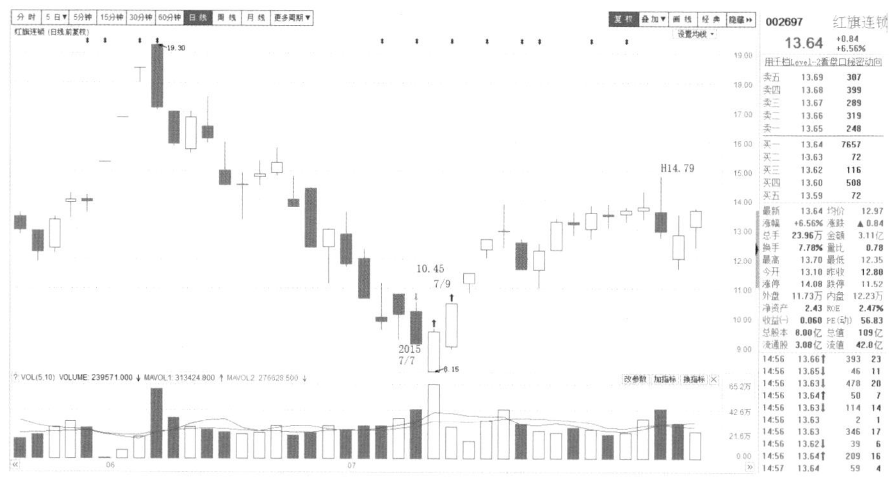

漲停板長紅 K 線的 4 大分類

開盤直接漲停板稱一字 K 線，打 5 個星號，是最強的長紅 K 線。

代表籌碼集中，控盤有錢人不希望有散戶跟進，如果當天是突破型態的位置，這時想要立刻買進，當然買不到，所以第二天要市價盤先掛單買進試試手氣，如果好運被你買到了，那就真是撿到寶了。

範例　力帆股份

2015/5/26 復牌後開盤一字 K 線。

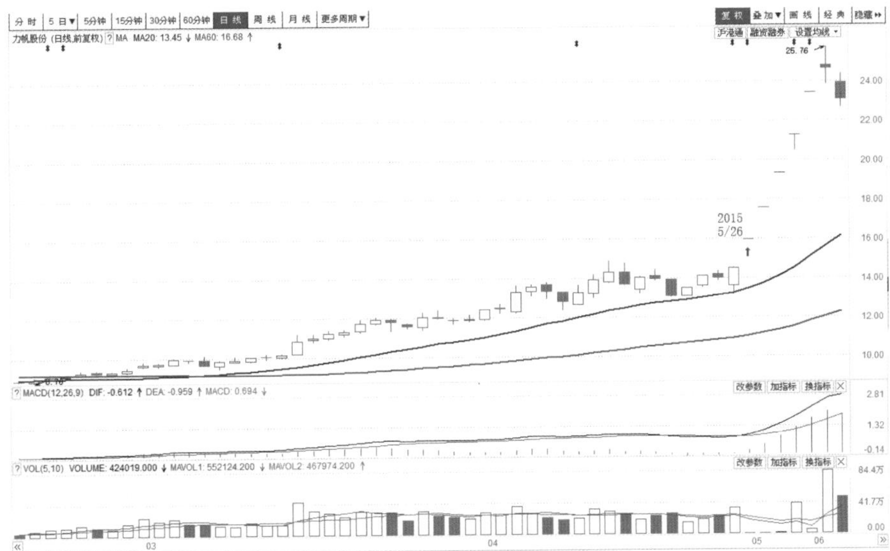

開盤漲停，再下跌，再向上拉到漲停封版，並留 5% 以上的長下影線。

開盤漲停板後立刻打開，代表籌碼開始不安定，再迅速下跌到平盤，上下拉鋸，出現的是長下影線的 K 線，如果位置及成交量在高檔，就要看個人勇氣了，如果要搶進也只能小量買進，如果隔日沒直接開高走高或是收長黑 K 線，則要立即出場不要戀戰。

範例 北部灣旅

在 2015/4/20 出現開盤封版（漲停），打開留 5% 以上的長下影線，位置又處於高檔，所以隔日開高走低，收長黑 K，股價即開始修正。

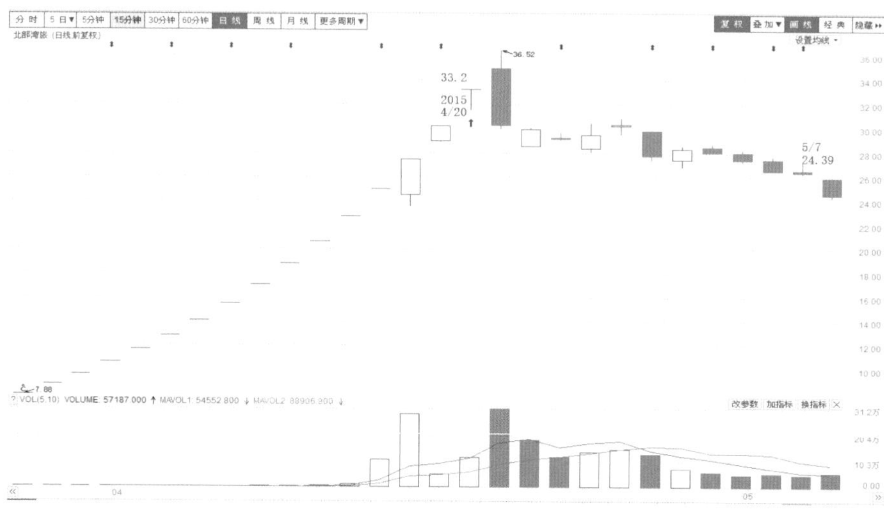

範例 東方明珠

2015/4/24 留下長下影線。隔日 K 線就收開小高盤就走低收止漲長黑 K 線，一定要出場，不要戀戰。

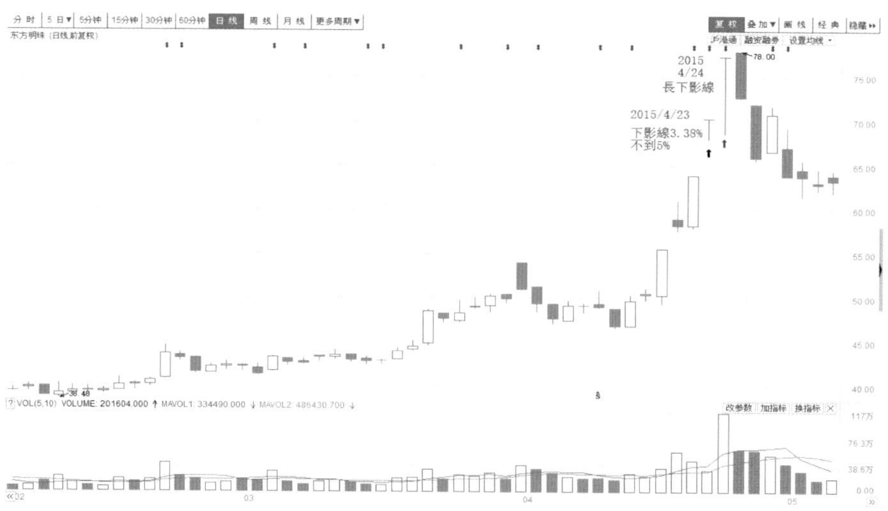

範例 靈康葯業

2015/6/16 位處高檔並且留了長下影線，隔日開低走低收跌停，股價就一路下探。

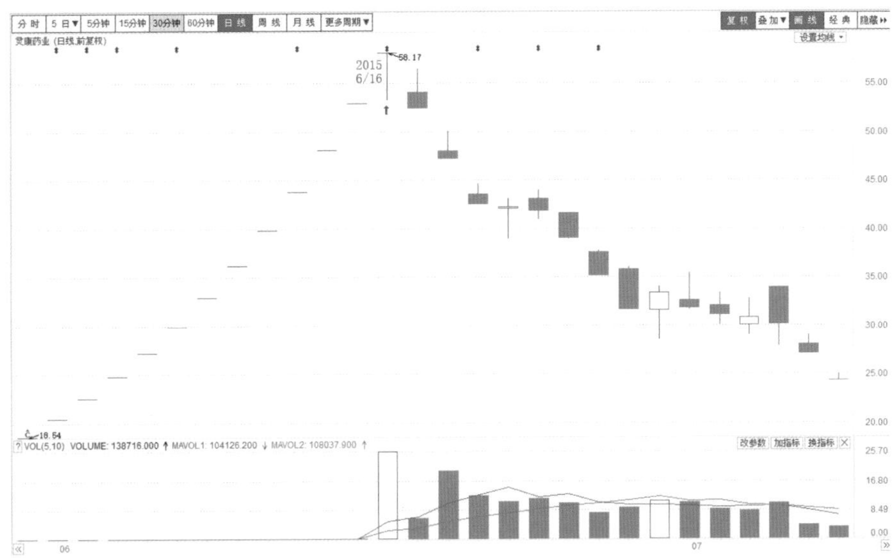

開盤先下跌，開盤 1 小時以內即向上拉到漲停板。

主力（有錢人）先下殺，讓散戶不敢進場，同時讓一些沒信心的散戶籌碼被洗出來，再快速拉漲停板，這也是主力常見操盤手法。

範例 北部灣旅

在 2015/4/16 連續漲停 15 根之後，出現開小低殺低，這是收長紅的主力操盤手法，但因為股價在高檔，所以再連續漲停封版 2 日後出現止漲 K 線，就應該出場獲利了結。

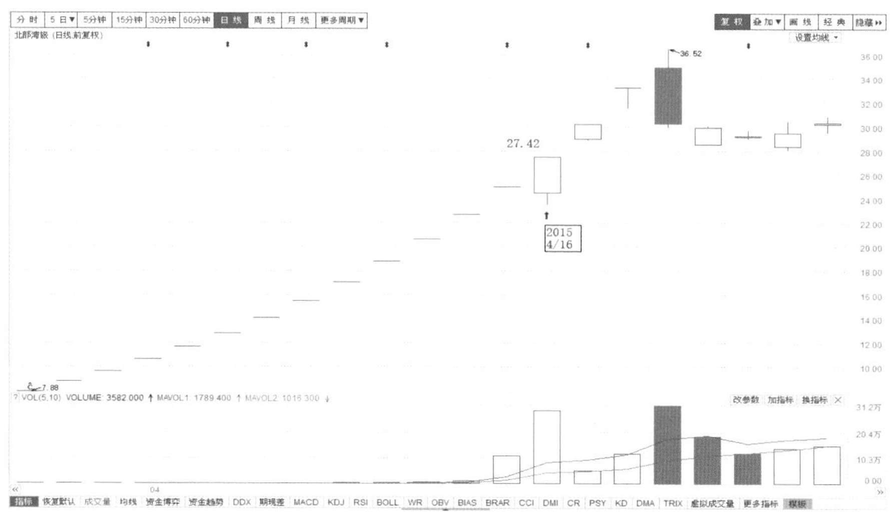

開平盤附近盤整後，尾盤向上拉到漲停板。

主力（有錢人）目的是不希望有太多散戶跟進，如果當天是突破型態的位置，要立刻買進。

範例 南岭民爆

先開平盤附近，到了下午盤開始向上拉升。待接近下午 3 點收盤前 30 分開始封版。

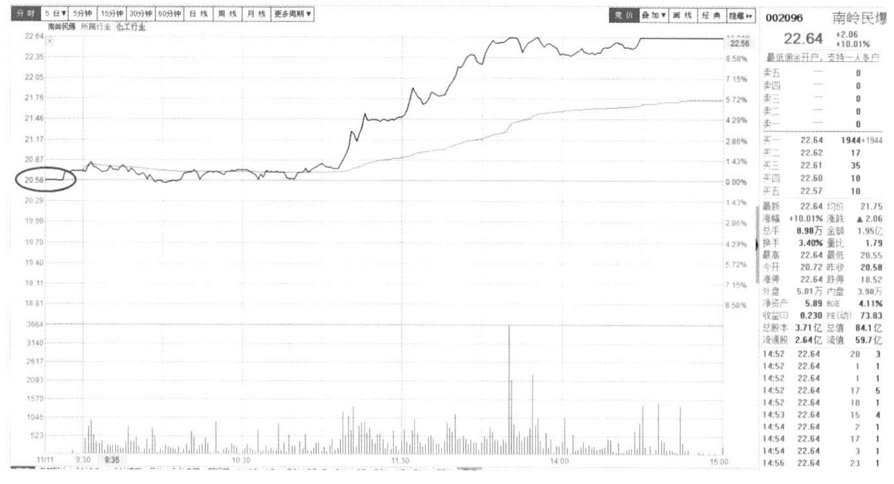

炒股短線的技術分析：首重K線密碼

重要的單一向上轉折的K線有3種，如果股價在關鍵轉折點出現以下3種K線，即可視為主力（有錢人）的進場訊號。分別為長紅K（上漲5%）、長下影線（5%），以及十字K線。

1. 實體長紅K線：

【定義】開盤與收盤幅度達5%以上，開低走高的實體紅K線，如果有上影線，則只能有很小的上影線1%內。而在多頭上漲趨勢中，長紅K線關鍵買點會出現在以下2個地方：

- 向上突破下趨勢線帶有大的成交量
- 股價平台箱型整理後往上突破箱頂價，這是關鍵買點。

範例 南寧糖業

2015/3/17長紅K突破箱頂價，14.45元前波最高點（2014/9/29）。

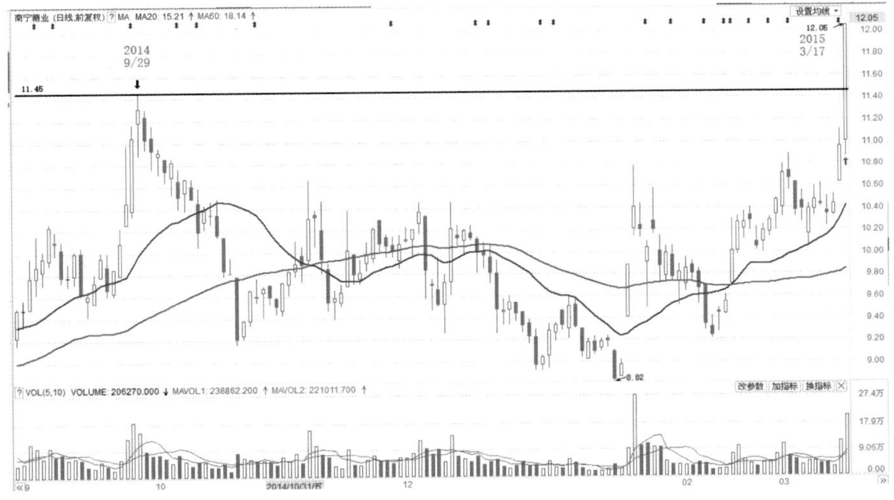

2015/3/17 股價突破箱型之後，股價一路大漲。

範例 丹化科技

2015/5/21 股價突破箱型之後，股價一樣也向上大漲。

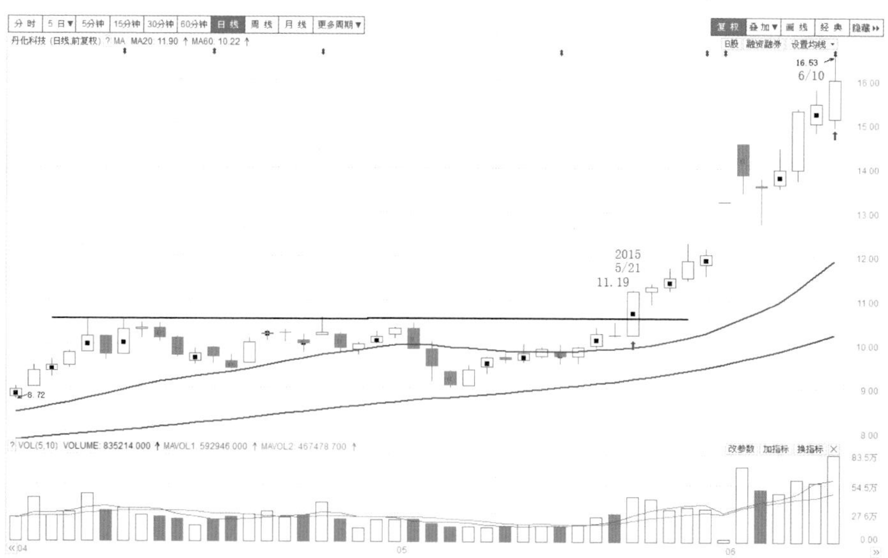

範例 西隴化工

2015/2/16長紅K突破3個多月下降趨勢線，為轉折上向關鍵點。

就開始向上飆漲至4/13的42.79元（漲幅107%）。

範例 天順風能

波段買點共有5個也方有長紅K線（紅箭頭），分別為（2015/2/12，3/2，4/21，5/8，5/19）均是買進點。

2. 長下影線（5%）：

2015/5/11 南大光電收盤股價突破極短下降趨勢線，隔日股價再向上挑戰前波高。

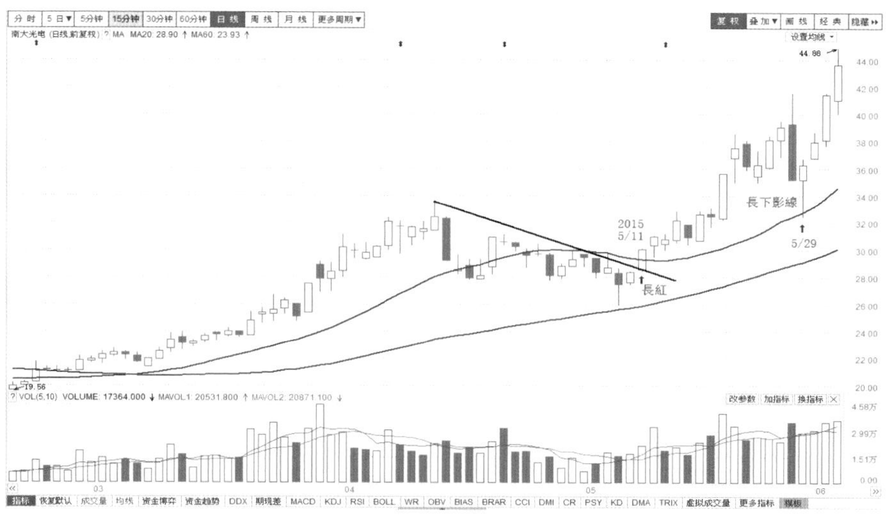

2015/5/29 西藏礦業，收盤後留了長下影線，隔日股價再向上大漲。

十字 K 線：在上升趨勢線，股價漲多拉回量縮出現十字線，中繼續漲訊號：

範例 西藏天路

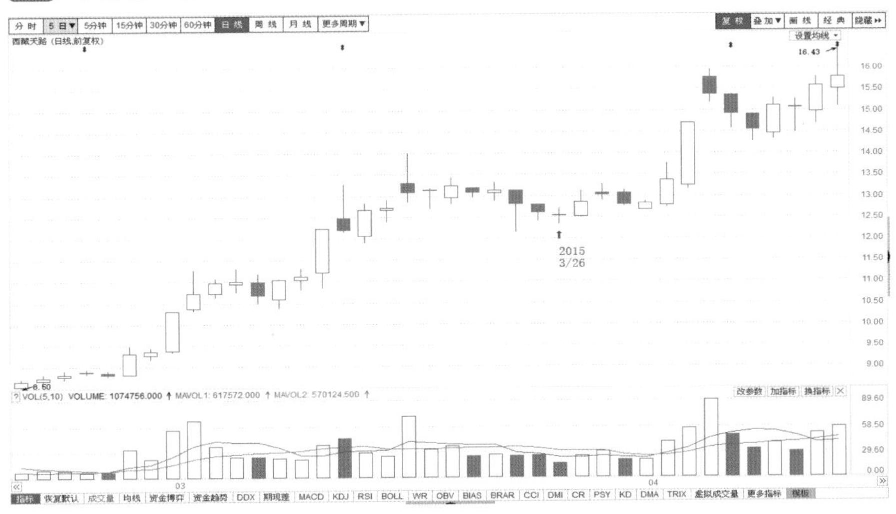

2015/3/26 出現十字 K 線，視為中繼訊號，隔日開平走高，確認了向上走勢不變，為進場訊號。

股價在高檔，如果出現 3 種止漲 K 線，就要先出場，那 3 種 K 線？

1. 長黑 K（下跌 5%）：

範例 時代新村

2015/6/8 股價在高位階出現止漲長黑 K 線，股價果真大幅向下修正。

範例 艾華集團

2015/6/4 長黑 K 線，收在最低點，主力出貨意圖明顯，果然隔日，股價即以跳空跌停開出。

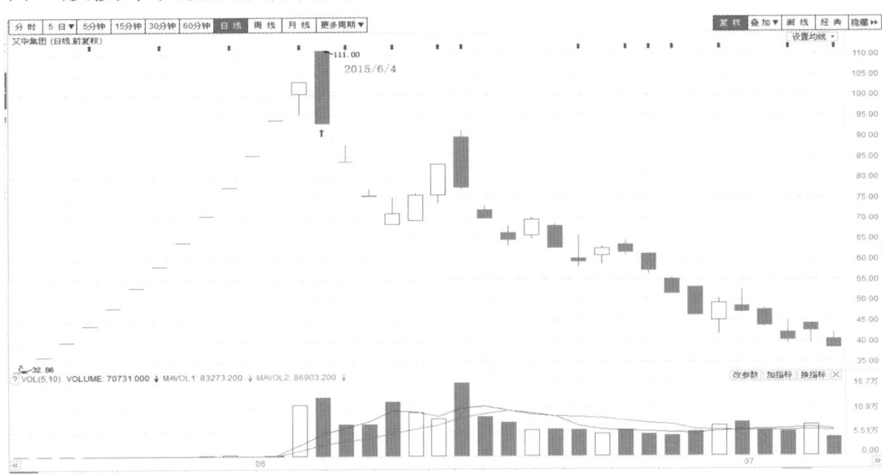

2. 高檔止漲 K 線：長上影線（5%）

範例 瑞貝卡

2015/6/18 高檔高位階出現長上影線的變盤 K 線，之後股價就一路大跌。

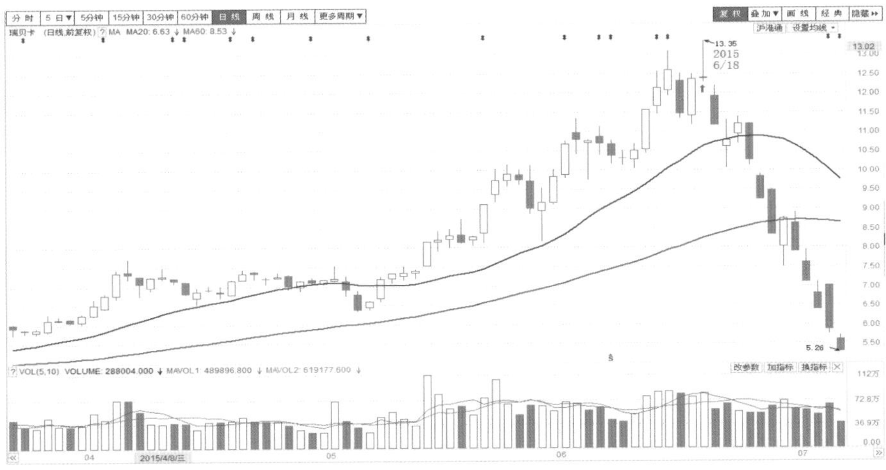

範例 音飛儲存

2015/7/1 開低走高，尾盤收最低，留了長上影線，結果股價繼續下跌。

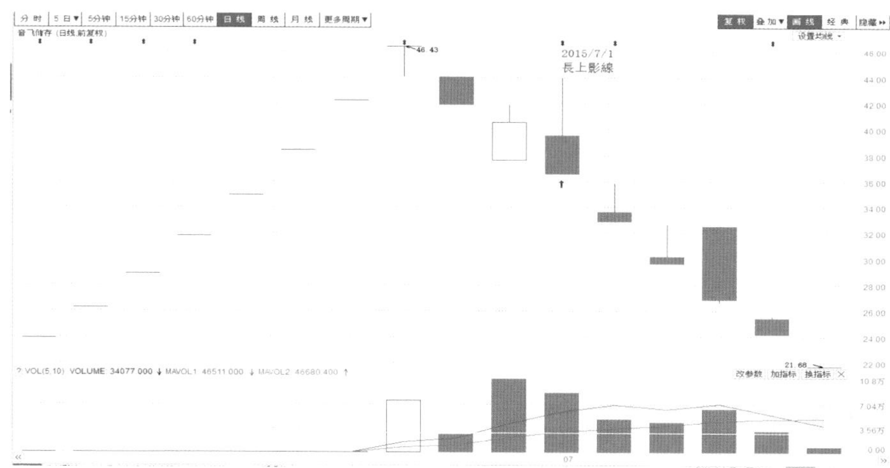

範例 三五互聯

2015/5/28 ～ 6/3 一直在高檔出現止漲 K 線（長上影線）代表有人在高檔出貨，接著股價沒力一路下探到長期上升趨勢線，才開始反彈。

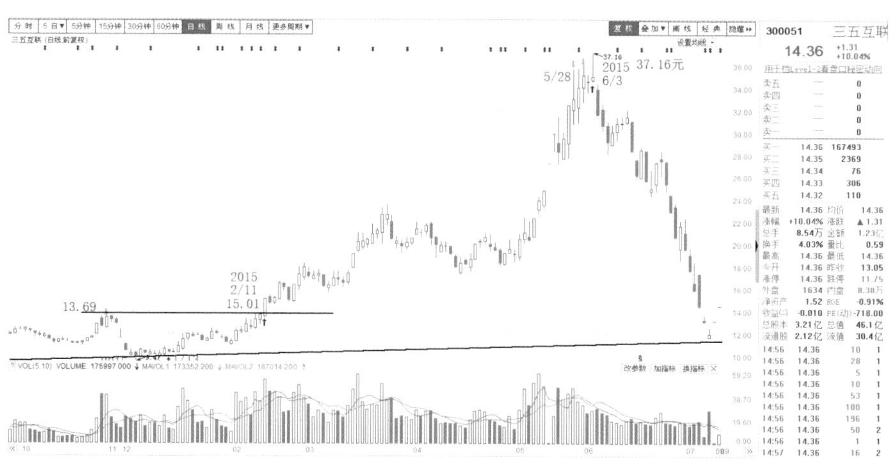

範例 東風科技

2015/6/12 高檔（高位階）出現止漲變盤十字 K 線，股價就向下大幅修正。

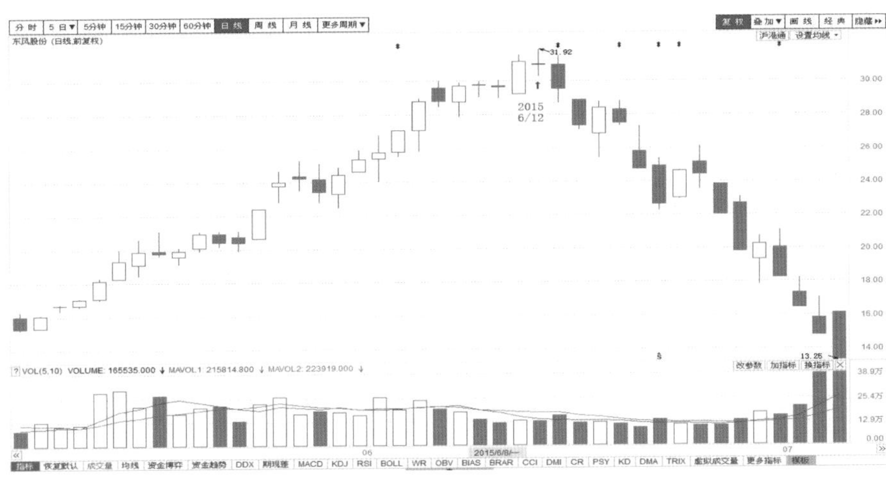

範例 永輝超市

2015/6/3 與 6/18 這 2 天出現止漲的變盤十字 K 線，股價修正幅度很大。

範例 梅花生物

2015/6/15 出現高檔變盤十字，前一日也留了長上影線，加強變盤力道，結果一路下跌。

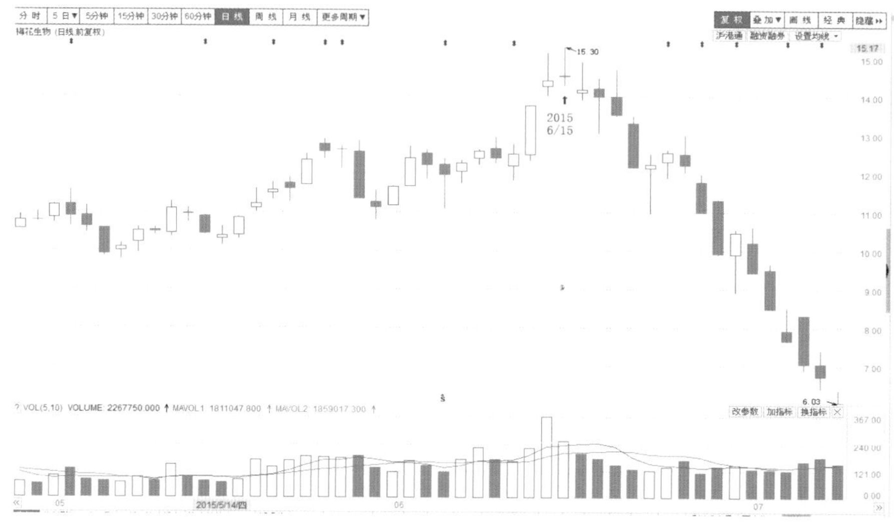

範例 凌鋼股份

反彈到了 2015/8/20 高檔變盤十字線，第二天直接跳空開低，確認變盤。

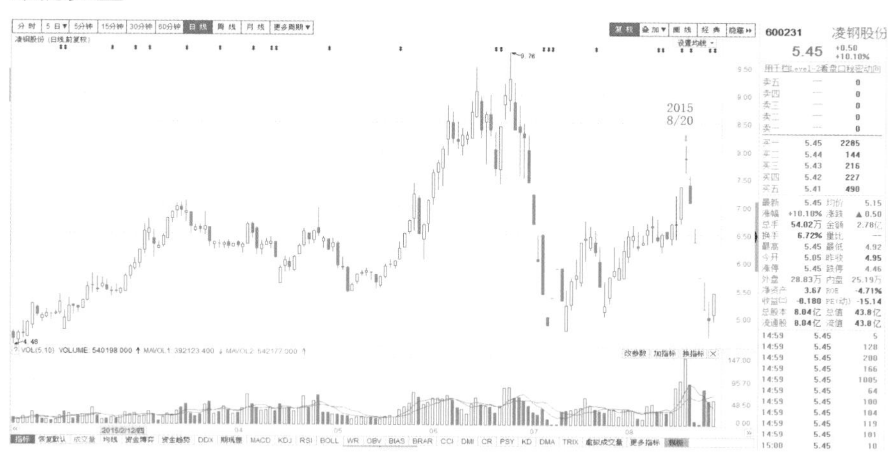

範例　中國石油

2105/4/28 股價 8.47 元，出現變盤十字線，隔日跳空直接開低，確認變盤，股價開始一路向下，反彈不過前高，最後跌到 8/26 的 4.28 元。

高勝算的反轉 K 線

成功率高的低部反轉 K 線共有 6 種，這裡分享其中一種勝率極高，力道極強的反轉 K 線，稱之為「反轉吞噬 K 線」。

【定義】股價創波段新低，隔日股價開低走高，收盤時 K 線收在昨日 K 線最高價之上。

範例 上證指數

2015/07/09 上證漲幅出現相似度 95% 的「反轉吞噬 K 線」。

2015/7/10 上證隔日反彈，漲幅 4.54%

上證指數真的向上反彈到了 2015/7/24 最高點 4,184 點。

範例 貴洲百靈

2015/7/8 出現了股價創波段新低，隔日股價開低走高，收盤時 K 線收在昨日 K 線最高價之上（反轉吞噬 K 線）。

2015/7/9 開高走高，漲停封版。

2015/7/10 跳空漲停封版。

範例 紅陽能源

2015/7/9 出現了股價創波段新低，隔日股價開低走高，收盤時 K 線收在昨日 K 線最高價之上（反轉吞噬 K 線）。

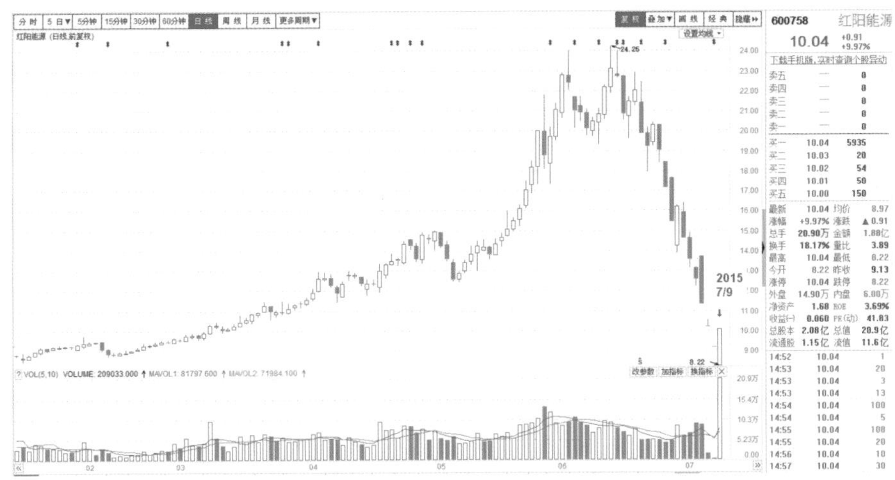

2015/7/10 連續封版 2 日，7/30 最高來到 15.01 出現止漲 K 線，獲利了結反彈幅度 31.5%

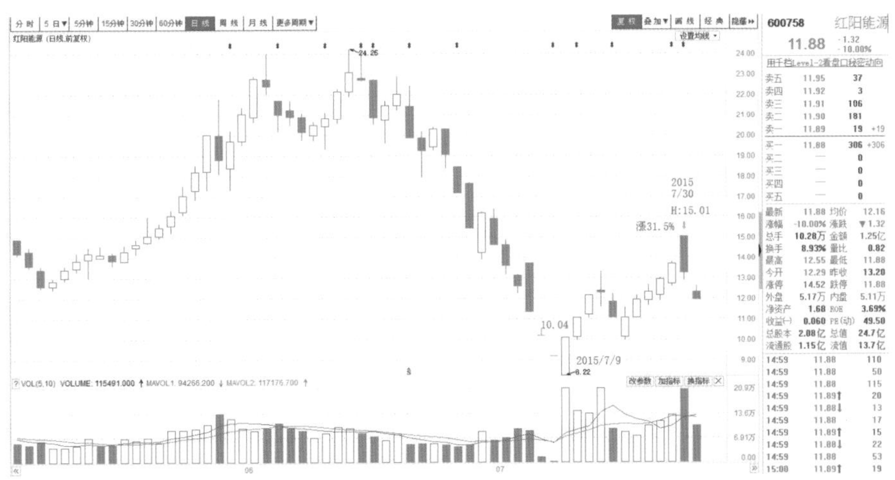

範例 號百控股

2015/7/9 出現了股價創波段新低，隔日股價開低走高，收盤時 K 線收在昨日 K 線最高價之上（反轉吞噬 K 線）。

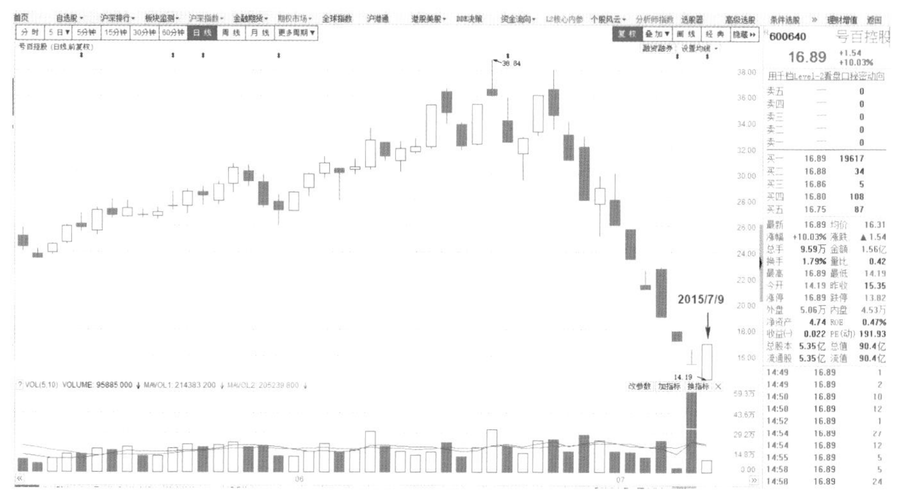

7/10 出現陽吞噬 K 線隔天立刻封版漲停。

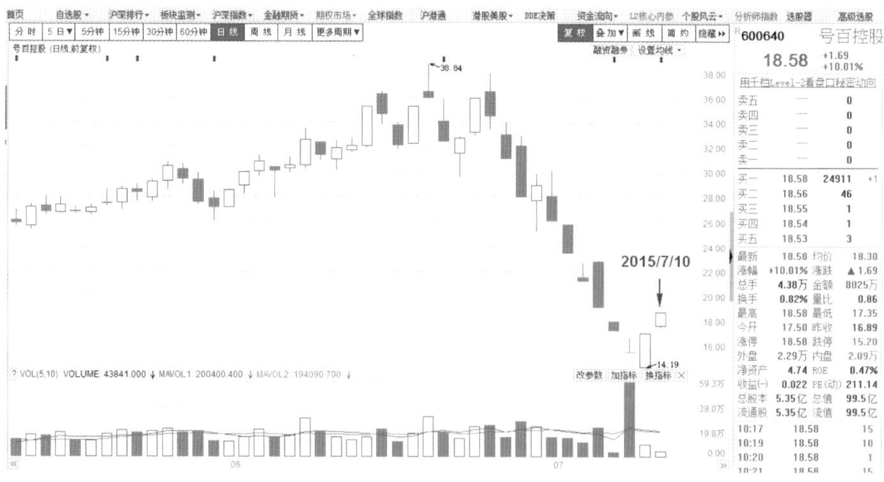

波段上漲到了 25.98 元出現止漲 K 線，獲利出場。

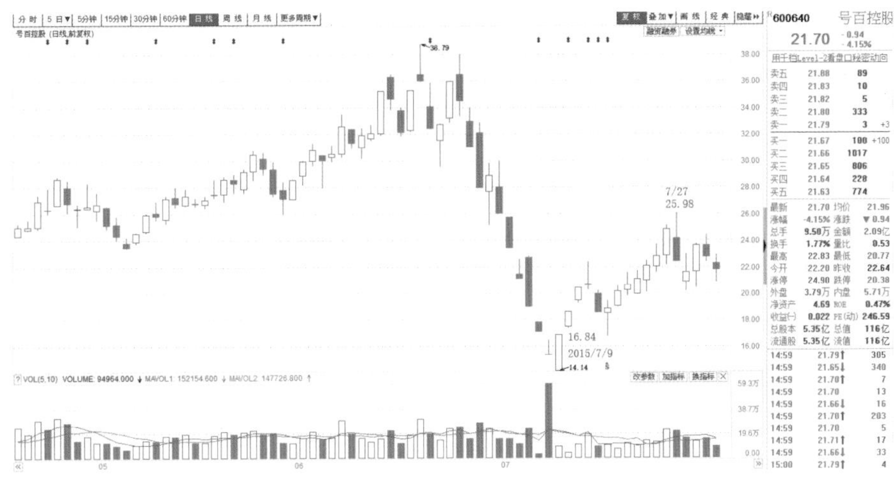

範例 寧滬高速

2015/7/9 出現了股價創波段新低，隔日股價開低走高，收盤時 K 線收在昨日 K 線最高價之上（反轉吞噬 K 線）。

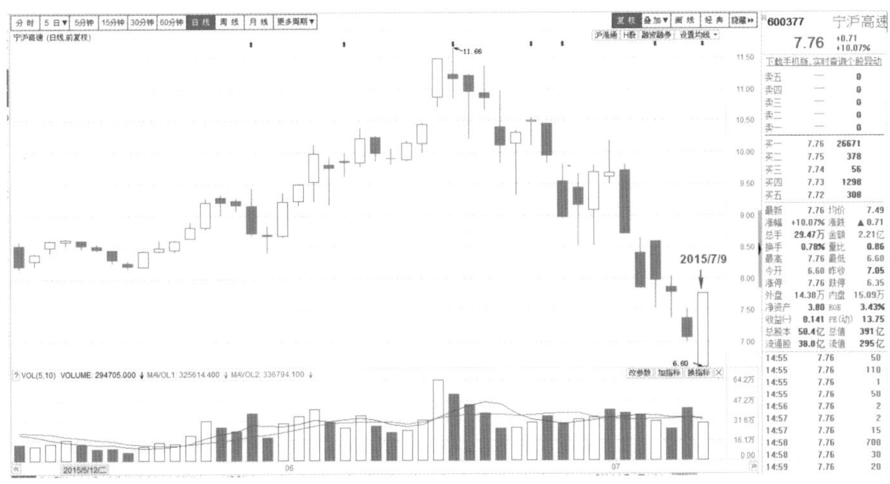

2015/7/22 上漲最高點，漲幅 29%。

範例 廣宇發展

2015/07/9 出現了股價創波段新低，隔日股價開低走高，收盤時 K 線收在昨日 K 線最高價之上（反轉吞噬 K 線）。

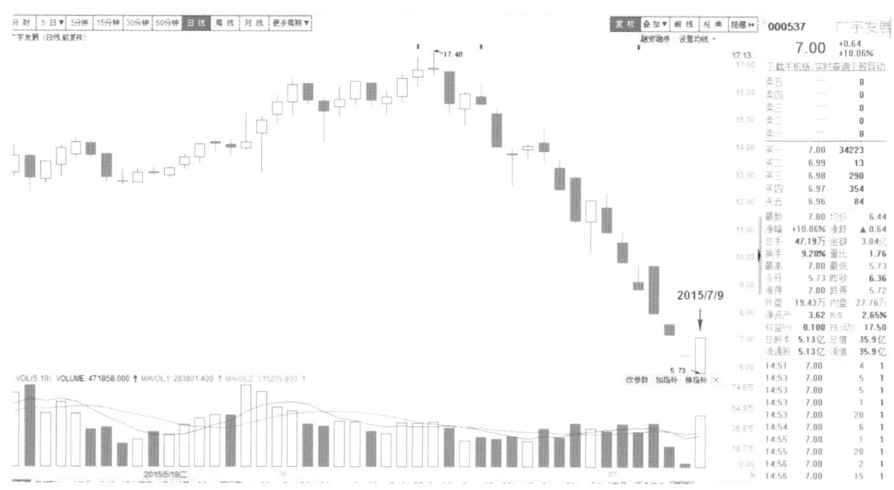

7/24 日最高波段，漲幅 44.3%。

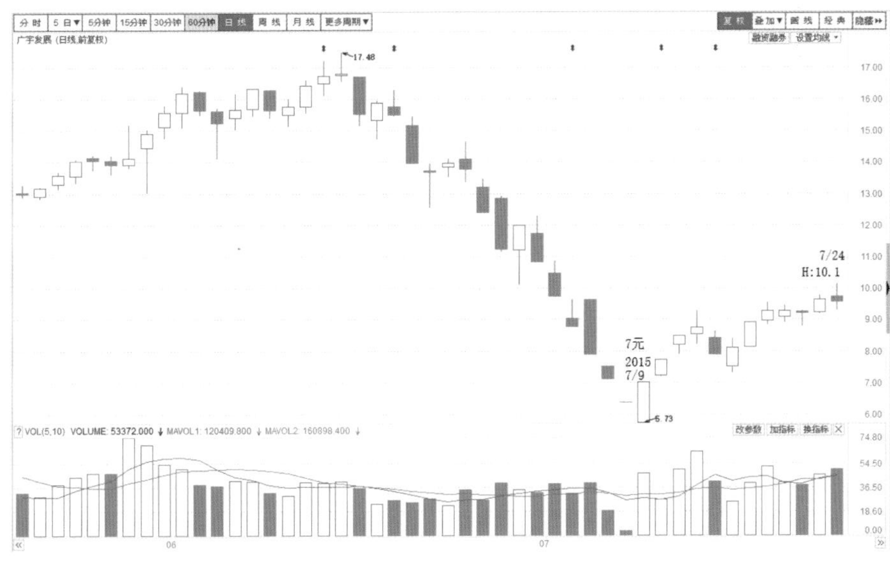

範例 經緯紡機

2015/07/09 出現了股價創波段新低，隔日股價開低走高，收盤時 K 線收在昨日 K 線最高價之上（反轉吞噬 K 線）。

連續封版 3 天漲停，波段上漲 8/17 的高點 20.41 點漲幅 74.6%。

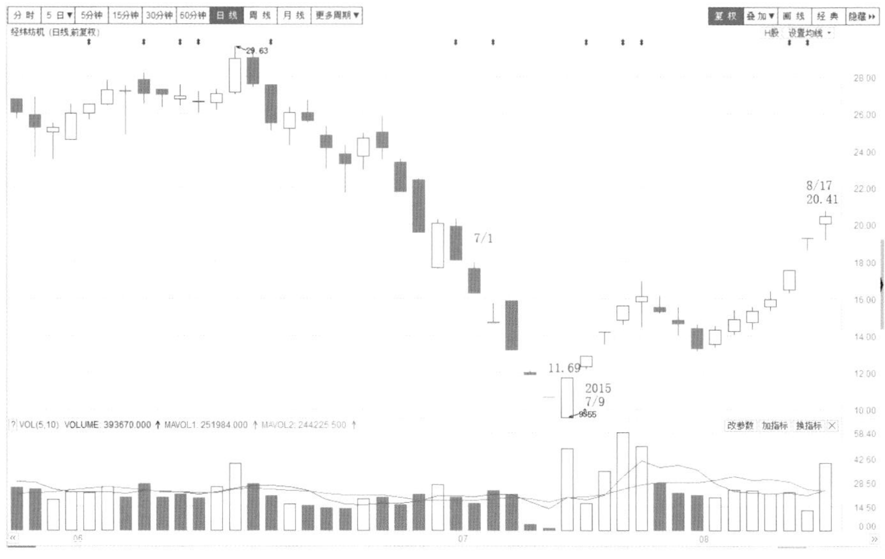

範例 掌趣科技

2015/7/9 出現了股價創波段新低，隔日股價開低走高，收盤時 K 線收在昨日 K 線最高價之上（反轉吞噬 K 線）。股價連續封版四天漲停。

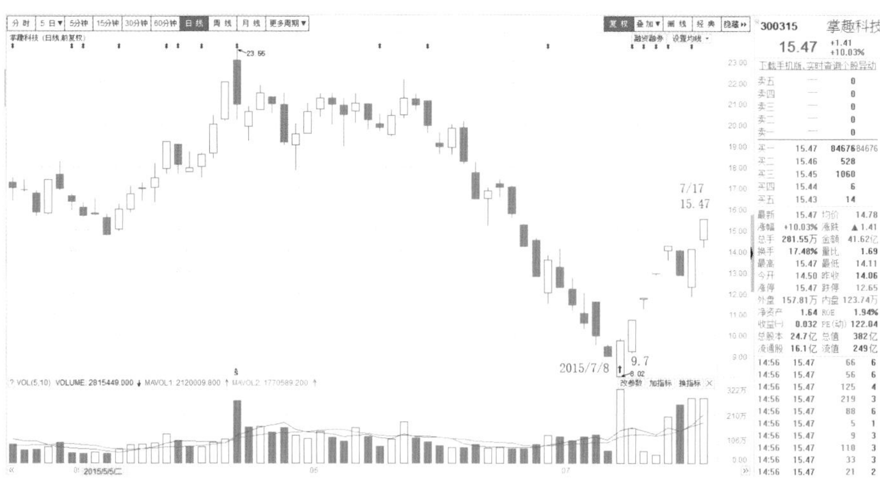

範例　海欣食品

2015/09/22 出現了股價創波段新低，隔日股價開低走高，收盤時 K 線收在昨日 K 線最高價之上（反轉吞噬 K 線）。

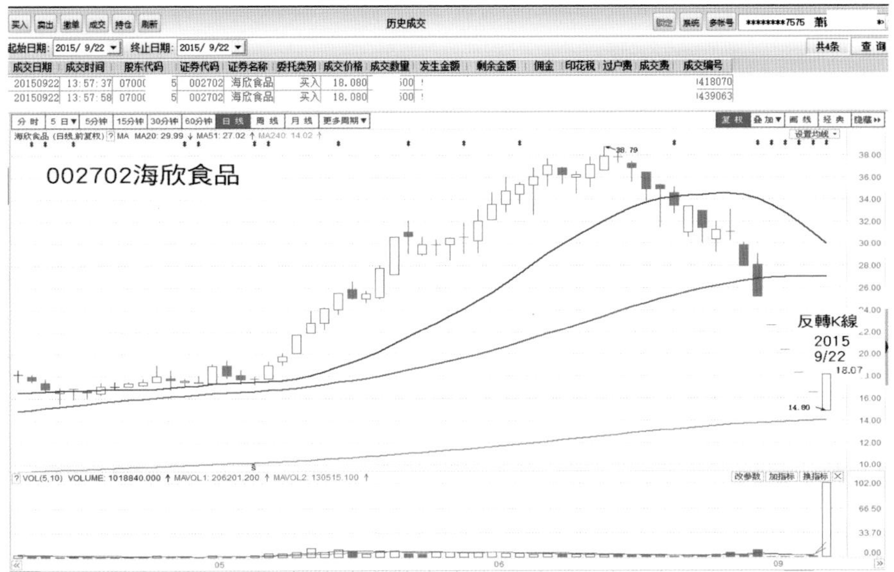

開始自上大漲，隔日版漲停，股價上攻 10/30 最高點 39.99 元，收盤價 37.47 元，大漲 107%，再次印證反轉陽吞噬 K 線的技術分析勝率超高。

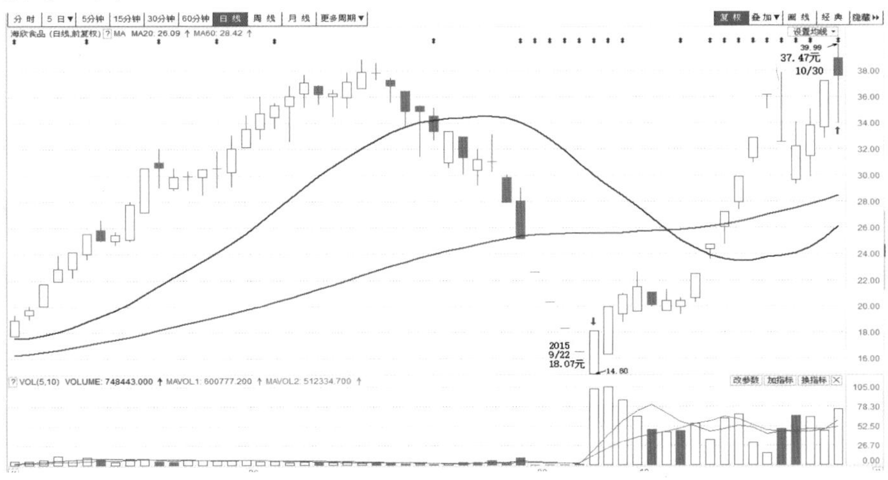

範例 金葉珠寶

2015/7/17 非標準型反轉陽吞噬 K 線，依然成功上漲。

历史成交

起始日期: 2015/ 7/17 终止日期: 2015/ 7/17

成交日期	成交时间	股东代码	证券代码	证券名称	委托类别	成交价格	成交数量	发生金额	剩余金额	佣金	印花税	过户费	成交费	成交编号
20150717	13:26:19	07(	000587	金叶珠宝	买入	20.610	)0							)93
20150717	13:26:30	07(	000587	金叶珠宝	买入	20.610	)0							:71
20150717	13:26:37	07(	000587	金叶珠宝	买入	20.600	)0							:67
20150717	13:23:42	07(	000587	金叶珠宝	买入	20.560	)0							)93
20150717	13:50:21	07(	000587	金叶珠宝	买入	20.550	)0							'28
20150717	13:50:21	07(	000587	金叶珠宝	买入	20.500	)0							'47
20150717	13:00:04	07(	000587	金叶珠宝	买入	19.950	)0							:78

2015/7/21 收盤價 24.17 元，封版。

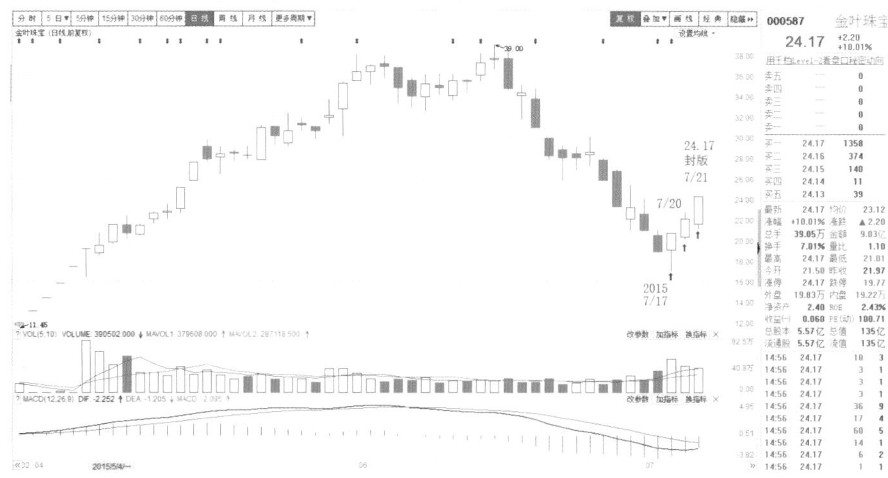

反轉陰吞噬 K 線

【定義】股價創波段新高，隔日股價開高走低，收盤時，K 線收在昨日 K 線最低價之下，稱為（反轉陰吞噬 K 線）。

範例 繼峰股份

2015/5/28 股價創波段新高，隔日股價開高走低，收盤時，K 線收在昨日 K 線最低價之下，稱為（反轉陰吞噬 K 線），股價反轉向下大跌。

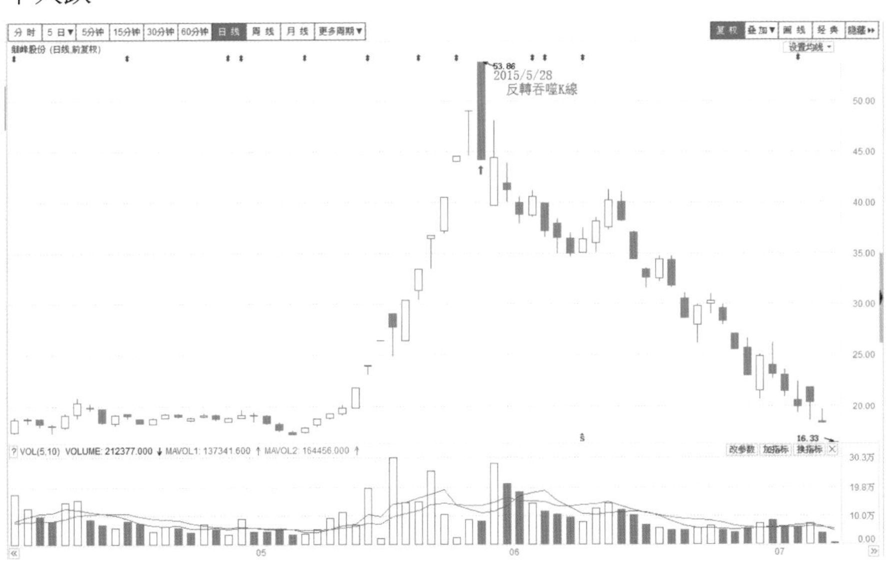

範例 申能股份

2015/5/5/ 與 2015/6/30 兩天都同樣出現股價創波段新高，隔日股價開高走低，收盤時 K 線收在昨日 K 線最低價之下，稱為（反轉陰吞噬 K 線），但是 5/5 日跌到第三日止跌再向上續漲，為何 6/30 的（反轉陰吞噬 K 線）會殺的比較深呢？

這個關鍵因素在高階班裡會為大家公佈答案。

測驗題　山東地產

出現反轉陽吞噬 K 線，你知道是那一根 K 線嗎？

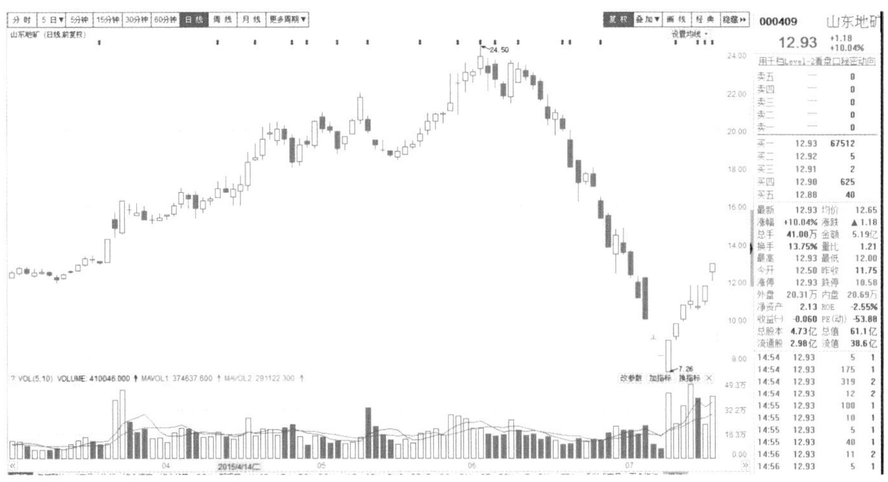

反轉 K 線二：辰星 K 線

【定義】股價創波段新低，隔日股價跳空開高走高留缺口，型成對稱缺口對缺口的現像。

範例 工大高新

2015/7/13 隔日出現股價跳空開高走高留缺口，形成對稱缺口，稱為辰星 K 線。

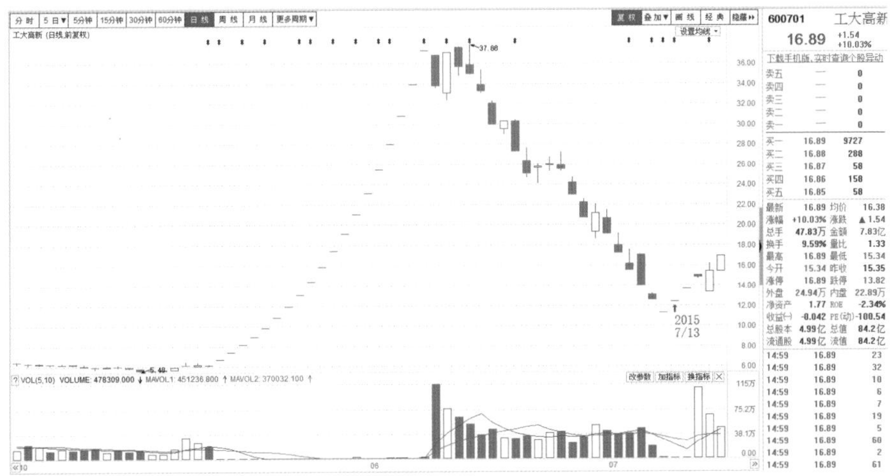

範例 秦豪科技

隔日出現股價跳空開高走高留缺口，形成對稱缺口，稱為辰星 K 線。

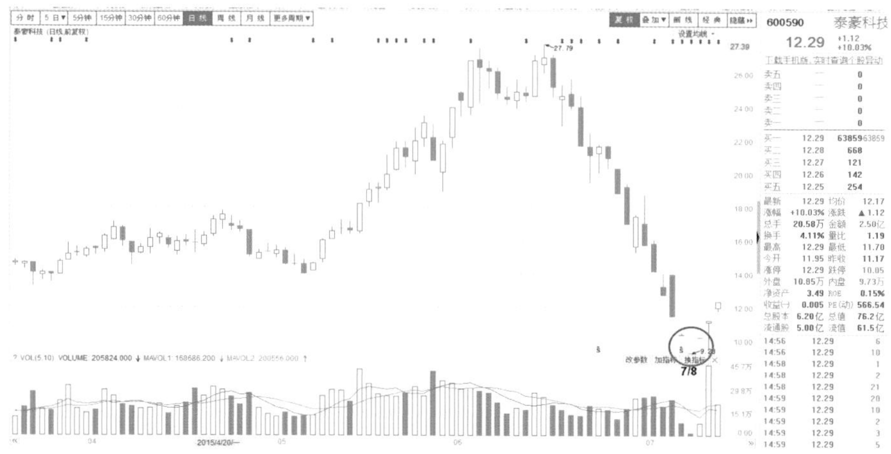

範例 海鷗衛浴

2015/7/13 隔日出現股價跳空開高走高留缺口，形成對稱缺口，稱為辰星 K 線。K 線的多空的反轉組合，其實還有另外 10 種高勝率的組合 K 線，有興趣的投資朋友，歡迎來高階課程學習。

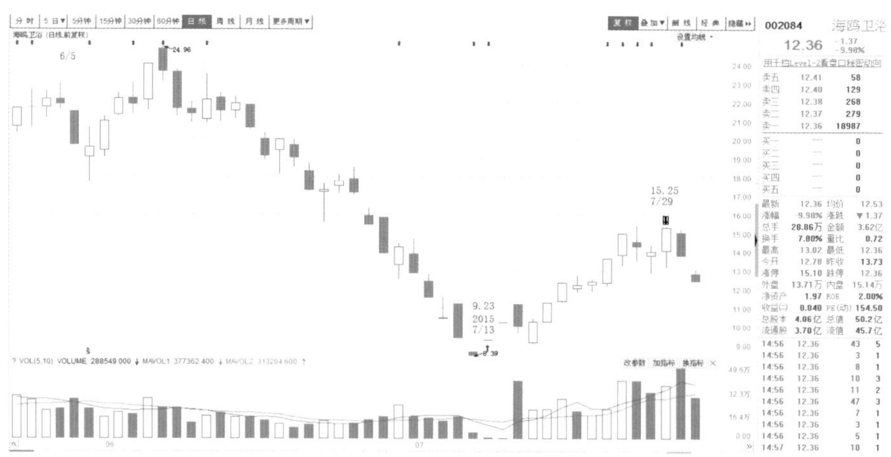

1　中國南車與中國中車合併後改名（中國中車）。

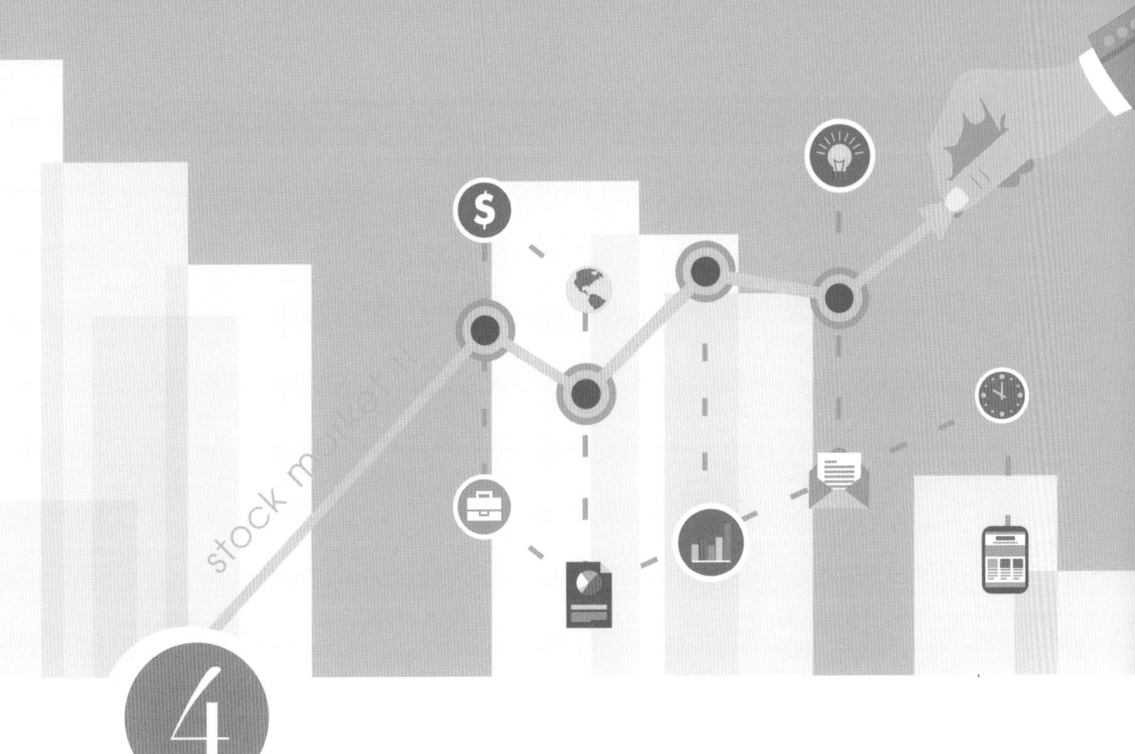

4

輕鬆享受陸股飆漲行情

根據《商業周刊》報導，中國大陸已從世界工廠轉變成世界市場，中國股市已經成為全球關注地方，因此掌握享有陸股的上漲行情，上班族可利用ETF來操作。以下有相關的連動標的，謹供各位參考。

名稱（代號）	連結標的物
寶滬深（0061）	滬深 300 指數
上證 2×（00633L）	上證指數 +2 倍槓桿
FH 滬深（006207）	滬深 300 指數
FB 上證（006205）	上證 180 指數
上證 50（008201）	上證 50 指數
恒香港（0081）	恒生指數
元上證（006206）	上證 50 指數
恒中國（0080）	恒生 H 股指數
CFA50（00636）	富時中國 A50 指數
深 100（00639）	深證 100 指數
上證反（00634R）	滬深 300 指數（反向 1 倍）
滬深反（00638R）	滬深 300 指數（反向 2 倍）

想要成功操作（0061）寶滬深，首先你要觀察滬深 300 指數的 K 線走勢。滬深 300 指數的 K 線圖，在 2015/10/8 突破 4 個月下降趨勢線，10/12 成功站穩，再創頸線新高點，此即為技術面買點。

範例 寶滬深

寶滬深（0061）K線，2015/10/12 股價 17.4 元買進。

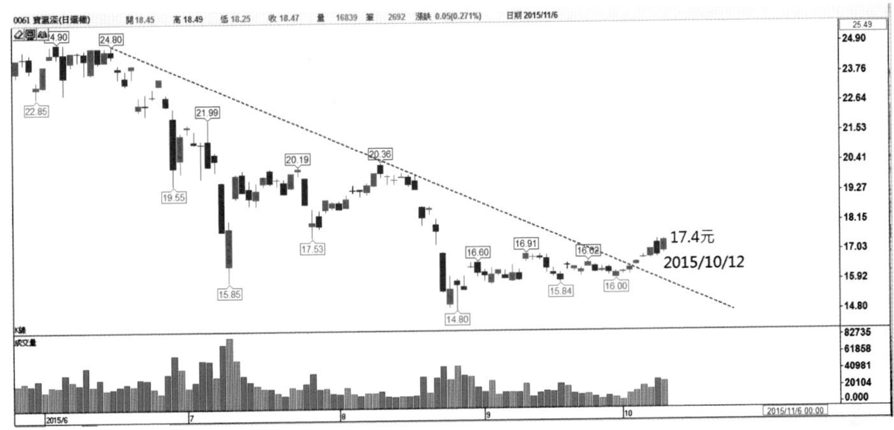

範例 滬深 300 指數

滬深 300 指數開始反彈，11/12 收盤 3,795 點，上漲 348 點，漲幅 10%。

範例 滬深

寶滬深K線，2015/10/12股價17.4元，買進之後上漲，2015/11/12股價18.65元，漲幅7.18%。

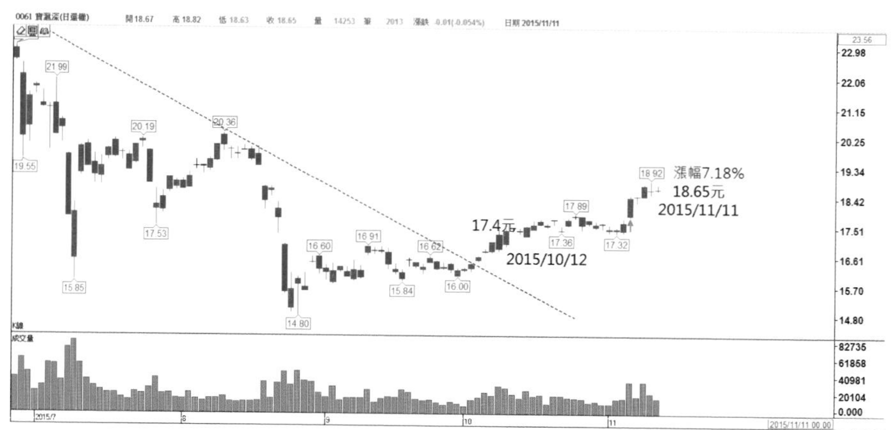

學習股市贏家技術的6個步驟

1. 初步了解：假如你今天學英文，有沒有可能你第二天英文就講的與美國人一樣好？不大可能，對嗎？我們今天與喬丹學打藍球，第二天就變藍球之神，不可能嘛！看完這本書就成為交易大師，操盤大師？也不可能，因為學習一次是不夠的，你說是嗎？

2. 不斷的重複學習：大腦要學習新的事物，必需要經由不斷重複再重複，神經元才會建立一條新的神經鍊，形成信念系統。

3. 驗證所學技術分析：將技術線圖用電腦叫出，開始驗證所以學，先模擬交易，如果勝率有75%，即可實戰進場，從小部位開始下單。

4. 每日檢討：每天要將本日做對與做錯的事真實的記錄下來，檢討以求不二過。

5. 融會貫通：經驗幾個月後，你就會融會你平日的經驗與所學技術，成為你本能反射動作。

6. 再次下單：這書乃拋磚引玉，當你學會以上的技術分析，你已經先將自己立於不敗之地，想要賺的多與賺的快，你就必須要有實戰經驗與高階班的應用技巧。

如果你對高階班實戰課程與技術分析有想要進一步了解，歡迎來電洽詢。

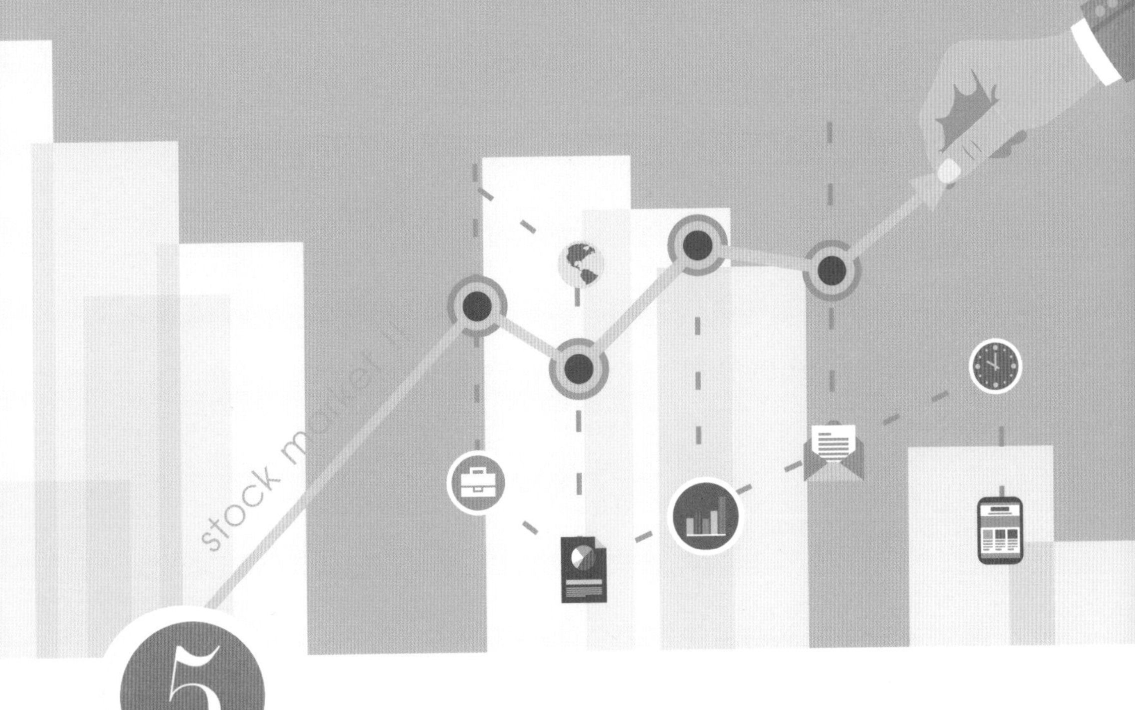

5 台股6大智慧模組化理財系統

透過這套系統將有效幫助你省時、省力、抓趨勢、找飆股。

明白何謂波段趨勢：教你如何買在安全位階的主升段關鍵技術，保證是平凡的小資族，一般人都能學的會的創新理財術！

在股市裡面想成為贏家？你必須放棄對市場有太多的個人想法與感覺，金融投資市場有太多的資訊，會造成你對市場的誤判加上恐懼與貪婪影響，更是造成散戶長期站在輸家那一邊。如何解決這個問題呢？

把一切交給智慧軟體系統，一切依技術訊號來協助你判斷趨勢，把自己當作股市操作員，你才有機會脫離 93% 散戶賠錢的宿命。

股市漲跌的秘密

股價漲跌的理論是：市場的需求與供給。

【狀況 1】需求多；供給少：股票自然會漲。

股價上漲的理由:股票會漲的原因有很多，可能是業績持續成長，市場上的買家覺的目前股價太便宜所以追價買進股票，也有可能是公司營收業績持續創新高或是公司由虧轉盈，具有投資價值，諸多原因，則市場主力（投資者）開始進場持續買進。

【狀況 2】供給多；需求少：股票自然會下跌。

當股價被市場上有籌碼的人看壞，就會被賣出，但是市場上卻沒有更多的買盤進場接手，股價就自然的下跌。

股市何時止跌？

觀察股價何時不再下跌，其實並不難，就是該賣的都賣了，不該賣的他也不會賣，股價這時就會在低檔變成盤整型態，靜待有錢人（包括主力、三大法人、大股東、中實戶等），開始想要操作它了，股價自然就會被持續買進，最後創新高，拉回不破前低，上漲能持續創新高時，我們即可以畫一條上升趨勢線，接著股價會開始走主升段的大漲模式。

如果我們可以在主升段切入，賺錢機率自然大增。所以如何簡單判斷股價是否已進入主升段呢？

整合了數十位金融市場的贏家與投資專家將股市投資的經驗，把技術分析的精髓，主升段的條件與定義，透過精密的電腦運算，提供一套股市的波段控盤的趨勢指標給大家做為股市判斷中長線趨勢參考。以下是股市理財投資者必備的一套智慧操盤工具。

波段趨勢：多空五線譜

【功用】讓你輕鬆掌握主升段大行情

當股價站上並且站穩中線（多空線），多空線向上翻揚，則代表股價打底完成，股價不再破底，向上趨勢成型，為主升段買點，買進後如果股價跌破中線（多空線）則出場。如果出場後股價再次站上中線（多空線）則再次買回持股。中線翻跌向下時，則形成中空格局，只要反彈到下彎的中線收止漲 K 線，就是一個好空點。

以 2360 致茂為例：

範例 2360 致茂

中線翻揚後，股價走中多格局，壓回中線收止跌 K 線，就是進場點，漲到天線 1 或天線 2（正乖離變大，要找賣點），畫圈處 2014/3/24 與 5/14，6/3，6/13 股價均壓回中線，出現止跌 K 線，是買進訊號。

地線 1 與地線 2 為下跌的負乖離過大區，股價容易反彈。

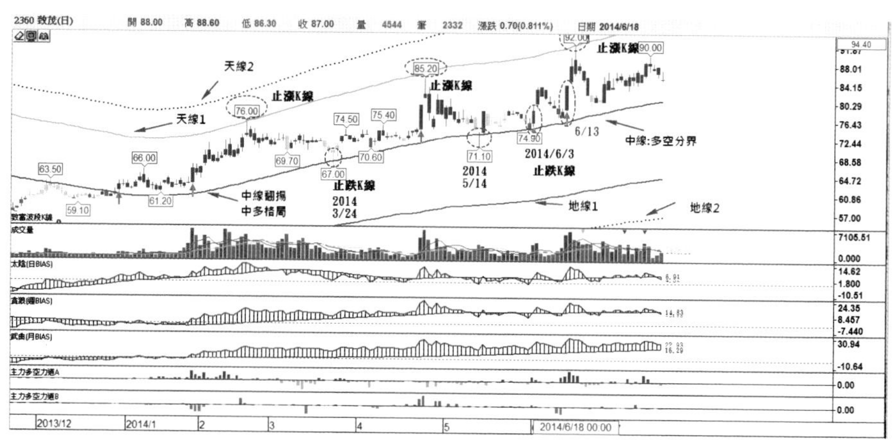

後續中線開始向下彎曲，走中空格局，股價易跌難漲。反彈到下彎中線附近，出現止漲 K 線，均是不錯的空點。

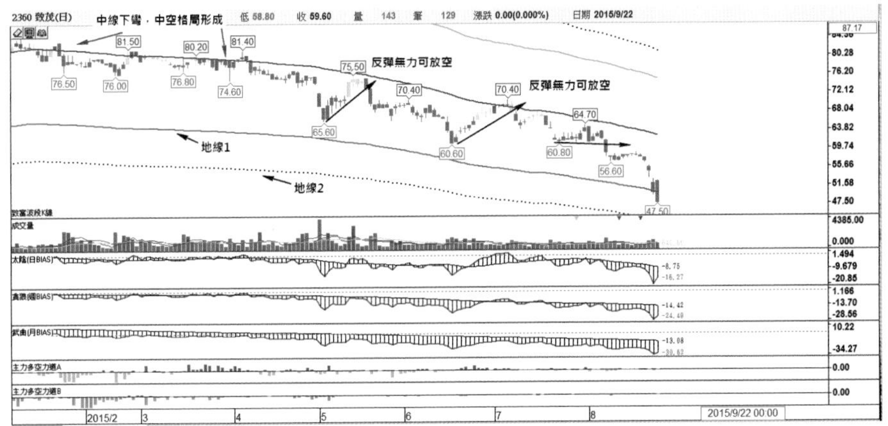

當然以此法操作，怕碰到盤整盤，當股價盤整時，股價站上中線，幾天後又跌破中線，可能來回許多次，會造成過度交易，因此必需要加入其它技術分析來加強，以提高勝率。以下就是波段指標的詳細設計說明。

波段趨勢設計理念：

1. 股價必須先從長線看起，以長線（1 年）保護中線（半年），中線保護短線（月）的設計理念。
2. 設計原理：從葛蘭碧八大法則的技術分析延伸的乖離指標。

葛蘭碧是利用價格與其移動平均線的關係，以此做為買進、賣出訊號的依據，如何領先 K 線與均線反應股價的趨勢方向，則可從乖離研究。葛蘭碧認為，股價若離均線太遠，股價就會拉回均線靠近，股價漲多的稱為「正乖離過大」，股價這時就會壓回上彎的均線。

相反的：股價跌深的稱之「負乖離過大」，就會反彈到下彎均線。

3. 乖離本身沒方向性，如果可以加上一條有用的乖離的平均線，方向立即顯現出來。
4. 指標設計：
   a. 乖離率＝（股價－均線）／均線 ×%
   b. 乖離率再平均化一次，分多頭的 MA（Moving Average）與空頭時的 MA（Moving Average）天數會有所不同。用乖離再 Smooth 一次，即形成有參考性的乖離平均線，即可判斷趨勢方向。太陰（日 Bias）指標是看短線股價月的方向；貪狼（週 Bias）指標是看中期股價季的方向；武曲（月 Bias）指標是看長期股價年的方向。
   c. 當日收長紅 K（漲幅 5% 以上：代表漲勢氣勢強，漲勢力道大。
   d. 當日出大量（成交量大）：市場追價意願強。
   e. 股價站上中線（多空線）：代表市場認同他的股價，打底型態完成。
   f. 成交量 500 張以上：台股有些股票成交量不足 500 張，因流動性不足問題，所以不能買。但是日均量不足 1,000 張以上的股票，還是建議不要貿然進場。

範例 2883 開發金

2014/5/28 出現股價站穩中線（多空線），並且中線向上翻揚，為主升段進場點，建議 8.35 元買進。

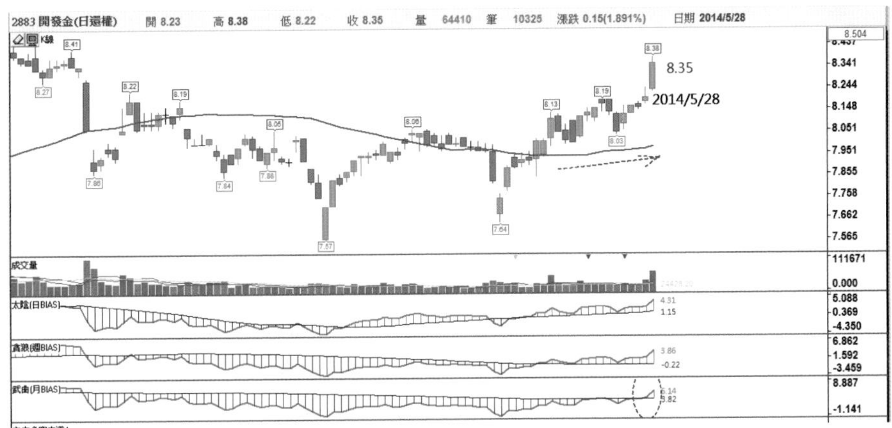

開發金開始上漲，到了 7/29 收盤 9.78 元，漲幅 17.2%。

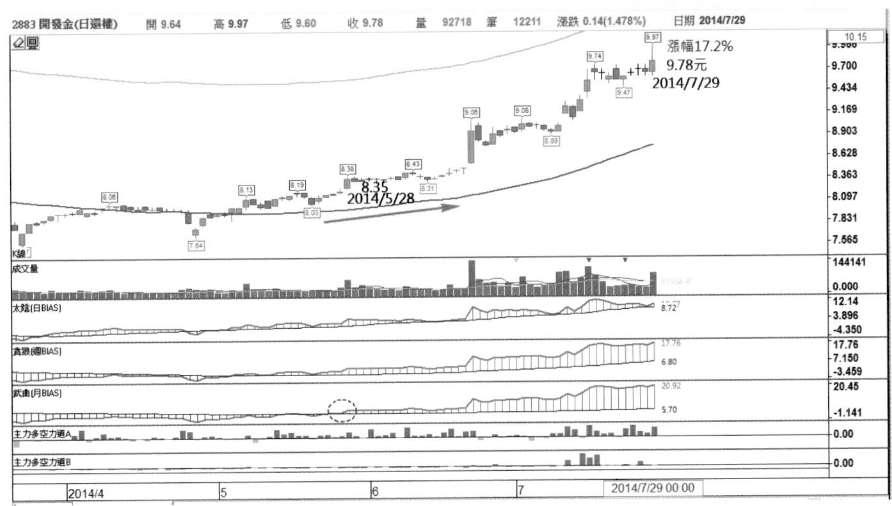

範例 8086 宏捷科

2013/12/26 出現股價站穩中線（多空線），並且中線向上翻揚，為主升段進場點 13.85 元買進。

2014/7/29 跌破中線 24.3 元出場，賺 10.5 元，漲幅 87.6%。

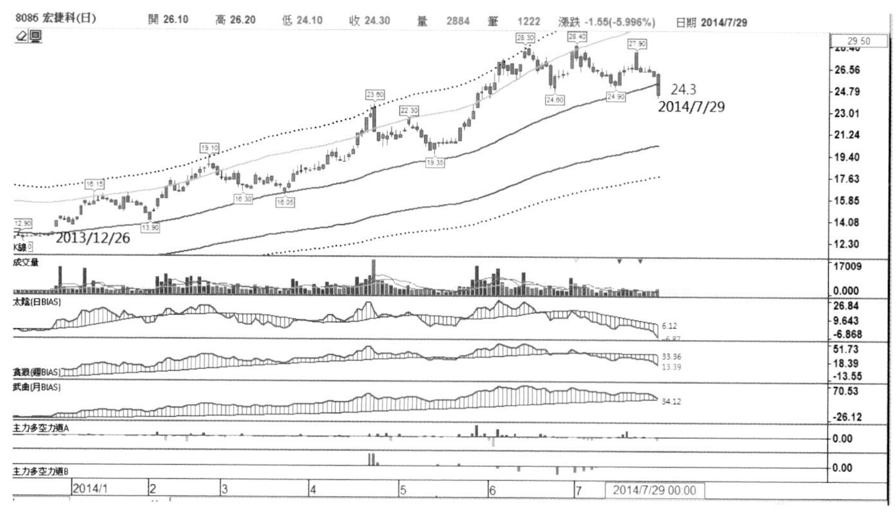

經過盤整3個月之後在2014/10/29出現股價站穩中線（多空線），並且中線向上翻揚，為主升段進場點，27元買進。

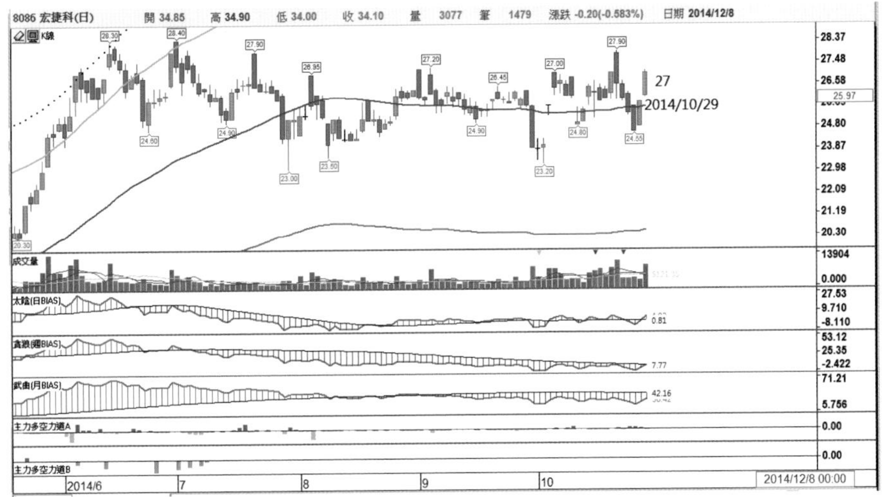

2015/7/20跌破中線96.7元出場，賺69.7元，漲幅258.7%。

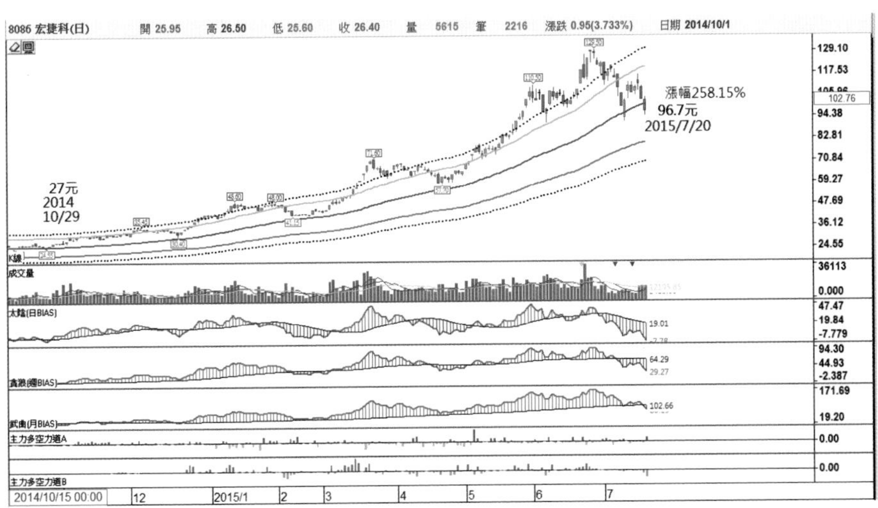

台股大盤在 2015/6/3 跌破中線，中線也向下彎曲。代表即將有向下修正的趨勢。

隔日 6/4（週四）台股大跌 207 點（-2.17%）, 一波慘烈的修正，正式展開。24 日最深跌到 7203 點，國安基金進場護盤之下才止住跌勢，開始一波反彈。

範例 1533 車王電

2013/7/12 出現股價站穩中線（多空線），並且中線向上翻揚，為主升段進場點 18.45 元買進。漲到了 2015/10/3 的 40.35 元，漲幅 118.7%。

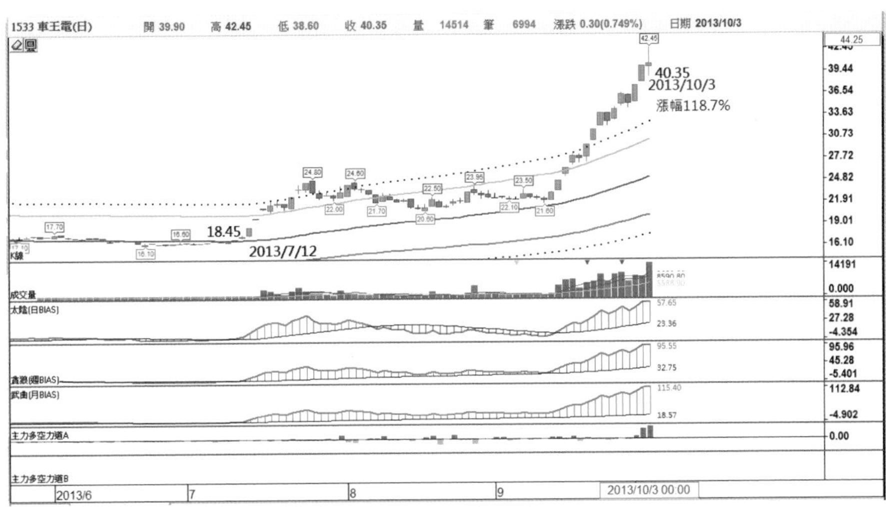

經過 8 個月的盤整理，延中線緩步走高，5/22 長紅 K 帶量上攻，做最後末升段噴出行情，最高點來到 2014/6/27 的 84.9 元。

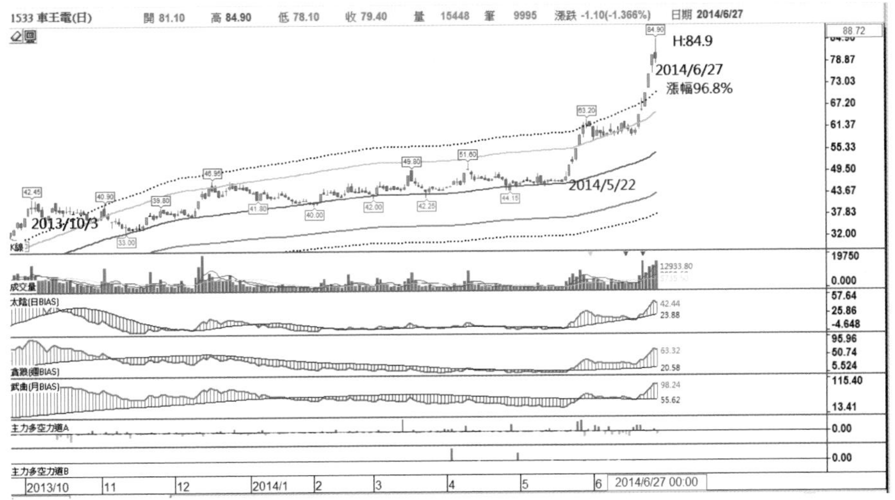

範例 2303 聯電

2014/11/20 出現股價站穩中線（多空線），並且中線向上翻揚，為主升段進場點，14.05 元買進，2015/3/30 正式跌破中線 15.3 元，漲幅 8.9%。

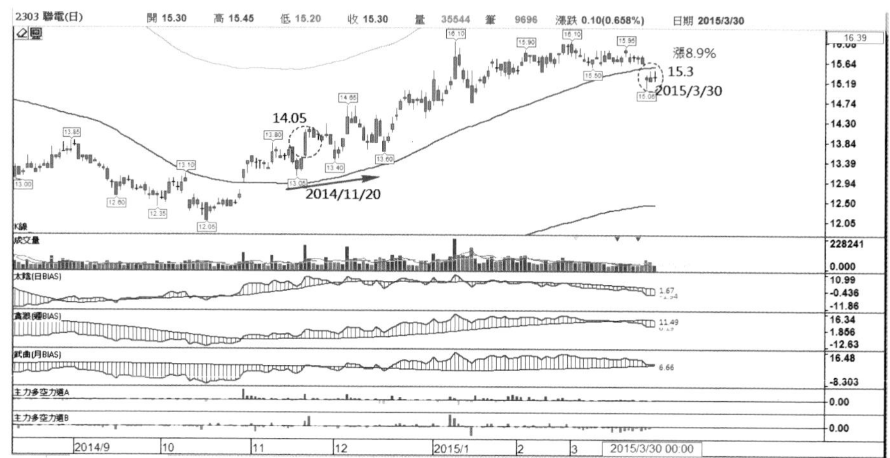

範例 2324 仁寶

2013/7/23 出現股價站穩中線（多空線），並且中線向上翻揚，為主升段進場點，16.93 元買進，2013/10/3 來到天線，漲幅 24.92%。

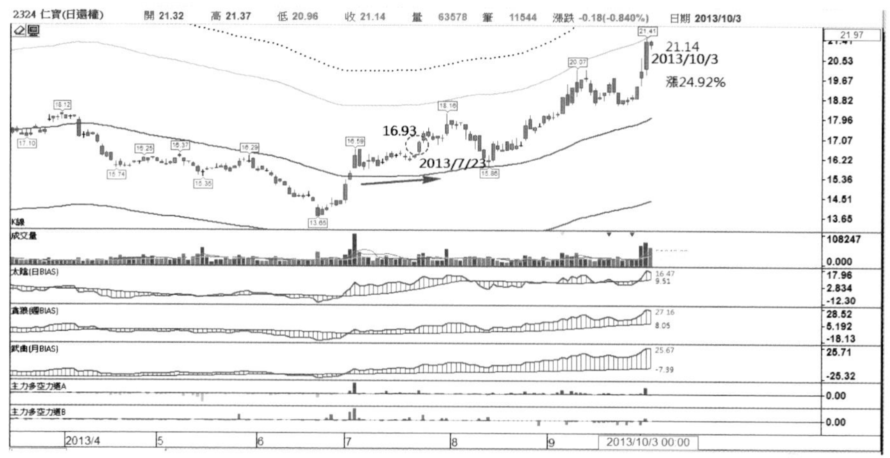

範例 2474 可成

2015/1/20 股價成功站穩中線（多空線），並且中線向上翻揚，為主升段進場點，267 元買進，2015/6/3 跌破中線 356 元出場，賺 89 元。6/10 再站回中線（多空線）買回持股，但在 7 月下旬又再跌破中線，這次就小賠出場。

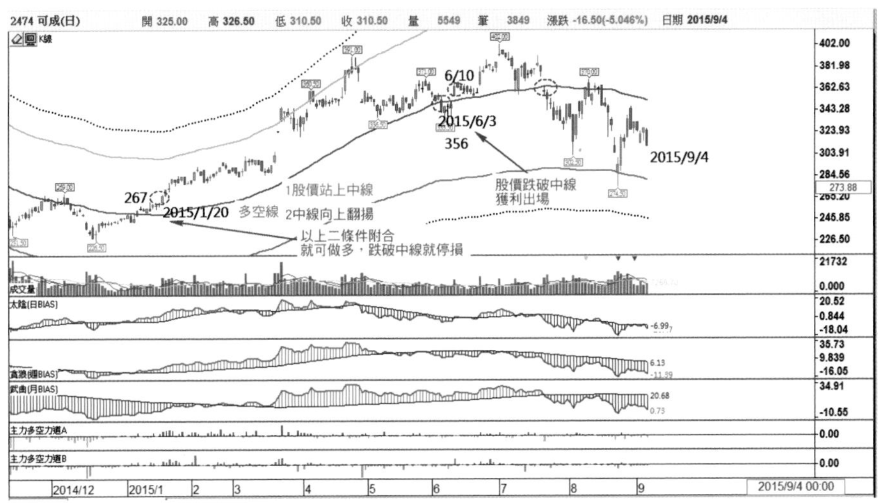

當然凡事都有例外，有些股價的波動是屬於大箱型的波動，使用以上的買法，會變成小賠小賺，無法大賺。

以台積電為例：2013/4/19 股價站上中線（多空線）買進，雖然股價有上漲，但漲到前波的高點又再次回檔，等到 6/13 跌破中線賣出時，則變成小賠出場。

到了 9/9 股價站上中線（多空線）買進，雖然股價有上漲，但漲到前波的高點又再次回檔，等到 11/13 跌破中線賣出時，又變成小賠出場。

但是要如何克服這個狀況？是有方法的，接下來教大家：

成功提高主升段的 3 大要件

1. 月乖離指標：月乖離 BIAS 黃金交叉並且乖離的 MA 要翻揚向上。
2. 收長紅 K（當日漲幅達 5% 以上）。
3. 當日有大成交量出現。

我們以台積電為例：站上中線，如果再加上「月乖離 BIAS」也是黃金交叉並且翻揚向上，並且出現成交量明顯放大與收長紅 K（大型股漲幅 2.5% 以上即可）。此時提高主升段的機率就更高了。

範例 2330 台積電

在 2014/2/14 股價站穩中線，3 大要件也完全符合（1）月 BAIS 出現黃金交叉（下方子視窗）；（2）出現大成交量；（3）收長紅 K，漲幅 5% 以「龍頭型 3% 以上即可」。此時，台積電的股價就真的向上順利上攻。等股價來到 7/21 正式跌破賣出 123.5 元，獲利幅度將達 14.9%。

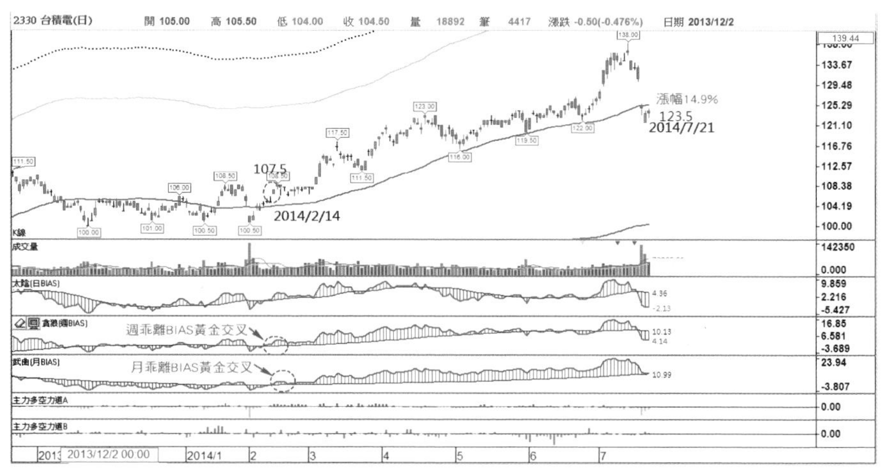

範例 2375 智寶

在 2015/1/20 出現股價站上中線，加上 3 大要件也符合（1）月 BAIS 出現黃金交叉（下方子視窗）並且翻揚向上。（2）出現成交量大。（3）收長紅 K（漲幅 5% 以上）。此處是主有升段進場機會。

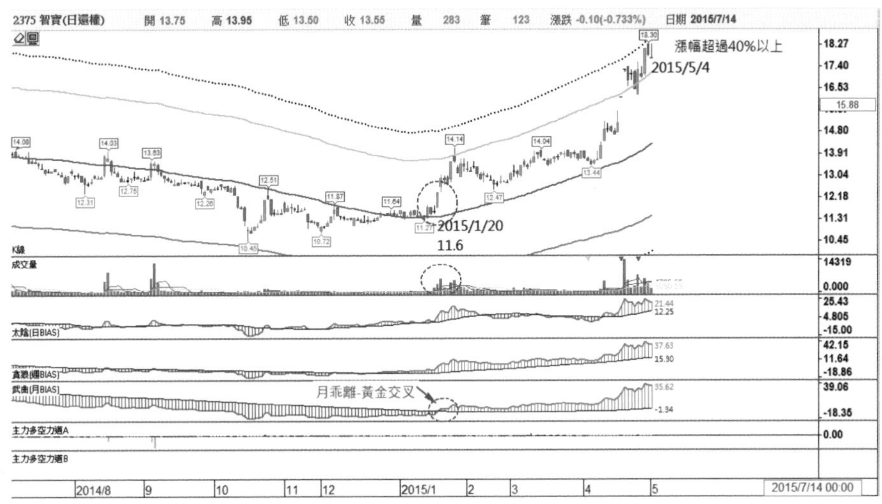

有人問我：「白天上班，晚上實在沒有台股的股票有 1,500 多檔，如何更有效率的選出符合主升段的股票呢？」在此，我提供一套財富成功學苑精選股市智慧選股系統給大家學習參考。

Stock 波段趨勢：掌握主升段的賺錢大行情

【操作步驟】按一下波段趨勢按鍵，開始設定以上選股條件，依你的需求打 v，之後按開始選股。即可選出你所要求條件的股票。

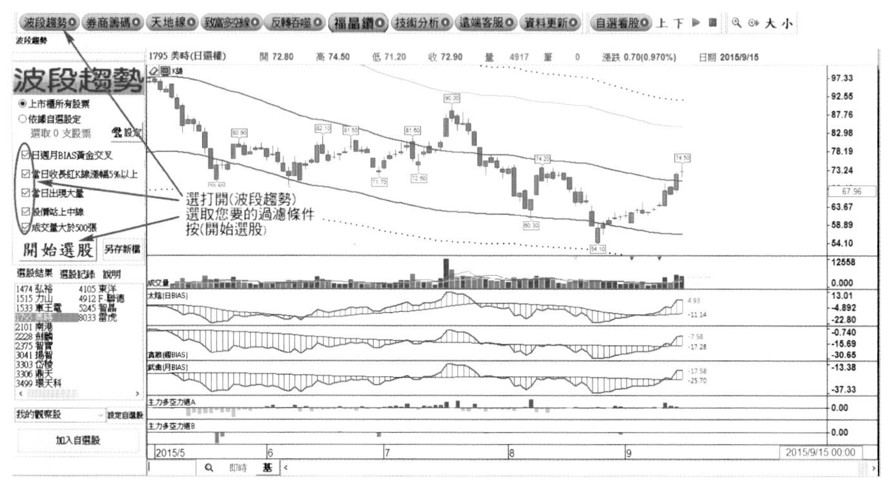

範例 2488 漢平

2015/3/5（22.95 元）出現符合波段趨勢的 5 大條件：

1. 日／週／月（BIAS：乖離率）完成黃金交叉（1）
2. 當日收長紅 K（漲幅 5% 以上或站穩中線。
3. 當日出大量（成交量大）（1）
4. 股價站上中線（多空線）（1）
5. 成交量 500 張以上：
   a. 股價從從 2015/3/5 的 22.95 元漲到天線 25.9 元，因為股價從低點的 18.2 漲到 25.9 元，正乖離過大，可先短線獲利了結，股價拉回修正。
   b. 由於長線武曲（月）Bias 長期向上趨勢沒變，股價經過洗盤之後再度站上中線（2015/6/8，股價 25 元），可再次買進，這次創了波段新高，股價來到 30.45 元頂天線（6/23），但因正乖離過大而再向下修正股價到中線位置。

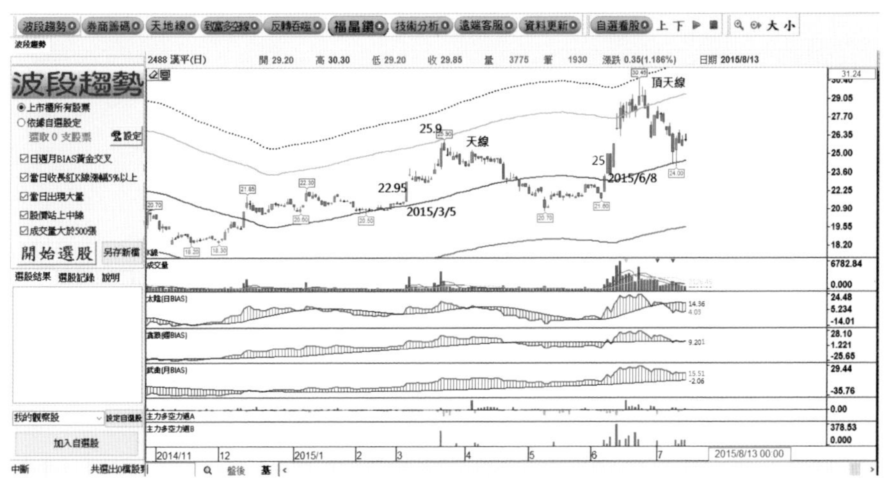

回顧台股大盤指數，在 2015/4/28 的高點 10014 點下跌到 8/24 的低點 7203 點，跌幅 -25.58%, 但是（2488）漢平的股價卻是從 22.55 元漲到 25.6 元，漲幅有 13.53%，明顯強於大盤很多。

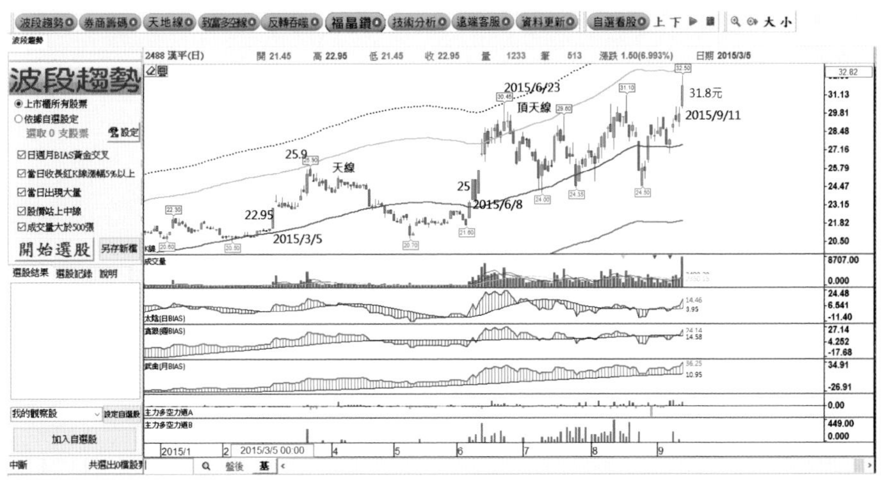

範例 2317 鴻海

在 2013/11/29 符合波段趨勢的 5 大條件：

1. 日／週／月（BIAS：乖離率）完成黃金交叉。
2. 當日收長紅 K（大型股漲幅 2.52% 以上即可）。
3. 當日出大量（成交量大）。
4. 股價站上中線（多空線）。
5. 成交量 500 張以上：股價從 56.59 元開始走主升段，股價開始上漲到 62.44 元，開始進入整理，由於長線武曲（月）Bias 長期向上趨勢沒變，股價經過盤整洗盤之後 2013/11/29 再度長紅 K 線突破了趨勢線型態，以長紅 K 線站上中線。

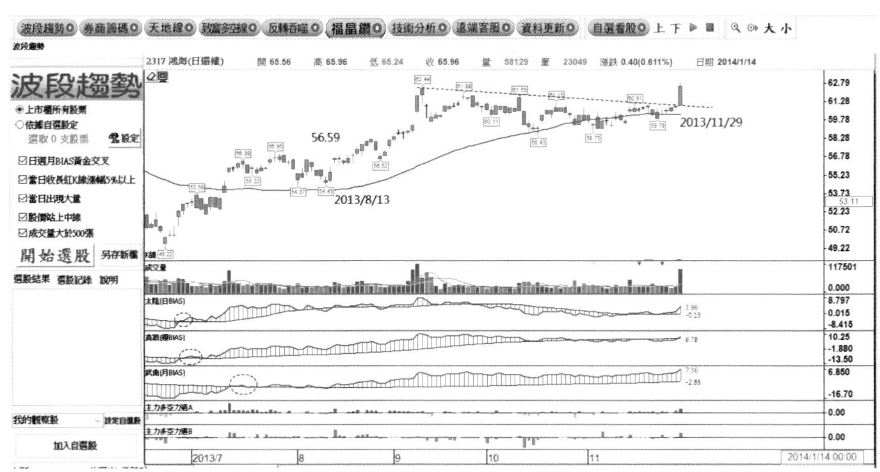

鴻海股價再往上走一波，來到 2014/1/20 的 68.29 元。

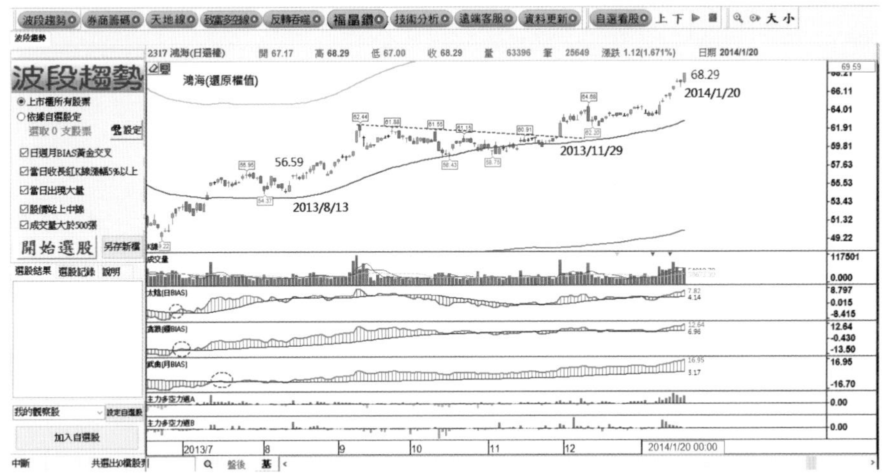

鴻海股價就從 2013/11/29 開始走一個波段行情，2014/7/14 股價來到天線（股價高點 90.57 元，龍頭型的股票來到天線，這肯定是相對高點，絕對不能追，股價自己會修正。

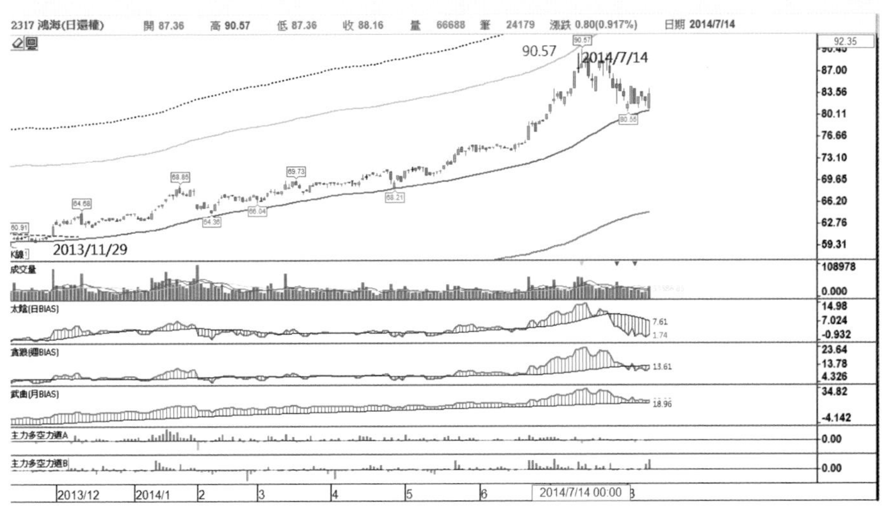

波段趨勢選股小秘訣

1. 月乖離 MA 要先走平，向上翻揚，與黃金交叉。乖離的 MA 要在 5 以下，大於 19 以上就是漲多的末升段。
2. 中線要先走平向上翻，如果股價站上中線，但是中線 還未翻揚，則需要等股價壓回中線，出現止跌 K 線，或有出現多空線黃金交叉時，勝率會比較高（註 1）。
3. 站上中線出現帶大量的收長紅 K（5% 以上）或壓回中線附近帶大量的長紅 K（5% 以上）。

範例 2448 晶電

其實，沒有完全符合 5 大選股條件的股票通常敗率較高，例如在 2014/12/24 的晶電：

「成立」1 日／週／月（BIAS：乖離率）有完成黃金交叉。

「不成立」2 當日收長紅 K（漲幅 5% 以上）。

「不成立」3 當日出大量（成交量大）。

「成立」4 股價站上中線（多空線）。

「成立」5 成交量 500 張以上。

所以在 2015/1/16 跌破上升趨勢線，代表漲勢結束。

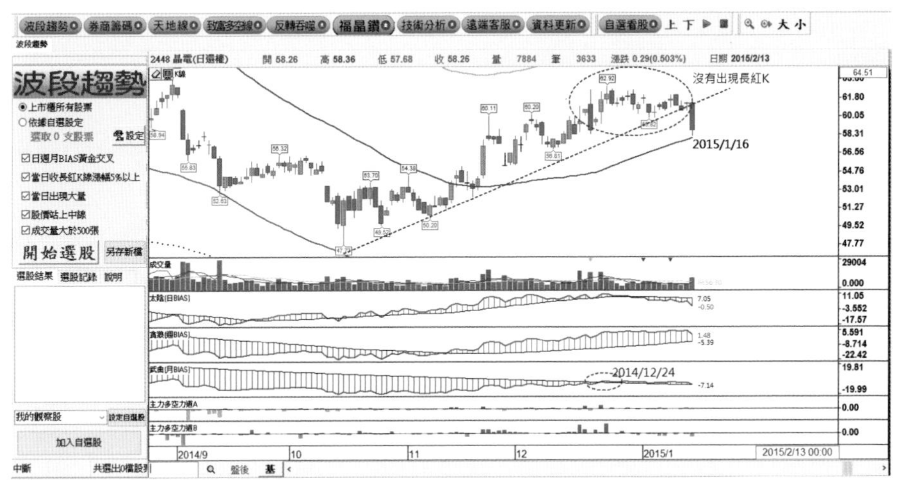

假如跌破上升趨勢線，你沒退出採取觀望策略，你看一下接下來晶電的股價就先跌破（中線）多空線，反彈一下到下彎的中線，接著就大跌至 2015/4/13 地線的 43.41 元，跌幅 25.99%。

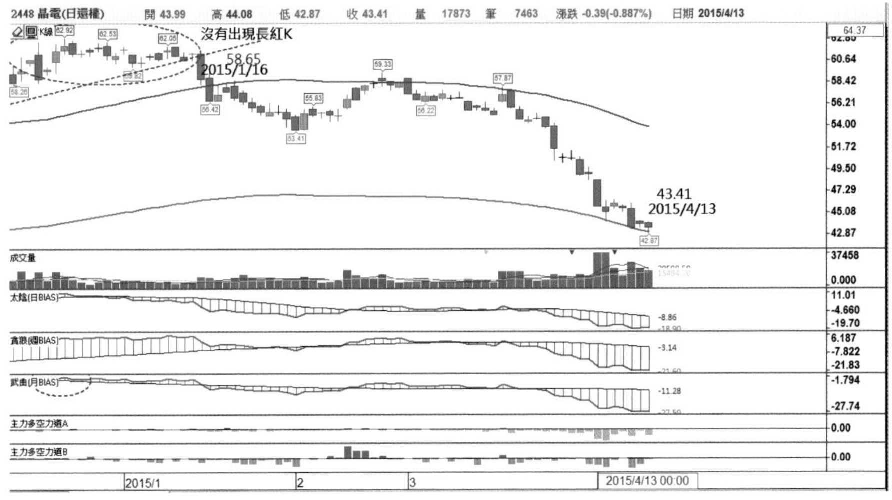

晶電股價盤整一段時間之後，2015/6/9 再次破底 40.54 元創新低，你如果認為股價跌深了，還是死多頭，台股指數是上萬點的但是晶電股價卻不斷創新低，隨大盤修正到了 21.5 元再次大跌了 -50.47%。

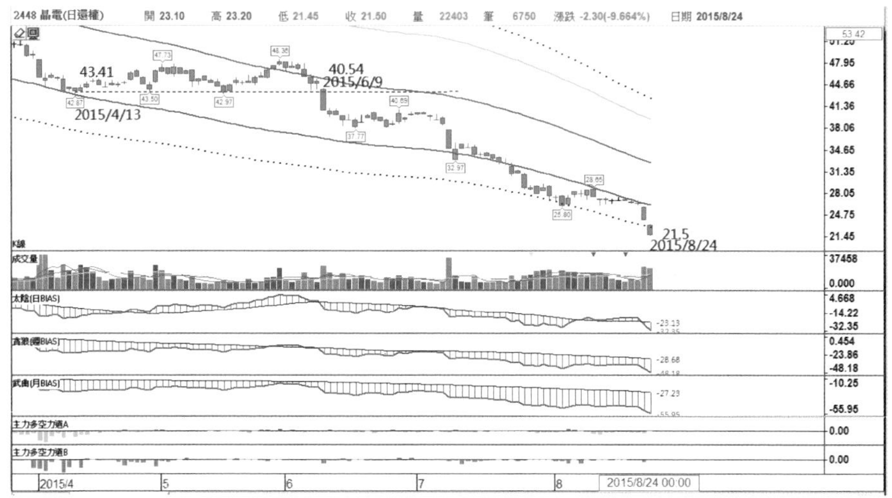

台灣許多上班族白天要上班，無法盯盤，因此太短線的操作並不合適他們，我們為了協助廣大上班族，也可以輕鬆理財賺波段。為此，我們特別設計一套簡單，易學，易操作的「券商籌碼」理財法，一天只須要 10 分鐘，透過主力券商看籌碼，即可判斷進出場依據。

因此，追蹤某檔股票，是否有特定的券商持續買進，並且拉動股票，使其股價上漲。再從技術面的股價與成交量，是否能有效突破長期的趨勢線或大箱型整理，如果股價的基期又低，我們即可進場佈局。

「讓主力券商無所遁形，掌握波段獲利」關鍵技術

掌握券商籌碼：與主力券商同步操作。

首先，我們從股價的漲跌因果談起，股票會漲？會跌？從自然法來看是決定於市場供給面與需求面。股價會跌是因為：供給多（賣出的人多），需求少（想買的人少）。而股價會漲則是：供給少（賣出的人少），需求多（想買的人多）。

以上 2 個觀點大家認同嗎？

因此，只要統計出下列的幾項重要數據即可洞燭先機，事先掌握主力券商的動向，至於需要統計那一些科學數據呢？

1. 那一檔股票？
2. 是那幾家券商買進多少張？（卻只進不出或賣出的很少）
3. 何時買進多少張？
4. 買進的主力券商買進平均成本多少？
5. 每天觀察主力券商是否有大量賣出？

等待股價發動，再用技術面操作進場。至於如何開始呢？讓我們首先從技術面談起。

券商籌碼：與主力券商同步操作

券商籌碼選出波段操作股票有 3 大步驟：

【步驟 1】股價能突破長期的下降趨勢線（1 年以上），或突破長期箱型高點。

範例 4105 東洋

2014/5/5 ～ 2015/5/6 突破長期下降趨勢線。

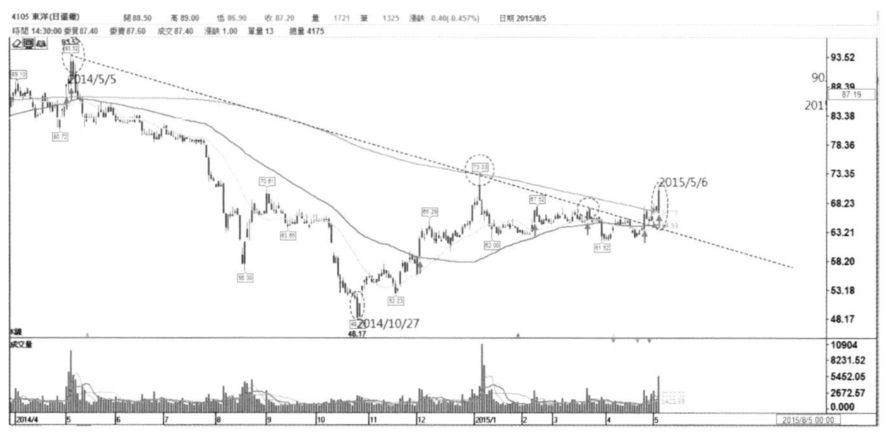

【步驟 2】以券商籌碼分析最低點到突破下降趨勢線或箱型的高點，是否有明顯券商持有明顯倉位（部位）？

範例 4105 東洋

從 2014/5/5 ～ 2015/5/6，台灣巴克萊買賣超 10,652 張。

4105 東洋(日還權) 主力分析

股票代碼 4105 開始日期 2014/5/5 結束日期 2015/5/6 開始分析

□每日 買賣超 前 10 大券商 □每日買賣超佔成交量%大於 5 % 股價連動天數 1

券商代碼	券商名稱	買進(張)	賣出(張)	買賣超(張)	股價連動係數
5920	元富	16820	30399	-13579	0.02
8910	台灣巴克萊	10656	4	10652	-0.06
1040	臺銀	7557	5540	2017	0.08
8440	摩根大通	4986	3302	1684	0.11
8900	法銀巴黎	0	1568	-1568	0.00
8840	玉山	8964	7714	1250	-0.09
9300	華南永昌	13459	12559	900	-0.14
7000	兆豐	17386	18221	-835	0.17
8960	香港上海匯	254	1054	-800	-0.01
9600	富邦	23219	22419	800	-0.11
5850	統一	12166	12865	-699	0.02
1560	港商野村國	149	831	-682	0.00
1260	宏遠	2673	3342	-669	0.02
1230	彰銀	1106	446	660	-0.03
1650	新加坡商瑞	2564	1972	592	0.04
9100	群益	25020	25589	-569	0.09
7780	富星	679	156	523	0.02
8880	國泰	4474	4993	-519	0.03
9200	凱基	34554	34037	517	-0.05
5380	第一金	6881	7397	-516	-0.01

【步驟 3】每日收盤後看一次主力券商是否有大量賣出，有大量賣出，則我們也記得要獲利了結。

範例 4105 東洋

從 2015/5/7 ～ 2015/8/10，主力券商台灣巴克萊並沒有賣出，甚至還買超 1,294 張。

4105 東洋(日還權) 主力分析

股票代碼 4105 開始日期 2015/5/7 結束日期 2015/8/10 開始分析

□每日 買賣超 前 10 大券商 □每日買賣超佔成交量%大於 5 % 股價連動天數 1

券商代碼	券商名稱	買進(張)	賣出(張)	買賣超(張)	股價連動係數
1560	港商野村國	2623	0	2623	0.09
8900	法銀巴黎	154	0	154	0.03
1380	港商里昂	19	0	19	0.00
2200	寶來曼氏期	11	0	11	0.00
8910	台灣巴克萊	1295	1	1294	-0.17

所以股價從 2015/5/6 的 70.32 元（日還權），漲到 2015/7/31 的 90.8 元。

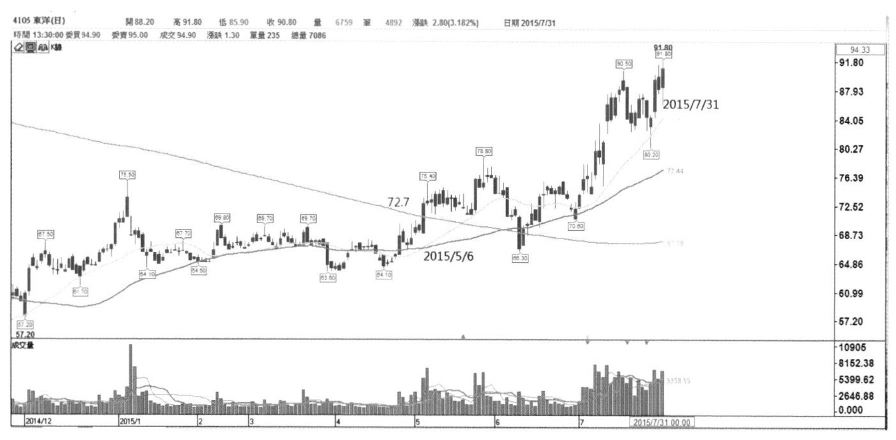

經過 2015/6/3 ～ 8/25 台股發生股災，指數大跌超過 25%，東洋也隨之下跌至中線，但透過券商籌碼發現台灣巴克萊還是買超

1,051 張。

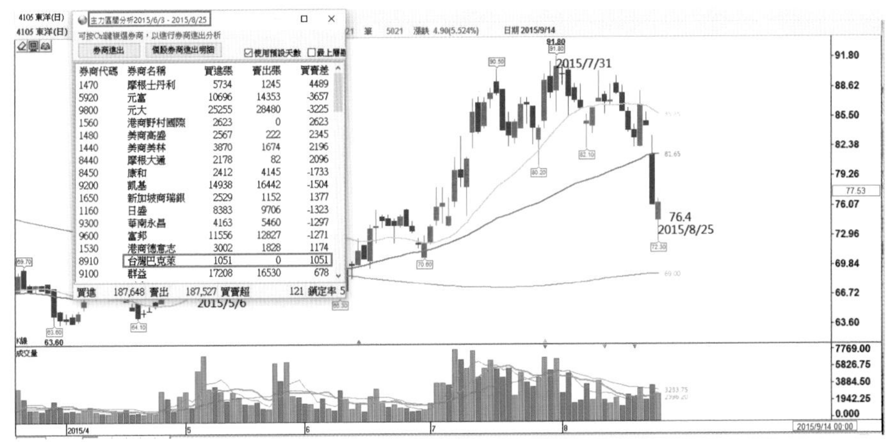

東洋股價在台股止穩後 2015/8/26 ～ 2015/9/15 再創新高 97 元；台灣巴克萊只有小小調節 285 張。

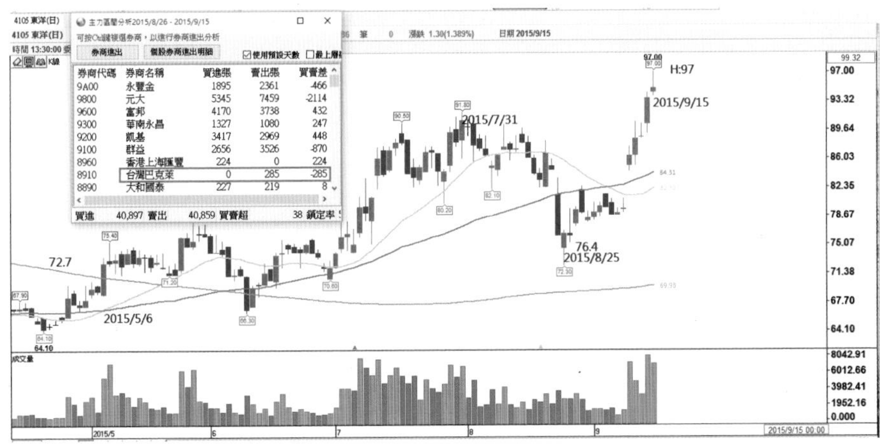

範例 2506 太設

我們發現 2013/10/11 ～ 2014/11/7 股價突破長期箱型高點，股價基期有低，一整年的低點到高點的波動大約在 28% 左右。

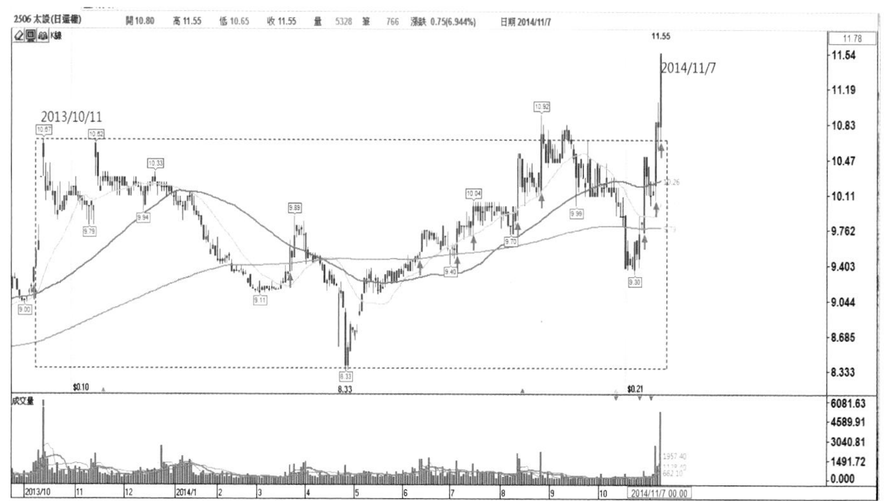

分析 2013/10/11 ～ 2014/11/7 這段期間有一家主力券商：國泰買進 27,297 張，但只賣出 3,240 張，買賣超 24,057 張，可說是非常明顯的買超。

2506太設(日還權)　主力分析

股票代碼 2506　開始日期 2013/10/11　結束日期 2014/11/17　開始分析

□每日　買賣超　前 10 大券商　□每日買賣超佔成交量%大於 5 %　股價連動天數 1

券商代碼	券商名稱	買進(張)	賣出(張)	買賣超(張)	股價連動係數
8880	國泰	27297	3240	24057	0.18
9800	元大	27774	36091	-8317	-0.62
9100	群益	7597	12669	-5072	-0.02
9200	凱基	17186	12923	4263	0.34
1160	日盛	7882	4773	3109	0.43
9600	富邦	4277	6852	-2575	0.07
9A00	永豐金	6048	8501	-2453	-0.05
8450	康和	4071	1622	2449	0.08

從 2014/11/7 ～ 2015/7/16 這段期間，國泰買賣超 435 張，並沒有明顯的賣超，所以股價在 2015/7/16 總共大漲了 67.28%。

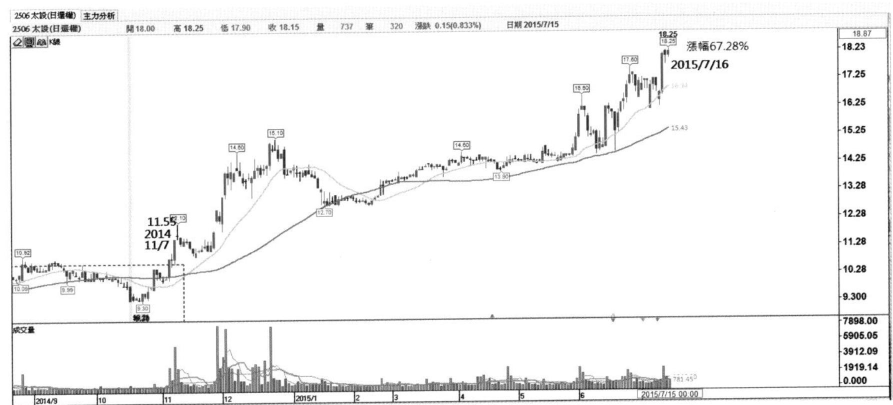

並且又新增一家主力券商：康和，買進 31,853 張，但只賣出 2,364 張，買賣超 29,489 張，也是非常明顯的買超。

股票代碼 2506 開始日期 2014/11/10 結束日期 2015/7/16 開始分析

每日 買賣超 前 10 大券商 每日買賣超佔成交量%大於 5 % 股價連動天數 1

券商代碼	券商名稱	買進(張)	賣出(張)	買賣超(張)	股價連動係數
8450	康和	31853	2364	29489	1.00
9800	元大	17194	33189	-15995	-1.28
9200	凱基	8732	13724	-4992	-0.18
9A00	永豐金	5270	8960	-3690	-0.25
8840	玉山	10418	6889	3529	0.60
2180	亞東	260	3314	-3054	-0.24
9100	群益	7600	4823	2777	0.19
5920	元富	4533	7003	-2470	-0.18
7000	兆豐	2899	4281	-1382	-0.09
5380	第一金	2455	3239	-784	-0.19
1020	合庫	995	1594	-599	-0.02
1560	港商野村國	565	6	559	0.01
9600	富邦	3591	4030	-439	-0.02
7790	國票	1090	1528	-438	-0.06
9300	華南永昌	2213	2649	-436	-0.06
8880	國泰	3399	2964	435	0.08
8580	聯邦商銀	101	512	-411	0.03
5850	統一	2493	2800	-307	0.12

券商籌碼：統計分析，輕鬆掌握籌碼動向

有很多學員來上課時經常提問：「如何能事先掌握主力券商籌碼的累進買賣超張數，不要一檔一檔找，這樣不就可以省掉很多時間嗎？」有鑑於此，我們特別設計了「券商籌碼」，統計主力券商的買賣差張數，可以簡單的先行掌握那一些券商對順定的股票的買賣超。輕鬆不費力的事先掌握主力券商籌碼動態，進而洞燭先機。

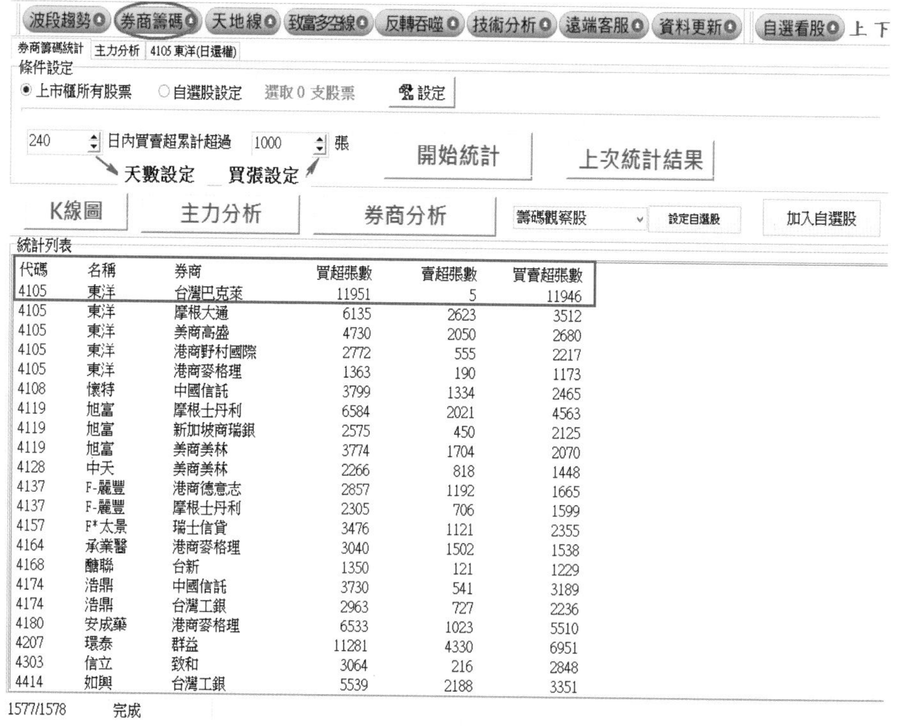

代碼	名稱	券商	買超張數	賣超張數	買賣超張數
4105	東洋	台灣巴克萊	11951	5	11946
4105	東洋	摩根大通	6135	2623	3512
4105	東洋	美商高盛	4730	2050	2680
4105	東洋	港商野村國際	2772	555	2217
4105	東洋	港商麥格理	1363	190	1173
4108	懷特	中國信託	3799	1334	2465
4119	旭富	摩根士丹利	6584	2021	4563
4119	旭富	新加坡商瑞銀	2575	450	2125
4119	旭富	美商美林	3774	1704	2070
4128	中天	美商美林	2266	818	1448
4137	F-麗豐	港商德意志	2857	1192	1665
4137	F-麗豐	摩根士丹利	2305	706	1599
4157	F*太景	瑞士信貸	3476	1121	2355
4164	承業醫	港商麥格理	3040	1502	1538
4168	醣聯	台新	1350	121	1229
4174	浩鼎	中國信託	3730	541	3189
4174	浩鼎	台灣工銀	2963	727	2236
4180	安成藥	港商麥格理	6533	1023	5510
4207	環泰	群益	11281	4330	6951
4303	信立	致和	3064	216	2848
4414	如興	台灣工銀	5539	2188	3351

【步驟 1】按券商代碼，使其反藍。

【步驟 2】再按券商分析，即可瞭解個股券商進出明細。

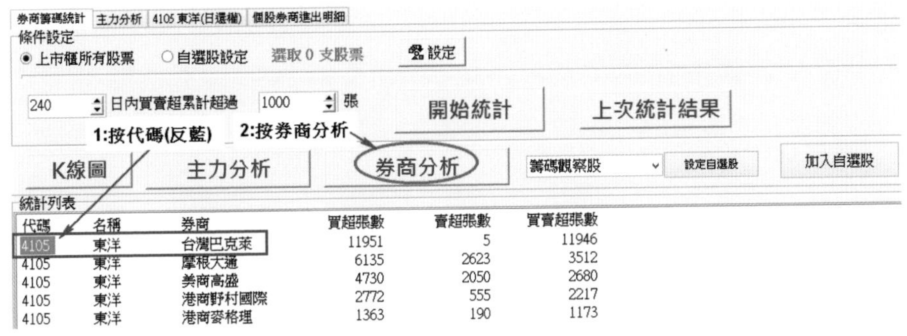

代碼	名稱	券商	買超張數	賣超張數	買賣超張數
4105	東洋	台灣巴克萊	11951	5	11946
4105	東洋	摩根大通	6135	2623	3512
4105	東洋	美商高盛	4730	2050	2680
4105	東洋	港商野村國際	2772	555	2217
4105	東洋	港商麥格理	1363	190	1173

由下圖可看出股價的趨勢，累計買賣線型與主力買賣線型，並且得出主力券商（台灣巴克萊）這段期間的成本 66.61 元，所以若股價有機會壓回 66 元附近，將是不錯的進場價位。

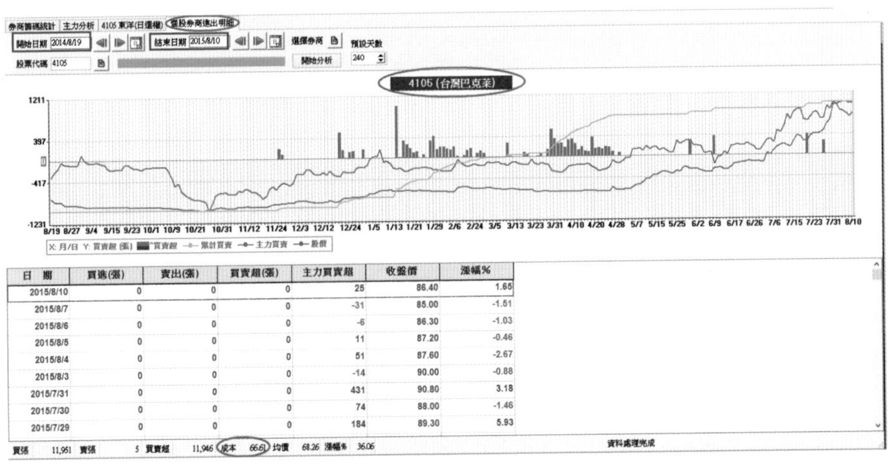

日期	買進(張)	賣出(張)	買賣超(張)	主力買賣超	收盤價	漲幅%
2015/8/10	0	0	0	25	86.40	1.65
2015/8/7	0	0	0	-31	85.00	-1.51
2015/8/6	0	0	0	-6	86.30	-1.03
2015/8/5	0	0	0	11	87.20	-0.46
2015/8/4	0	0	0	51	87.60	-2.67
2015/8/3	0	0	0	-14	90.00	-0.88
2015/7/31	0	0	0	431	90.80	3.18
2015/7/30	0	0	0	74	88.00	-1.46
2015/7/29	0	0	0	184	89.30	5.93

範例 4105 東洋

從 K 線圖來看，2014/8 月 18 ～ 2015/8/18 股價從低點 48.8 元上漲到波段高點 91.8 元。

先點股票代號，再點：主力分析。

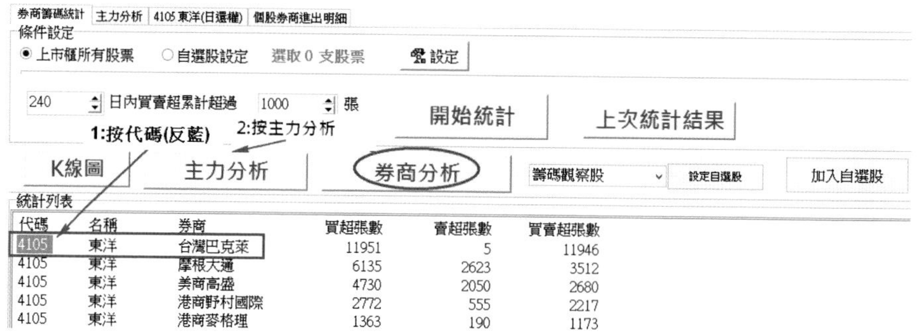

代碼	名稱	券商	買超張數	賣超張數	買賣超張數
4105	東洋	台灣巴克萊	11951	5	11946
4105	東洋	摩根大通	6135	2623	3512
4105	東洋	美商高盛	4730	2050	2680
4105	東洋	港商野村國際	2772	555	2217
4105	東洋	港商麥格理	1363	190	1173

我們就可以發現除台灣巴克萊之外，還有摩根大通買超 4,115 張，摩根士丹利買超 4,115 張，美商高盛 2,828 張。或許您會問：有一家元富也買賣超（張）是 15,884 張？

賣出的張數，比台灣巴克萊買賣超（張）還要多？這如何解讀？

因股價已從 2014/10/27 低點 49.8 元漲到了 2015/7/31 的 91.8 元，元富賣出，股價卻不跌反而上漲，所以主力不是元富，要跟著贏家操作才是上上策。

股票代碼 4105 開始日期 2014/7/18 結束日期 2015/8/18 開始分析

☐每日 買賣超 前10 大券商 ☐每日買賣超佔成交量%大於 5 % 股價連動天數 1

券商代碼	券商名稱	買進(張)	賣出(張)	買賣超(張)	股價連動係數
5920	元富	24266	40150	-15884	-0.11
8910	台灣巴克萊	11951	5	11946	-0.10
9800	元大	74793	79816	-5023	-0.25
8440	摩根大通	6894	2779	4115	0.10
1470	摩根士丹利	8679	5223	3456	-0.01
1480	美商高盛	4968	2140	2828	-0.01
9200	凱基	44348	46591	-2243	-0.06
9100	群益	40739	38681	2058	0.14
1560	港商野村國	2772	807	1965	0.02
5380	第一金	9023	10981	-1958	-0.05
1440	美商美林	7105	5265	1840	0.13
1160	日盛	23655	25416	-1761	-0.08
1650	新加坡商瑞	4796	3155	1641	0.06
8450	康和	8435	9878	-1443	-0.09
1360	港商麥格理	1363	190	1173	-0.01
9600	富邦	33997	32836	1161	-0.06
6160	中國信託	4957	3839	1118	0.05
1530	港商德意志	5948	4846	1102	0.07
9300	華南永昌	13858	14859	-1001	-0.11
1260	宏遠	3139	4010	-871	0.01

買張 505,149 賣張 504,991 買賣超 158 狀態

東洋在筆者截稿止（2015/12/7），已經上漲到了波段的高點 118.5 元。

我們在 2015/12/7，另外設定 120 天，買賣超（張）5,000 張以上，來看看有一家香港上海匯豐有買賣超（張）進奇鋐 8,793 張，先按 3017，再按券商分析，來看看：

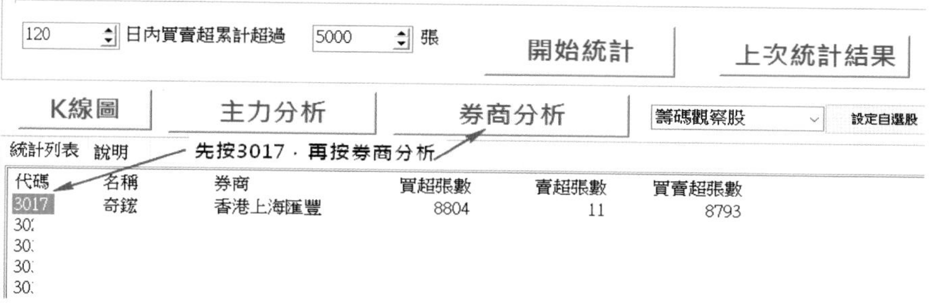

我們發現香港上海匯豐在 2015/9/7（買賣超 662 張），9/8（買賣超 2231 張），9/9（買賣超 5231 張），平均成本 23.79 元。

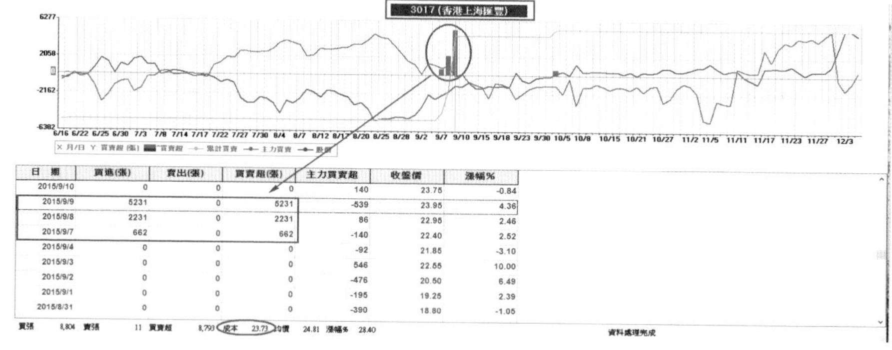

日期	買進(張)	賣出(張)	買賣超(張)	主力買賣超	收盤價	漲幅%
2015/9/10	0	0	0	140	23.75	-0.84
2015/9/9	5231	0	5231	-539	23.95	4.36
2015/9/8	2231	0	2231	86	22.95	2.46
2015/9/7	662	0	662	-140	22.40	2.52
2015/9/4	0	0	0	-92	21.85	-3.10
2015/9/3	0	0	0	546	22.55	10.00
2015/9/2	0	0	0	-476	20.50	6.49
2015/9/1	0	0	0	-195	19.25	2.39
2015/8/31	0	0	0	-390	18.80	-1.05

買張 8,804 賣張 11 買賣超 8,793 成本 23.73 均價 24.81 漲幅% 28.40

資料處理完成

範例 3017 奇鋐

在 2015/9/9 為止的 K 線圖，股價從破底的低點反彈上來，剛過前波高點 23.7 元。

在 2015/12/2 開始跳空上漲，連拉 2 支漲停版。

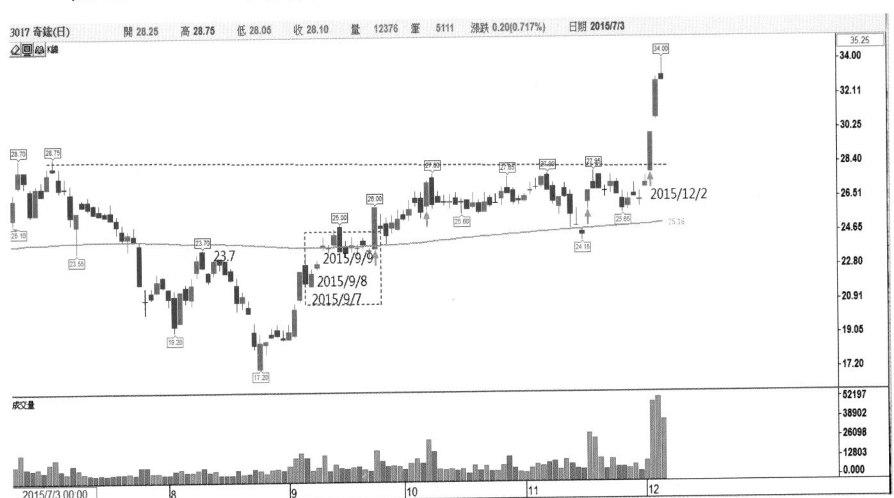

如何掌握股價最低點的反轉訊號？

反轉吞噬 K 線是進行技術分析時不可不知關鍵，一定要徹底弄明白！

【定義】當股價來到波段新低，隔日 K 線跌破當日最低點，收盤時股價比昨日最高價更高，即稱之為反轉吞噬 K 線。而台股在 2015/8/25 出現約 20 多支反轉吞噬 K 線，成功率 90% 以上，我們就來看看結果如何？

範例 1707 葡萄王

2015/8/25 出現股價新低，當日 K 線開最低點，收盤時股價比昨日最高價更高。

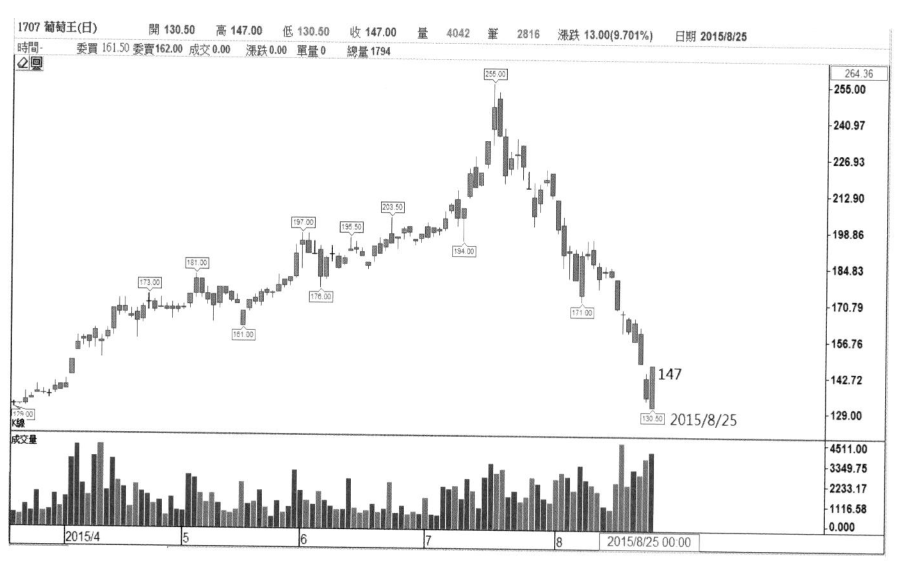

反彈到 9/14，收盤 179.5 點之後連續幾天，股價立刻向上大漲 22.1%。

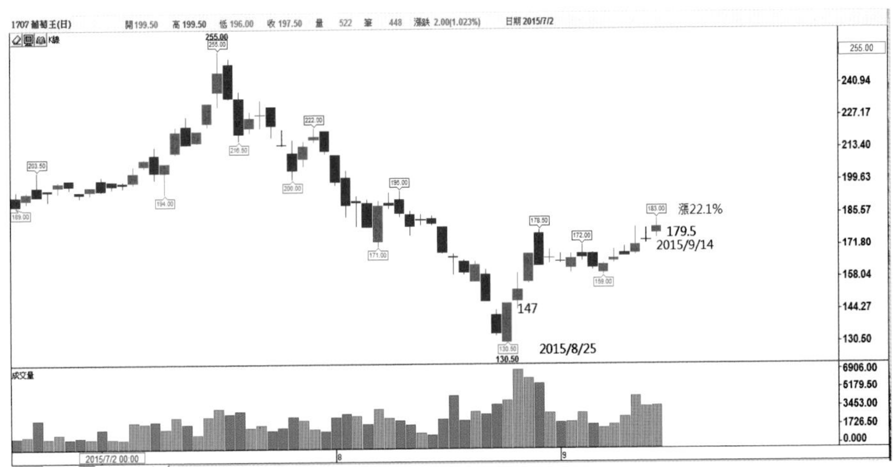

範例 3014 聯陽

2015/8/25 出現反轉吞噬 K 線，之後連續幾天股價立刻向上大漲。

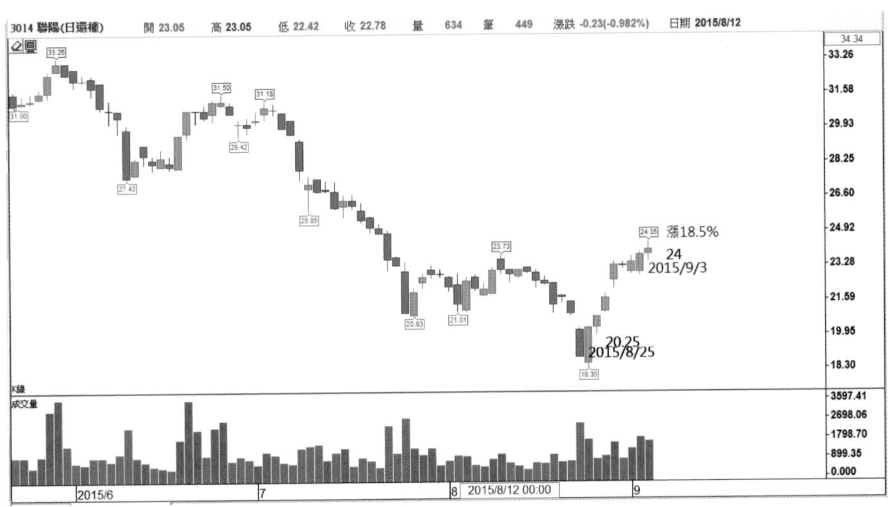

範例 2467 志聖

2015/8/25 出現反轉吞噬 K 線，之後連續幾天股價立刻向上大漲。

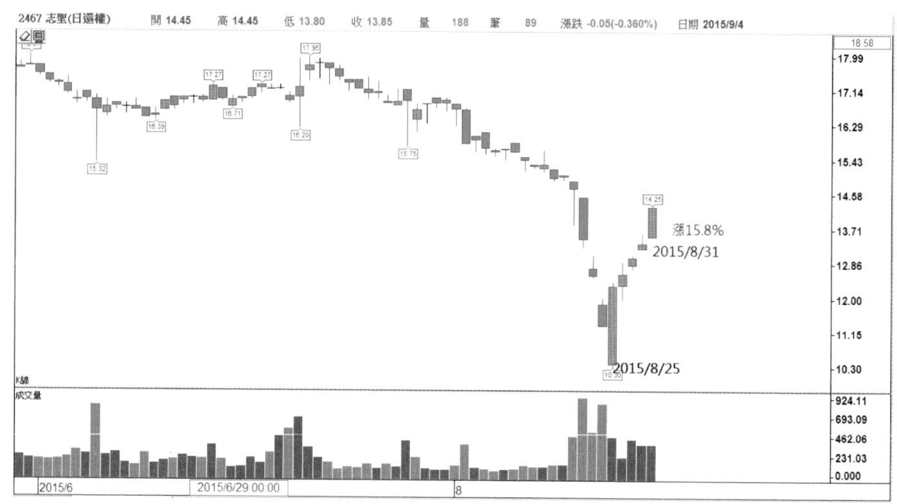

範例 2890 永豐金

2015/8/25 出現反轉吞噬 K 線，股價向上噴出。

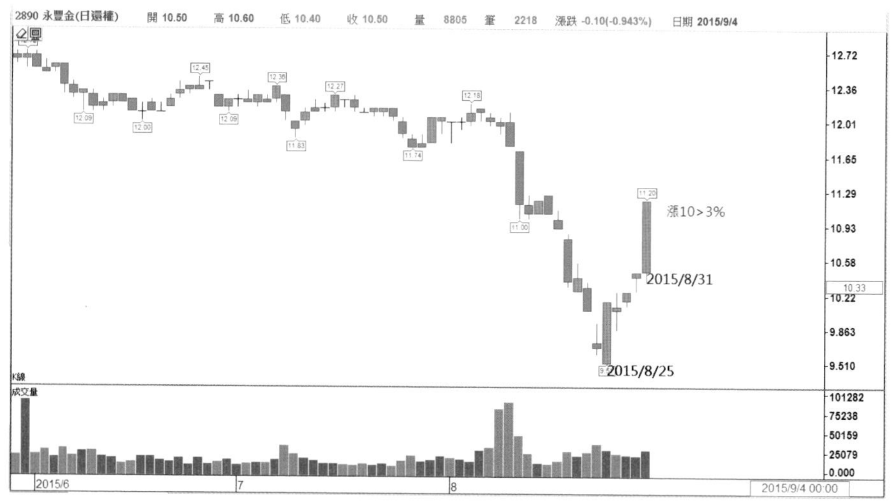

範例 3037 欣興

2015/8/25出現反轉吞噬K線之後連續幾天，股價立刻向上大漲。

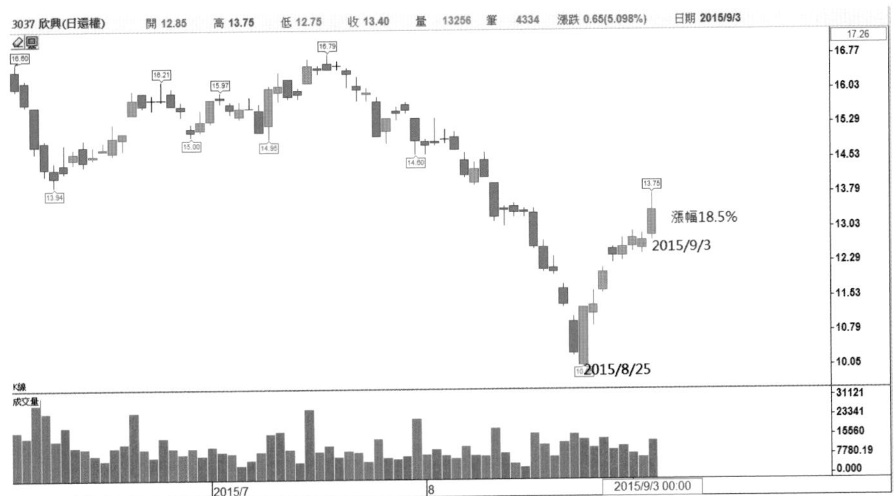

範例 3227 原相

2015/8/25出現反轉吞噬K線之後連續幾天，股價立刻向上大漲。

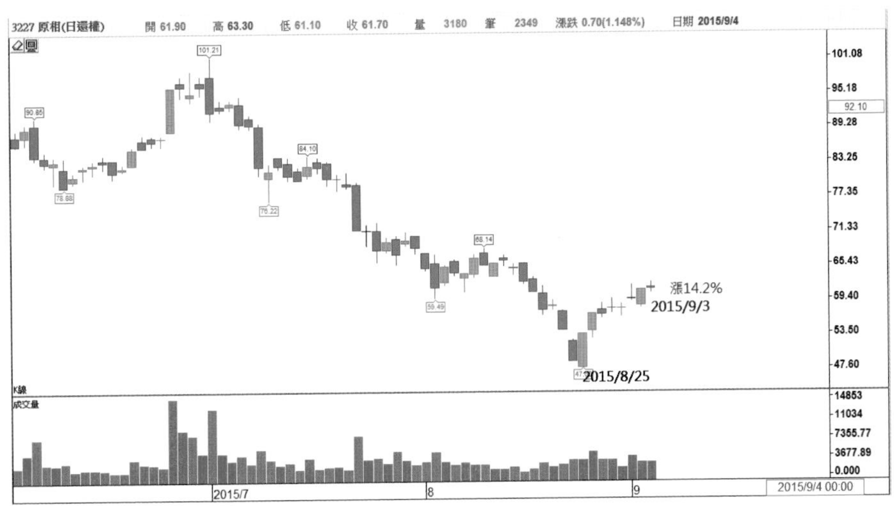

範例 3305 昇貿

2015/8/25出現反轉吞噬K線之後連續幾天，股價立刻向上大漲。

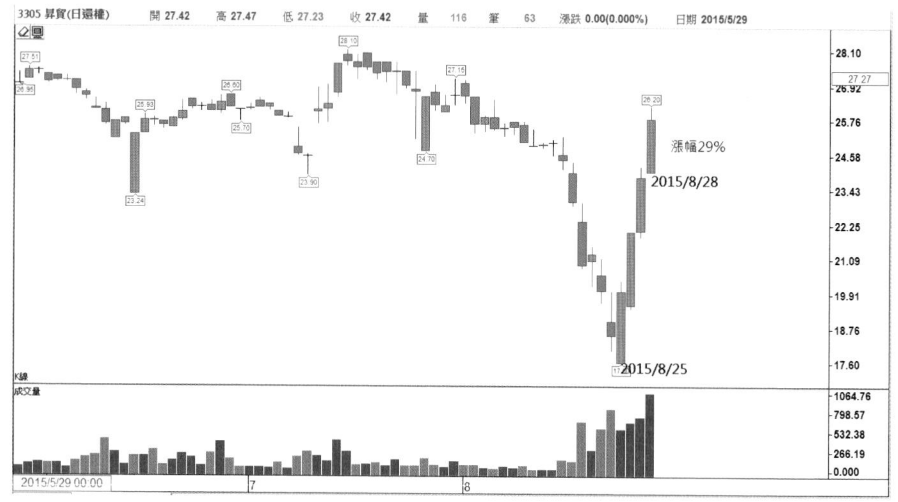

範例 3584 介面

2015/8/25出現反轉吞噬K線之後連續幾天，股價立刻向上大漲。

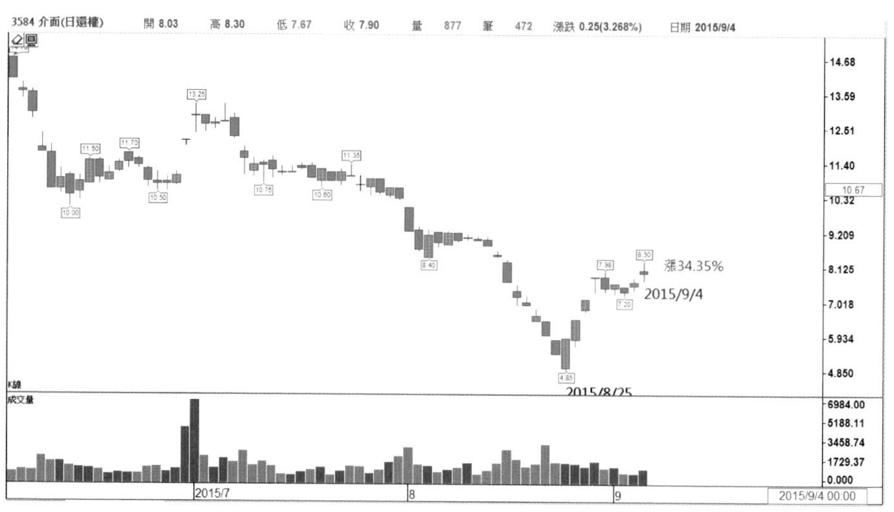

範例 4966 F-譜瑞

2015/8/25出現反轉吞噬K線之後連續幾天，股價立刻向上大漲。

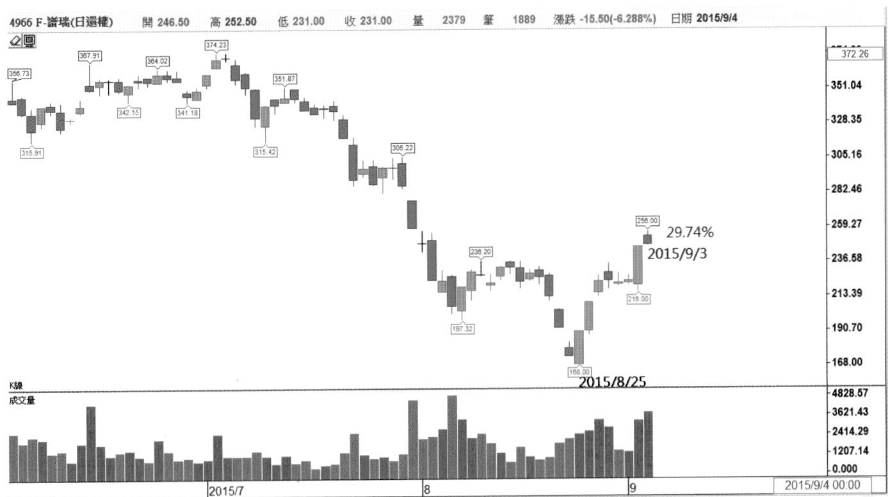

範例 6282 康舒

2015/8/25出現反轉吞噬K線之後連續幾天，股價立刻向上大漲。

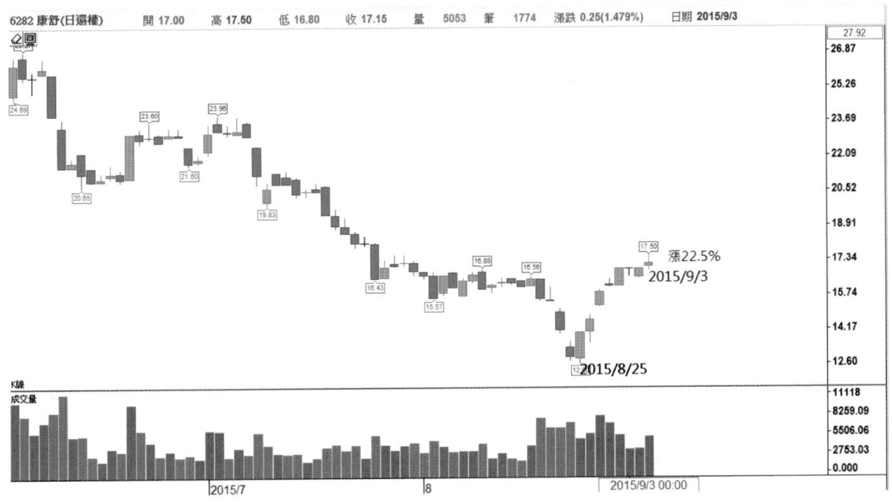

範例 6168 宏齊

2015/8/25出現反轉吞噬K線之後連續幾天，股價立刻向上大漲。

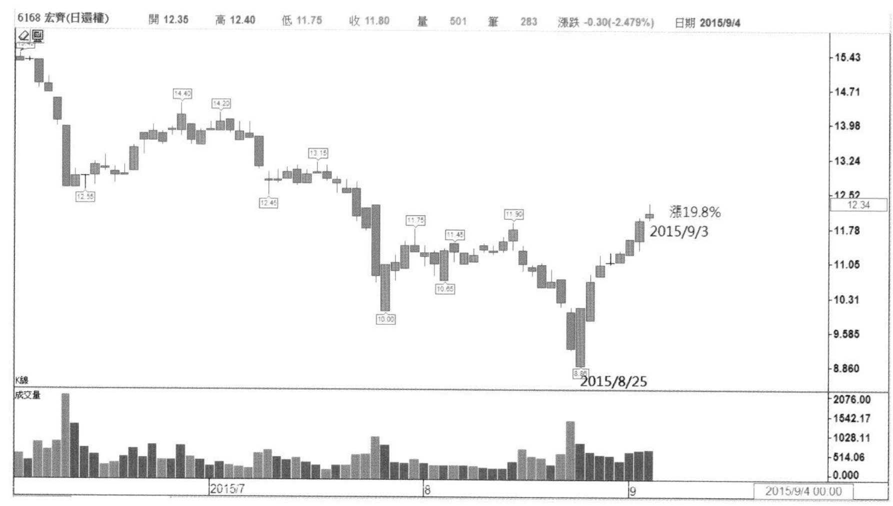

範例 6243 訊傑

2015/8/25出現反轉吞噬K線之後連續幾天，股價立刻向上大漲。

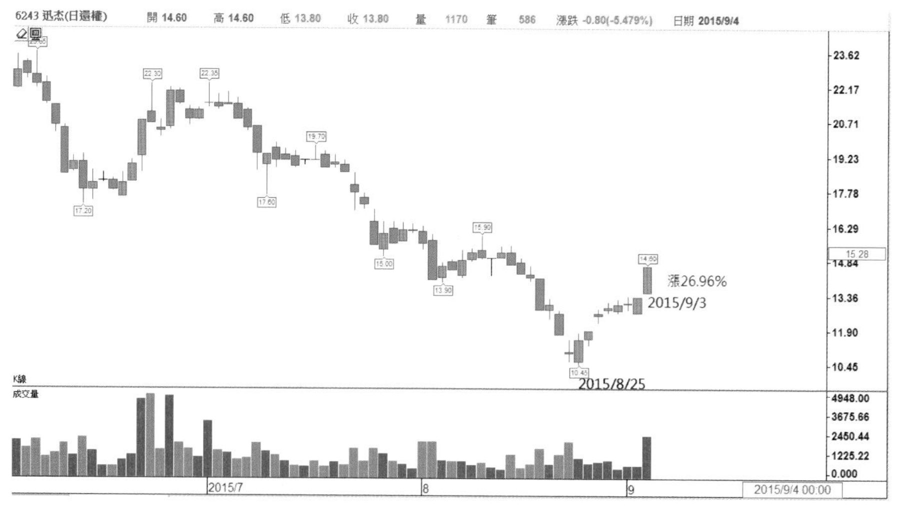

範例 2504 國產

2015/8/25 出現反轉吞噬 K 線之後連續幾天，股價立刻向上大漲。

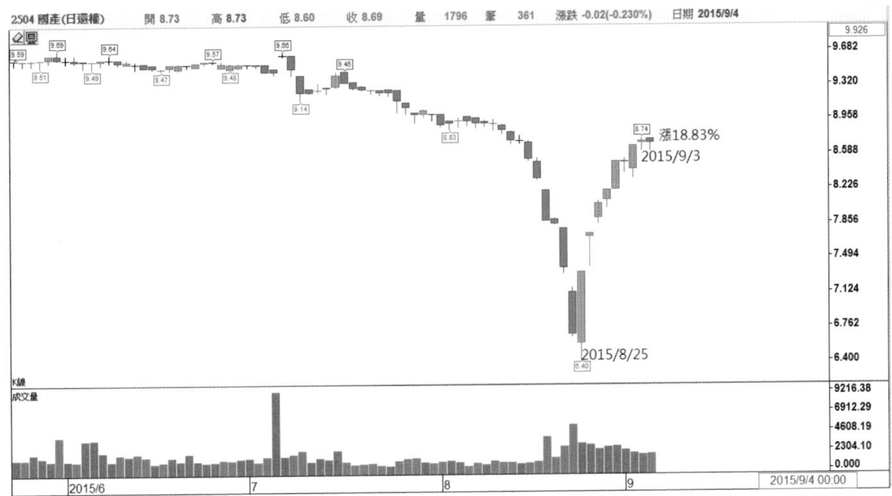

範例 4971 F-IET

2015/8/25 出現反轉吞噬 K 線之後連續幾天，股價立刻向上大漲。9/15 股價已大漲到了 105 元，漲幅 34.1%。

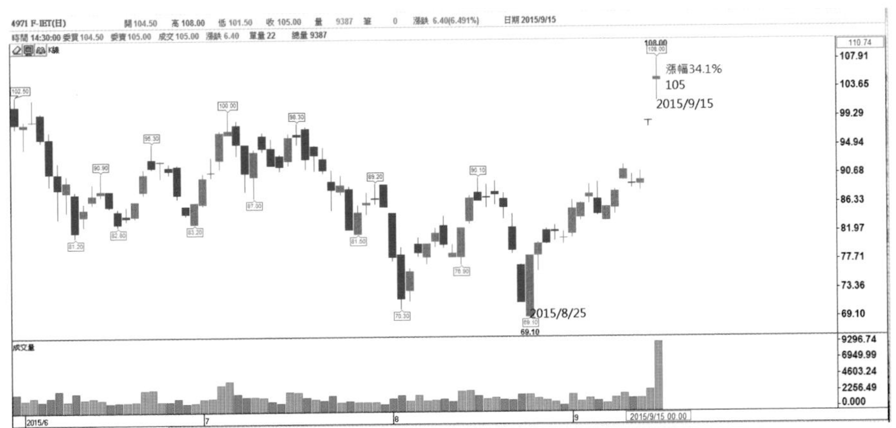

範例 5522 遠雄

2015/8/25出現反轉吞噬K線之後連續幾天，股價立刻向上大漲。

範例 6269 台郡

2015/8/25出現反轉吞噬K線之後連續幾天，股價立刻向上大漲。

範例 2441 超豐

2015/8/25 出現反轉吞噬 K 線之後，連續幾天小步向上。

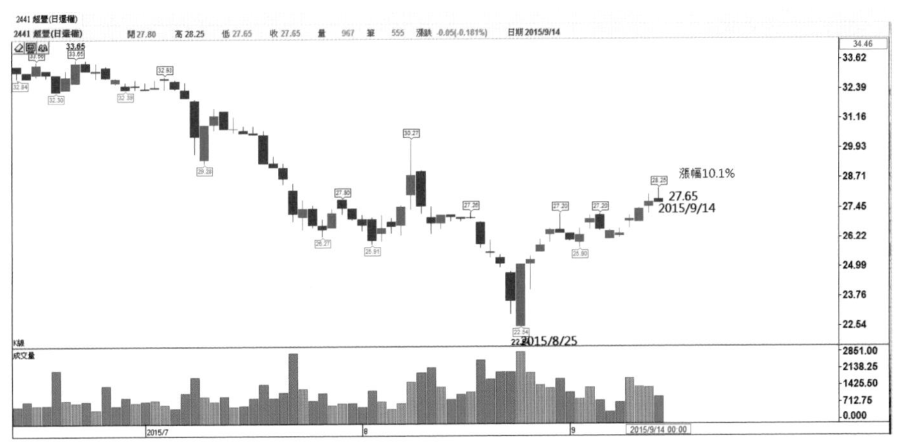

範例 2457 飛宏

2015/8/25 出現反轉吞噬 K 線之後整理 2 天，股價立刻向上。

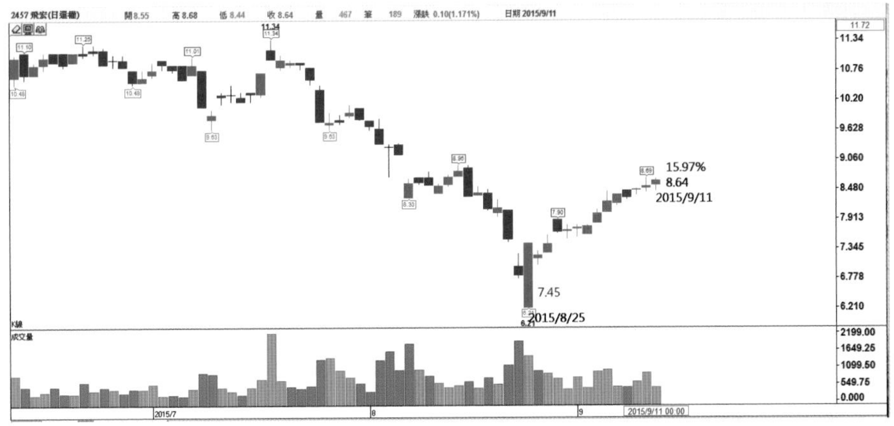

上面舉例的股票，後續都續漲很多，讀者有興趣可自己查詢一下 K 線。

有些人心中有一個疑問：如果真的那麼利害，為何你不自已賺就好，何必要開課教人家？

各位你有發現嗎？這麼多股票出現反轉陽吞 K 線的時間，都是在同一天 2015/8/25 日，所以買都買不完，有錢大家一起賺，股市錢太多了，你有能力想拿多少就拿多少，就怕你心眼太小，錯失良機了。

此外，為什麼有些人選出的反轉陽吞 K 線漲幅這麼小？

當然也是會有出現反轉陽吞 K 線的股票，漲幅不大的！

範例 1445 大宇

2015/8/25 出現反轉吞噬 K 線，但到了 9/15 股價卻沒動，還小跌？這到底是為什麼呢？

歡迎有機會到高階班的研習課程裡，我們會教你如何選出反轉吞噬 K 線裡，比較有機會大漲的股票。快速判讀如何挑選反轉吞 K 線？如何使用選股工具，幫你選出反轉吞噬 K 線的股票。

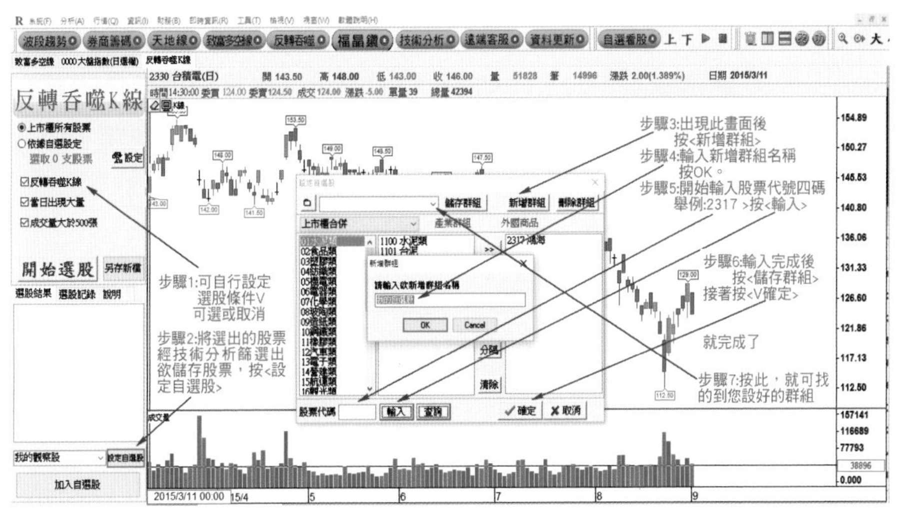

致富多空線：贏家必備，如何與法人同步操作

【設計理念】透過統計分析法人與市場大戶對籌碼的進出「量／價／勢／買賣超等做研判分析趨勢的指標」。

1. 做多進出場條件：

   做多：尋找多空線在零軸上出現黃金交叉，並且股價要突破中線，中線從走平到翻揚，則短線做多。出場：多空線在零軸上出現死亡交叉，多單平倉。

2. 做空進出場條件：

   多空線在零軸下出現死亡交叉，並且股價要跌破中線，中線從走平到翻跌向下，則短線做空。出場：多空線在零軸下出現黃金交叉，空單平倉。

操作範例 作多：1477 聚陽

中線（多空線）向上，2015/2/13 股價 191.5 元，致富多空線在零軸上出現黃金交叉，K 線位置又剛好在中線附近，則是一個不錯的進場買進點：2015/4/9 致富多空線零軸上出現死亡交叉，股價 227 元，多單平倉。

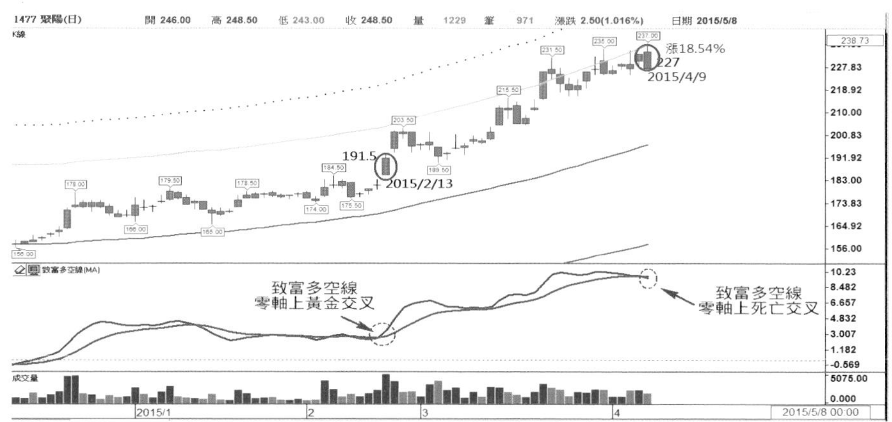

操作範例 作多：2059 川湖

在 2013/11/27，中線（多空線）向上，致富多空線在零軸上出現黃金交叉，K 線位置又剛好在中線附近，股價 292 元則是一個不錯的進場買進點：2013/12/30 致富多空線零軸上出現死亡交叉，股價 337.7 元，多單平倉。

操作範例 作多：1504 東元

中線（多空線）向上，4/11 股價 25.4 元致富多空線在零軸上出現黃金交叉，K 線位置又剛好在中線附近，則是一個不錯的進場買進點；5/13 致富多空線零軸上出現死亡交叉時收盤 27.15 元多單平倉。

中線（多空線）向下時，2014/6/23 股價 41 元，致富多空線在零軸下出現死亡交叉，K 線位置又剛好在中線下彎的附近，則可以放空股票，7/30 致富多空線零軸下出現黃金交叉則 37.5 元空單平倉。9/5 同樣情況再次出現，則放空在 36.2 元，回補空單在 10/6 的 33.3 元。

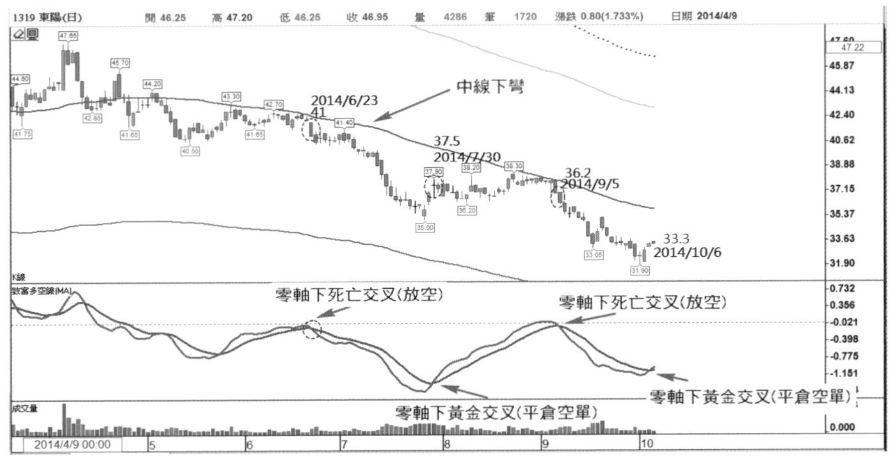

操作範例 作空：1507 永大

中線（多空線）向下時，2015/5/13 股價 67.7 元，致富多空線在零軸下出現死亡交叉，K 線位置又剛好在中線下彎的附近，則可以放空股票，6/30 致富多空線零軸下出現黃金交叉則 59.3 元空單平倉。

操作範例 作空：1590 F- 亞德

中線（多空線）向下時，2015/3/27 股價 257 元，致富多空線在零軸下出現死亡交叉，K 線位置又剛好在中線下彎的附近，則可以放空股票，4/21 致富多空線零軸下出現黃金交叉則 237 元空單平倉。

致富法人線：幫你找到股價低檔反轉訊號

【設計理念】透過統計分析法人與市場大戶對籌碼的進出「成交量／成交價／平均成本／買賣超等做為研判分析趨勢轉折的指標」。

【進出場操作手法—作多】

1. 定義：當股價創新低，致富法人線的柱狀體與前波同顏色柱狀體相比，柱狀體並沒有創新低，2 日內如果柱狀體變更短了，則是低點反轉訊號，可進場做多或有放空股票要先平倉。
2. 停損點：設在股價創新低的價位，如果進場後，股價沒有順利向上，卻向下跌破低點，就必須停損出場。
3. 選股做多小技巧：2 日內確認柱狀體變更短的當天，股價最好選強勢上漲的長紅 K，中小型股漲 5% 以上，大型股漲 3% 以上。

範例 2340 光磊

2015/8/25 股價創波段新低，但致富法人線的柱狀體與前波同顏色柱狀體相比，柱狀體並沒有創新低，隔天 26 日確認柱狀體變更短了，則是低點反轉訊號，可進場做多。

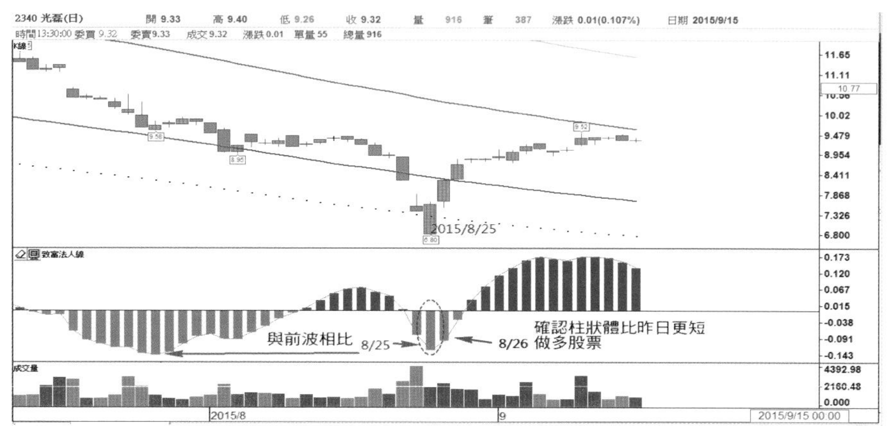

範例 1507 永大

2015/8/24 股價創波段新低，但致富法人線的柱狀體與前波同顏色柱狀體相比，柱狀體並沒有創新低，隔天 25 日確認柱狀體變更短了，則是低點反轉訊號，44 元可進場做多，順利的波段上漲，9/10 最高來到 57.6 元。

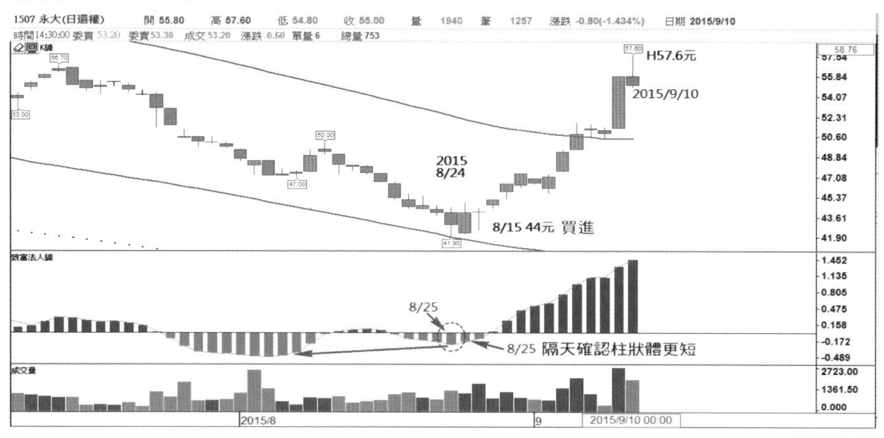

操作範例 作多：2379 昱瑞

2015/8/24 股價創波段新低 44.71 元（還權），但致富法人線的柱狀體與前波同顏色柱狀體相比，柱狀體並沒有創新低，隔天 25 日確認柱狀體變更短了，則是低點反轉訊號，44 元可進場作多，波段順利上漲，9/10 最高來到 57.6 元。

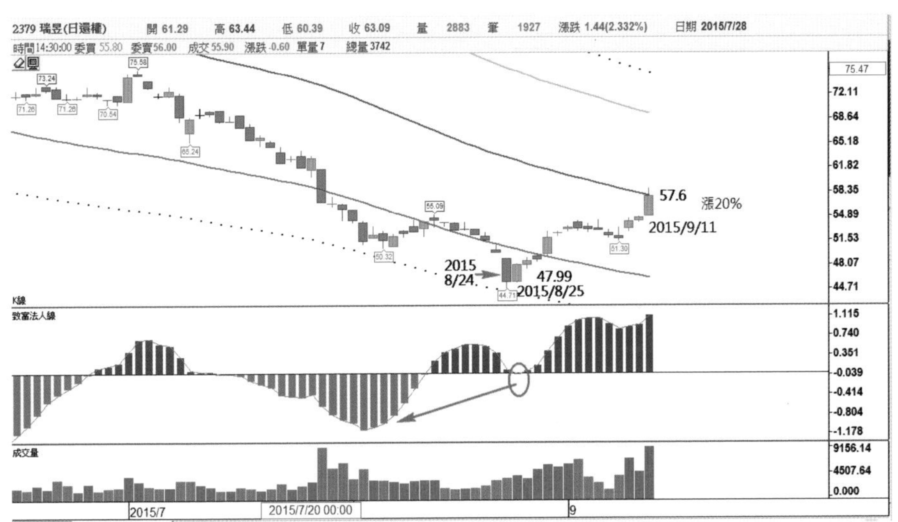

【進出場操作手法—放空】

1. 定義：當股價創新高，致富法人線的柱狀體與前波同顏色柱狀體相比，柱狀體並沒有創新高，2 日內確認柱狀體變更短了，則是高點反轉訊號，可進場放空或有做多股票先獲利出場。
2. 停損點：設在股價創新高的價位，如果放空股票之後，股價沒有順利向下，卻向上突破創新高，就必須停損出場。
3. 選股做多小技巧：2 日內確認柱狀體變更短的當天，股價最好選跌深的長黑 K，中小型股跌 5% 以上，大型股跌 3% 以上。

操作範例　放空：2609 陽明

2015/3/18 股價創新高 19.25 元，致富法人線的柱狀體與前波同顏色柱狀體相比，柱狀體並沒有創新高，隔天柱狀體變更短了，則是高點反轉訊號，可進場放空，果真股價一路大跌 2015/5/18 股價 13.5 元。

操作範例　放空：2823 中壽

2015/5/29 股價創新高 31.15 元，致富法人線的柱狀體與前波同顏色柱狀體相比，柱狀體並沒有創新高，6/2 柱狀體變更短了，則是高點反轉訊號，可進場放空，果真股價一路大跌 2015/8/24 股價 21.9 元。

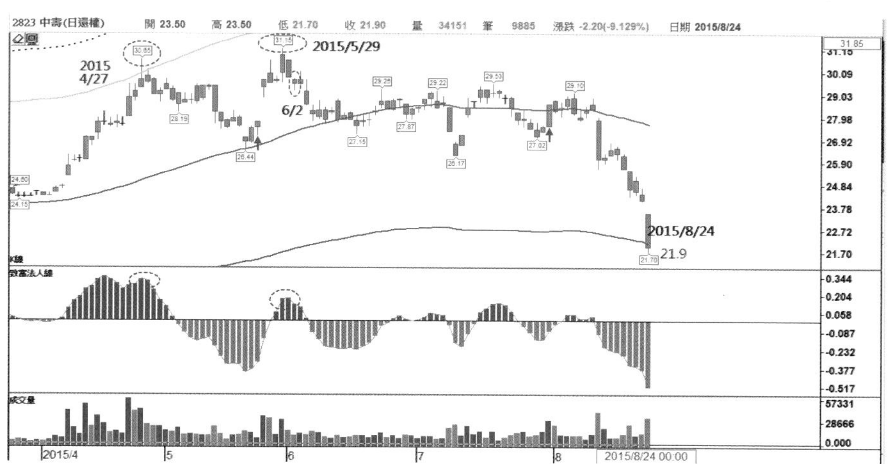

2015/4/24 股價創新高 43.95 元，致富法人線的柱狀體與前波同顏色柱狀體相比，柱狀體並沒有創新高，4/28 確認柱狀體變更短了，則是高點反轉訊號，可進場放空，果真股價一路大跌 2015/8/24 股價 30.05 元。

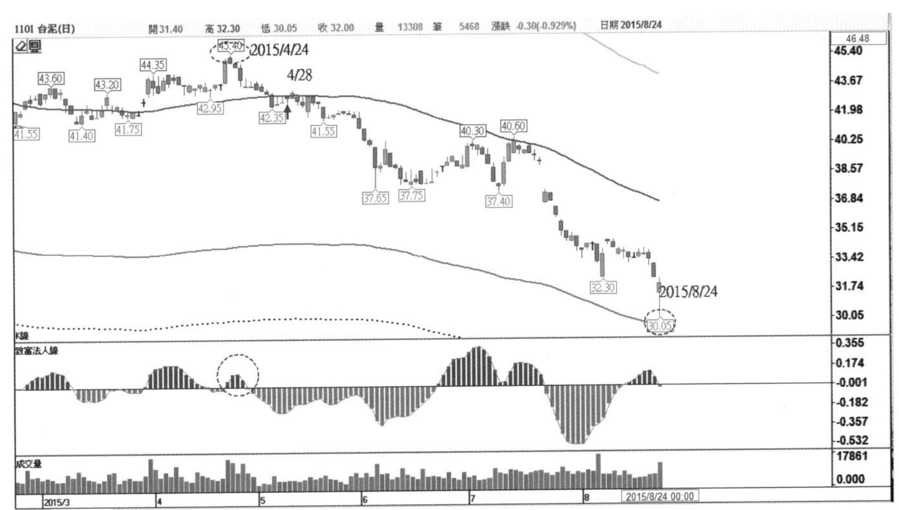

保守型投資人如何穩賺不賠？

其實可用龍頭型績優股加上致富法人線做為進出依據！

電子股的波動總是特別大，雖然獲利快，但想對風險也高，所以我覺得退休族可以鎖定傳產龍頭型的績優股，因為傳產股的景氣循環比較明顯並且每年有配息，所以會比較安全。只要等待低點反轉訊號出現再進場，一個波段賺個 15% 左右，來回操作，每年 2 ～ 3 趟，每趟賺 10% ～ 15%，這樣報酬率也有 30%，比定存好多了。所以，股票可以從傳產龍頭型股票著手，只要出現下列的指標訊號，就進場做多，賺到了 10 ～ 15% 左右就可先出場。

例如通路商店的龍頭型績優股是誰？我們大家都知道是統一超（7-ELEVEN）：

範例 2912 統一超

2014/9/25 股價 205 元，創波段新低，但致富法人線的柱狀體與前波同顏色柱狀體相比，柱狀體並沒有創新低，9/30 日確認柱狀體變更短了，則是低點反轉訊號，218 元可進場做多，順利的波段上漲 2014/12/29 股價來到 248.5 元。漲幅 13.99%

範例 2303 聯電

2015/8/24 股價 9.92 元，創波段新低，但致富法人線的柱狀體與前波同顏色柱狀體相比，柱狀體並沒有創新低，8/25 日確認柱狀體變更短了，則是低點反轉訊號，10.45 元可進場做多，順利的上漲 9/14 股價來到 11.4 元。漲幅 10%, 雖突不多，但以聯電屬於大型股，已經很難得了。

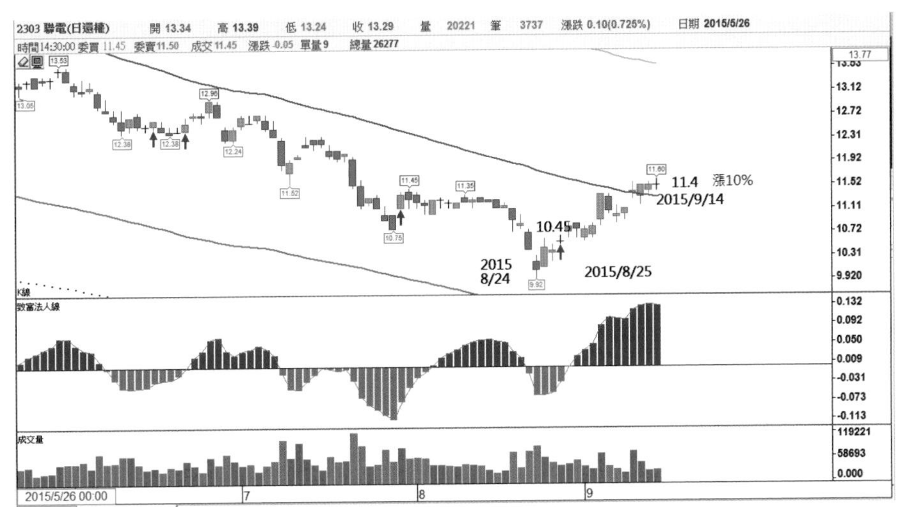

失敗案例分析 VS. 設定停損點

範例 1326 台化

在 2015/7/13 確認前一日是波段的最低點，進場做多。但台股 8 月重挫 14.5%，台化也跟著破底。龍頭型的股票因為有穩定的股息股利，所以即使破底，我們也會比較安心一點，隨者大盤波段 24 號見低點後，股價也開始反彈。但是為了避免碰到世紀的金融風暴等問題，可以在柱狀體又轉成灰色時，就賣出持股，這樣一來保有獲利，二來也可以避免正在走空的景氣趨勢型成，股價可能向正幅度擴大與超跌現象產生，造成短中長期的套牢。

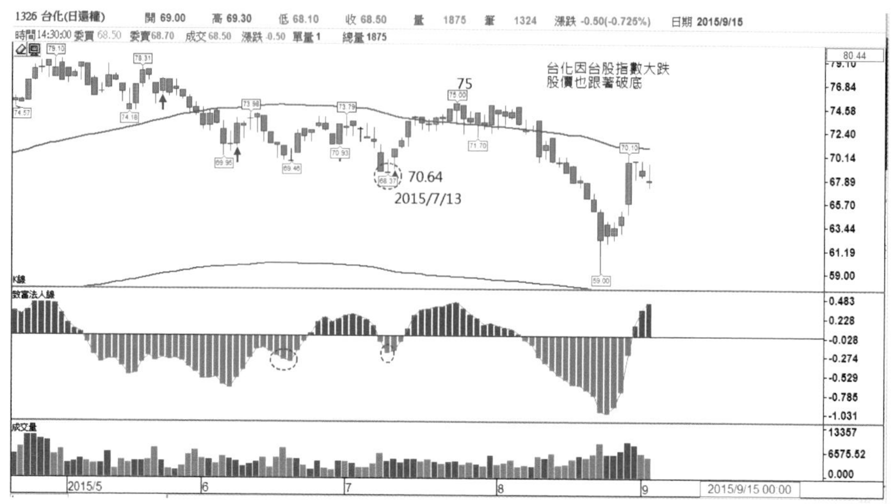

同時績優龍頭股每一年有穩建的股息股利，如果你不想停損，其實以長線投資的角度未來股價還是會還你公道的，以上一檔台化為例：台股經過一段修正之後，台化 2015/8/24 股價見低點 59 元，接近地線出大量之後股價也開始反彈，台化在 10/12，股價也創了短期新高，收在 76.5 元。

範例 1101 台泥

2015/8/24 日出現股價創新低 30.05 元，致富法人線的柱狀體與前波同顏色柱狀體相比，柱狀體並沒有創新低，2 日內出現確認柱狀體變更短了，則是低點反轉訊號，32.05 元進場，但在 9/24 柱狀體再次出現灰色柱狀體，可先出場 33.2 元。

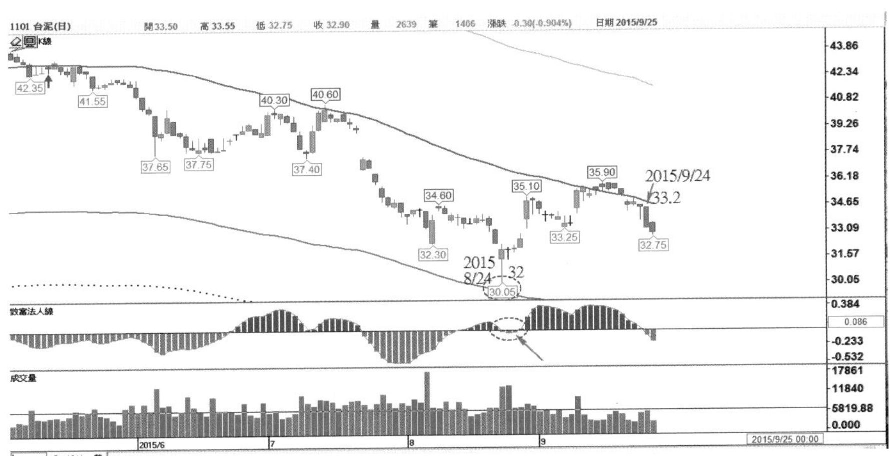

範例 多空線測驗題：2354 鴻準

請問：請指出向下反轉點與股價向上反轉點位置在那裡？

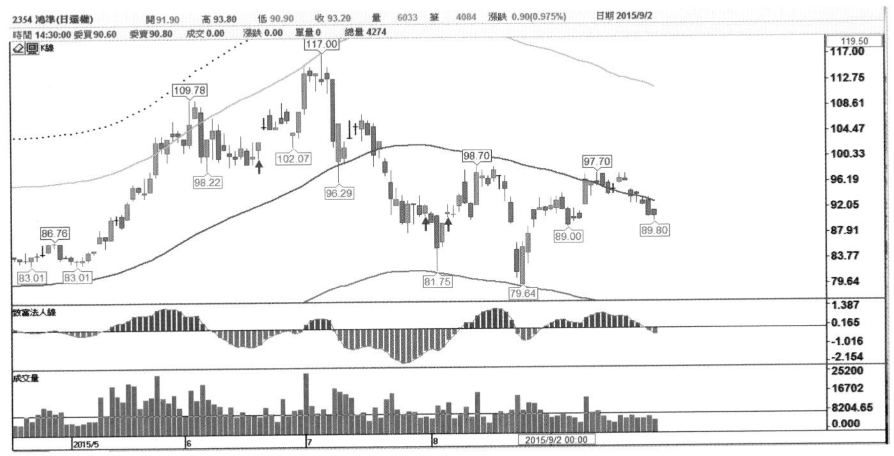

解答 第一個劃圈處向下反轉點，第二個劃圈處向上反轉點。

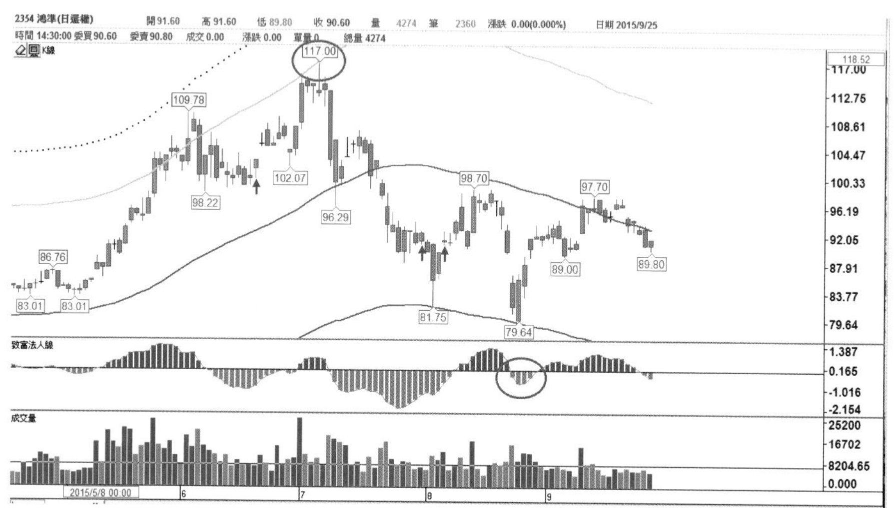

範例 反轉點測驗題：2379 瑞昱

請問：瑞昱的反轉點位置點

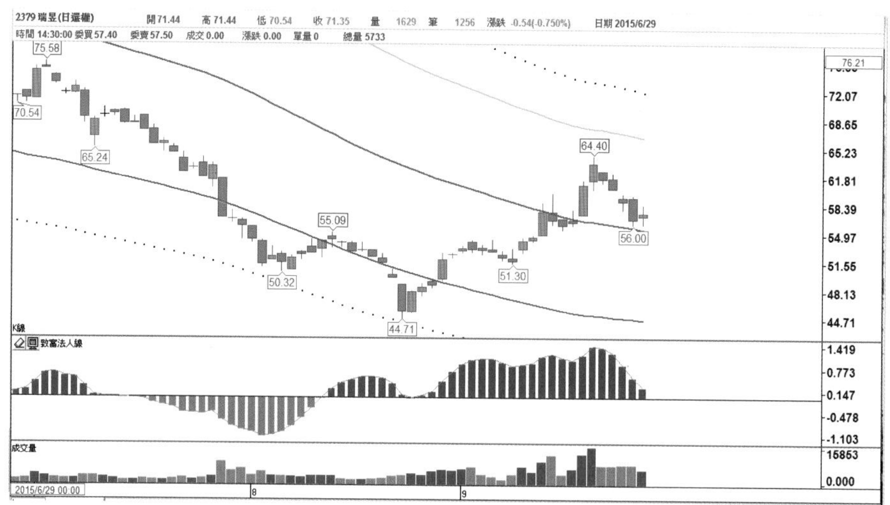

解答　2379 瑞昱向上反轉點正確解答：畫圈出

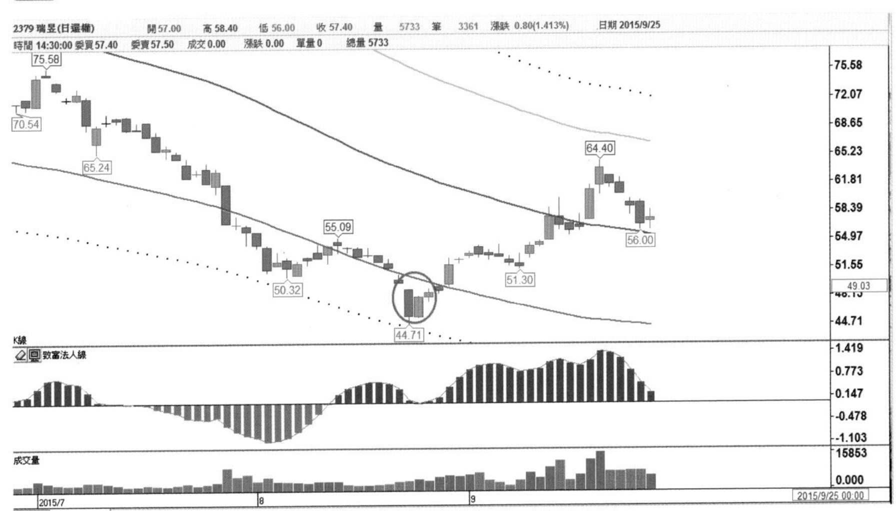

範例　反轉點測驗題：2409 友達

請問：友達向上反轉點位置點？

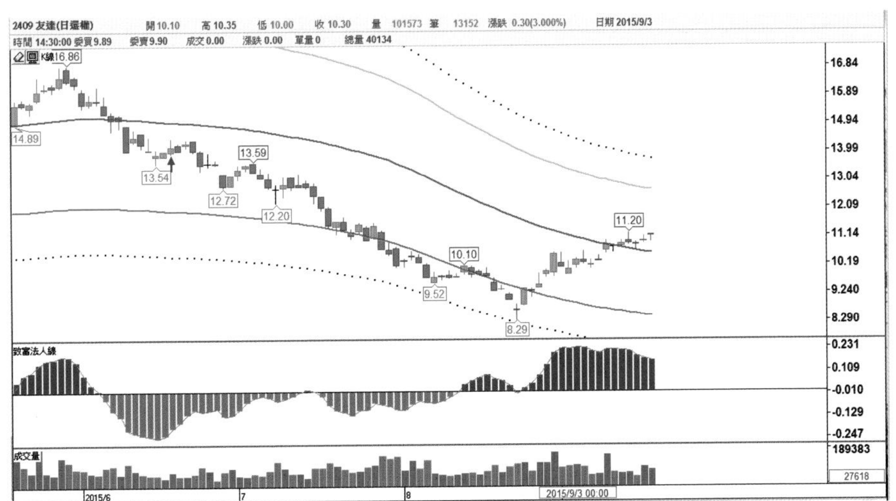

解答 2409 友達向上反轉點正確解答：畫圈處。

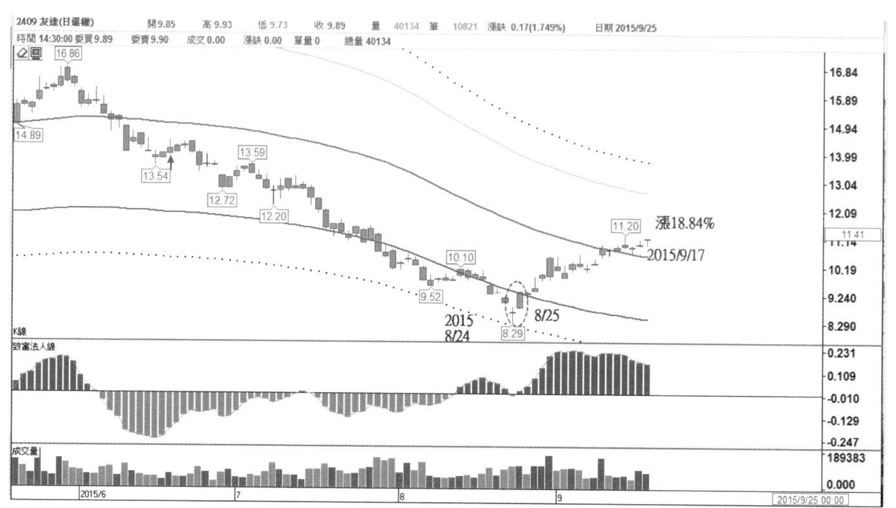

懶人投資法：讓你輕鬆打敗通膨

許多上班族因為上班很忙，回到家還要張羅家裡忙上忙下，實在沒有太多時間找股票，研究股票，那有沒有簡單一點，不要花時間選股票，風險又小，年化報酬又要能打敗通膨上漲的速度，有這種商品嗎？

答案是有的，那就是「台灣 50 指數 ETF」（代號 0050）。

何謂「台灣 50 指數 ETF」是目前國內熱門的衍生性金融商品，投資一檔台灣 50 指數 ETF 就等於投資台灣五十家最具代表性及潛力的公司。在證交所挑選出的 50 檔個股中，包括了電子、金融保險、塑膠、紡織及其他產業等，為了精確掌握市場脈動，這 50 檔成分股並不是永久的，證交所每季都會依照計算標準來調整成分股，以貼近市場。台灣 50 指數不僅佔了台灣股市市值的 7 成，並且與加權指數的連動關係係數達到 0.989。每年也能享受配息。

【A：多頭市場 0050 操盤法】

當季線 60MA 向上穿過年線 240MA，稱之為「黃金交叉時」，如果 0050 的 K 線跌破季線（60MA） 距離季線 -5% 時，先進場買 50%，如果 0050 的 K 線跌到了向上的年線（240MA），再買 50%，等向上漲了 5 ～ 10% 分批獲利了結。

需注意基期，如果大盤指數來到高檔區（8,600 點以上，則資金要保守操作，只用 3 成操作此多頭 0050 操盤法。

範例　多頭市場操盤法（0050）

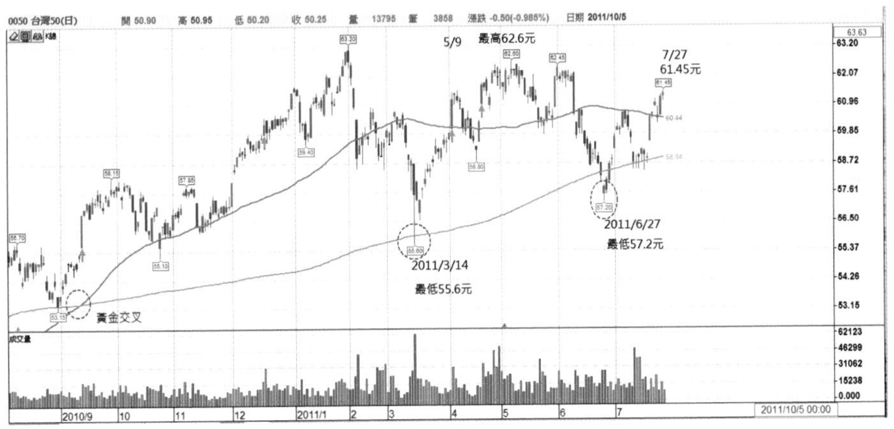

範例 多頭市場操盤法（0050）

【B：空頭市場 0050 操盤法】

當空頭市場：季線（60MA）向下穿過年線（240MA），稱之為產生「死亡交叉」，如果 0050 的 K 線跌破季線（60MA）距離 -8% 時先買 50%，如果 0050 的 K 線跌破季線（60MA）距離 -16% 時再買 50%，等向上反彈漲了 5 ～ 10% 分批獲利了結。

範例 空頭市場操盤法 0050

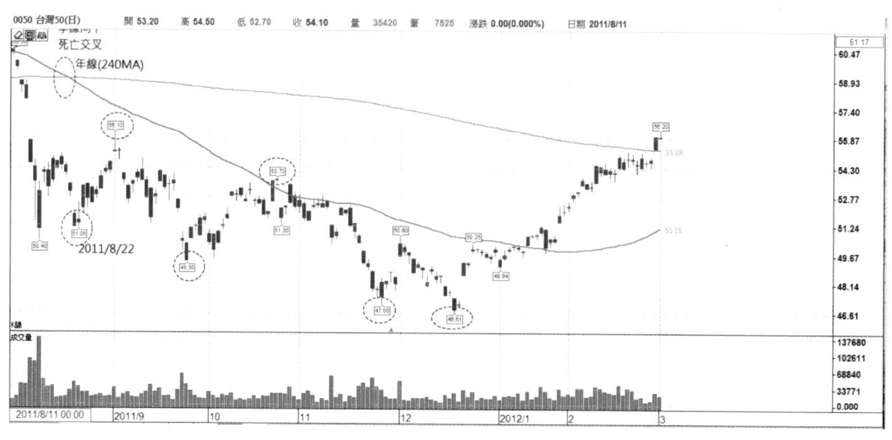

範例 空頭市場操盤法 0050

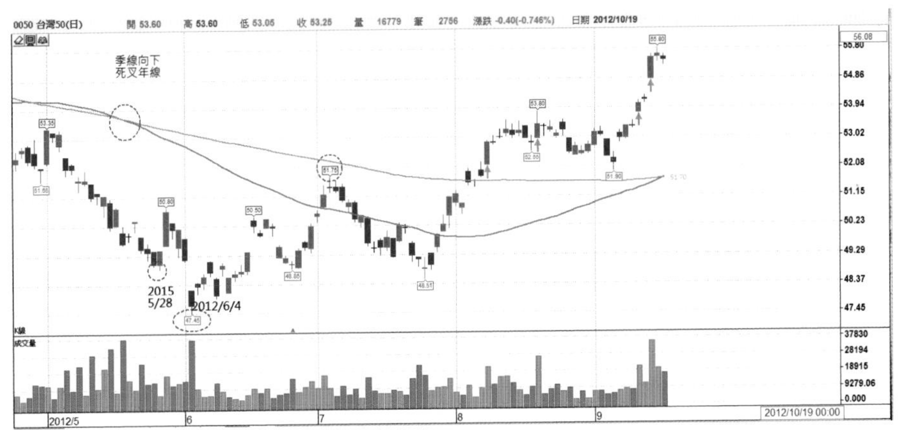

當我們股票可以操作到「賺多少賠」的階段之後，我們就要來用賺到的錢一半來投資更高槓桿的金融商品，追求快速獲利的機會，即使不心輸了，也只是輸掉股票賺到的一半金額，我們再繼續從股票上賺錢就好了。

註

1 大型股的波動通常會在天線與地線之間來來回回，小型股的股本小，如果有主力照顧股票，則「天線 1」只是短線壓力區，強勢整理幾天就有可能帶量突破天線往「天線 2」靠近與突破。

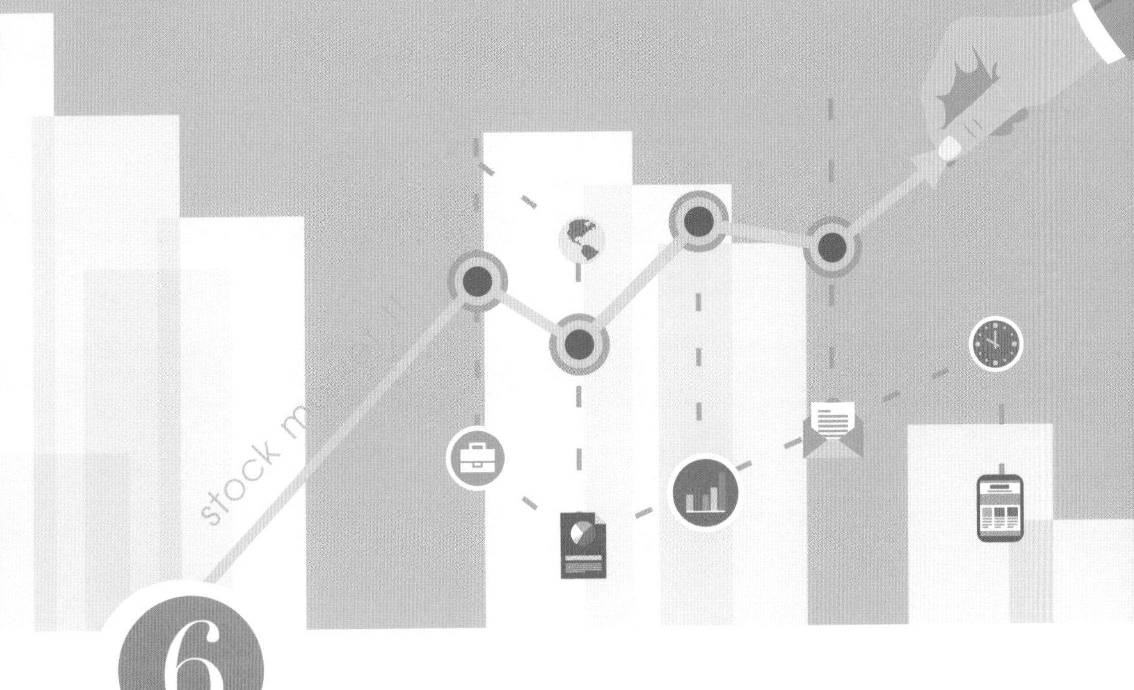

6

股市穩健獲利後，如何快速倍增財富？

本單元將介紹金融性延伸商品：加權指數期貨，有關加權指數期貨的一些基本認知，可上期交所網站取得相關資訊（http：//www.taifex.com.tw/chinese/2/TX.asp）。

操作指數期貨的投資朋友，首先你必須掌握的資訊是：

1. 市場上有錢人籌碼的方向？

有錢人包含（外資法人，前5大交易人，前10大交易人，投信），他們的期貨留倉部位是偏多還是偏空呢？

龍頭型股票佔台股權值比重大，如台積電、鴻海、富邦金控、國泰金控、台塑、大立光、聯發科、台泥、中華電信等台灣50指數成份股，這些股票有時候外資大買或大賣不一定是看好公司未來的展望才買超或看壞公司的基本面才大賣出脫持股，有時是為了策略性應用才買進賣出這些權重股，為的就是操控指數漲跌。因外資在新加坡有摩台指數交易與台灣的台指期貨交易，對占權重較大的個股做出大買或大賣的行為。只是為了摩台指數多空方向來進行套利而已。

所以如果你是交易台指期貨，你就不能不懂「新加坡摩台指數」籌碼趨勢。

2. 新加坡摩台指數對台股加權指數期貨影響

其中有6個主要原因是你必需要懂的。

一　是摩台與台指期連動性達80%， 其中有6個主要原因是你必需要了解的。

二　是摩台與台指期的連動性達80%，摩台現貨成份股近100檔，市值台灣前一百大公司，接近交易比重7成，外資交易每日比重目前達30%，上市持股比重37%。因此參考摩台指就變成很重要數據資料。

MSCI 台股指數成份股						
公司代碼名稱	市值（百萬元）	佔台股大盤比重（%）	累加比重（%）	大盤 β 值	電子 β 值	金融 β 值
2330 台積電	3,448,741	25.80%	25.80%	1.23	1.09	
2317 鴻海	1,193,201	8.65%	34.45%	0.98	0.97	
2412 中華電	783,502	3.02%	37.47%	0.29	0.64	
2882 國泰金	488,709	2.50%	39.97%	1.26		1.34
2454 聯發科	324,532	2.43%	42.40%	1.54	1.12	
1301 台塑	464,062	2.38%	44.78%	1.02		
2308 台達電	383,138	2.24%	47.02%	1.12	1.26	
1303 南亞	454,436	2.15%	49.17%	1.14		
2881 富邦金	405,251	2.07%	51.24%	1.12		1.34
1216 統一	289,783	1.94%	53.18%	0.74		
2891 中信金	279,849	1.87%	55.05%	0.97		1.10
1326 台化	408,525	1.77%	56.82%	1.04		
2311 日月光	273,441	1.72%	58.54%	1.24	0.89	
2886 兆豐金	275,396	1.72%	60.26%	0.85		0.87
2002 中鋼	270,640	1.60%	61.86%	0.81		
2357 華碩	203,516	1.52%	63.38%	0.87	0.84	
3008 大立光	246,818	1.46%	64.84%	1.75	1.42	
3045 台灣大	340,373	1.31%	66.15%	0.34	1.22	
2892 第一金	169,051	1.07%	67.22%	0.56		0.53
2382 廣達	194,676	1.07%	68.29%	0.95	0.90	
2303 聯電	141,615	1.06%	69.35%	1.10	0.70	
2474 可成	156,775	1.05%	70.40%	1.32	1.28	
4938 和碩	173,361	1.01%	71.41%	1.25	1.26	
2884 玉山金	137,167	0.97%	72.38%	0.72		0.78
2325 矽品	162,986	0.90%	73.28%	0.69	0.55	
2912 統一超	202,206	0.88%	74.16%	0.91		
4904 遠傳	216,364	0.83%	74.99%	0.35	1.03	
2883 開發金	112,381	0.80%	75.79%	1.38		1.29
2885 元大金	115,164	0.75%	76.54%	1.20		1.13
5880 合庫金	145,600	0.75%	77.29%	0.62		0.54
9904 寶成	125,386	0.74%	78.03%	1.28		
2880 華南金	143,146	0.73%	78.76%	0.74		0.67
6505 台塑化	732,546	0.69%	79.45%	0.88		
1101 台泥	96,366	0.68%	80.13%	0.89		
2207 和泰車	187,886	0.67%	80.80%	1.39		
2105 正新	166,933	0.66%	81.46%	0.76		
2409 友達	91,719	0.65%	82.11%	1.32	0.87	
2890 永豐金	86,733	0.65%	82.76%	1.00		0.93
2887 台新金	90,371	0.64%	83.40%	1.03		0.92
3481 群創	95,551	0.64%	84.04%	1.37	0.93	
1402 遠東新	132,216	0.62%	84.66%	0.85		
1476 儒鴻	107,998	0.59%	85.25%	1.01		
2324 仁寶	78,468	0.59%	85.84%	1.29	1.20	
2823 中壽	79,328	0.59%	86.43%	1.29		1.26
2801 彰銀	128,551	0.56%	86.99%	0.71		0.63
3034 聯詠	70,587	0.53%	87.52%	1.39	0.95	
3474 華亞科	145,090	0.51%	88.03%	1.48	1.03	
2395 研華	130,478	0.51%	88.54%	0.99	1.04	
2301 光寶科	70,515	0.50%	89.04%	0.88	0.78	

1102 亞泥	85,885	0.47%	89.51%	0.77		
4174 浩鼎	0	0.46%	89.97%			
9921 巨大	74,638	0.44%	90.41%	1.22		
2354 鴻準	83,283	0.42%	90.83%	1.37	1.28	
5871F- 中租	57,759	0.41%	91.24%	1.26		
9910 豐泰	101,682	0.40%	91.64%	1.21		
2356 英業達	77,669	0.40%	92.04%	0.87	0.92	
2888 新光金	63,721	0.40%	92.44%	1.02		0.92
2498 宏達電	58,530	0.37%	92.81%	1.17	1.81	
1504 東元	49,867	0.37%	93.18%	1.06		
3702 大聯大	49,920	0.35%	93.53%	0.85	1.09	
6239 力成	51,112	0.34%	93.87%	0.84	0.52	
3231 緯創	43,571	0.33%	94.20%	1.13	1.15	
2347 聯強	48,212	0.32%	94.52%	0.93	1.20	
2618 長榮航	69,847	0.28%	94.80%	0.71		
2834 臺企銀	44,397	0.26%	95.06%	0.65		0.58
2379 瑞昱	37,316	0.26%	95.32%	1.25	0.70	
2385 群光	47,578	0.26%	95.58%	0.60	0.38	
1722 台肥	40,670	0.26%	95.84%	0.85		
9945 潤泰新	54,391	0.26%	96.10%	1.14		
3658 漢微科	0	0.26%	96.36%			
5347 世界	0	0.26%	96.62%			
8299 群聯	0	0.25%	96.87%			
2353 宏碁	32,860	0.25%	97.12%	1.38	1.34	
2610 華航	61,548	0.24%	97.36%	0.78		
9914 美利達	43,951	0.24%	97.60%	1.14		
2915 潤泰全	51,402	0.22%	97.82%	1.15		
1227 佳格	61,038	0.22%	98.04%	0.98		
2542 興富發	40,365	0.21%	98.25%	0.85		
6121 新普	0	0.21%	98.46%			
6176 瑞儀	28,460	0.21%	98.67%	1.31	0.80	
4958F- 臻鼎	52,309	0.21%	98.88%	1.46	1.22	
2201 裕隆	45,615	0.20%	99.08%	1.01		
2049 上銀	30,024	0.18%	99.26%	1.05		
1434 福懋	47,844	0.17%	99.43%	1.08		
2603 長榮	41,797	0.16%	99.59%	0.98		
3682 亞太電	33,883	0.15%	99.74%	1.21	1.91	
5264F- 鎧勝	45,690	0.14%	99.88%	1.39	1.27	
2451 創見	35,150	0.12%	100.00%	1.08	0.58	

資料來源：MSCI 台股指數成分股表單出處：https：//www.emega.com.tw/z/zm/zmd/zmdc.djhtm

三　是匯率的風險，摩台是以美元計價，可避免匯率貶值的風險。

四　是交易所規則不同， 台指期每筆交易口數限制 100 口，新加坡摩台沒有交易口數限制。

五　是摩台指期的未平量遠高於台指期未平量。摩台未平倉口數每月超過 10 多萬數口，遠大過台灣期貨未平倉量 1~2 萬口。

六　是空頭避險 & 多頭避險，外資在現貨買超千億元之後，為了要避免系統性風險產生，以財務工程概念，外資會放空期貨避險。

七　是外資的組成：大陸資金、美系資金、歐系資金，其中有長線基金（共同基金、退休基金）這些比較長期資金是以長線趨勢為主。方向定了，就不容易改變。

短線基金（對沖基金、索羅斯量子基金等）以短線為主，講絕對報酬所以期指波動會比較大。因此，你想透過台指期貨來賺錢，你就必需先掌握新加坡摩台指數的趨勢，看新加坡摩台未平倉量是偏多還是偏空，來幫助你波段單與當冲當的操作參考。但是摩台只能查到未平倉口數，無法查到留倉是多還是空？這一點，只能從外資轉倉量價試算出平均成本，之後再等待波動後的方向確認，即可列入趨勢方向參考。

我很榮幸認識一位金融業期貨部法人朋友，他們透過 2 年來觀察統計與實戰驗證，最後研究出一套高勝率的「摩台的平均成本」統計數據。用摩台指開新倉的未平倉量平均成本，協助判斷外資在摩台是朝向那個趨勢方向。因此，每月摩台結算後的第一天，即可統計出隔月摩台新倉指數的平均成本是多少點，只要摩台站上平均成本＋ 5 以上就偏多，跌破－ 5 就偏空，外資留倉的趨勢就出現，當然，金融市場上沒有 100% 的事情，外資偶爾也會輸，所以如果有了數據，操作紀律也要好，嚴設停損，讓資金得以有效運用，才是長久存活的秘訣。

所以摩台平均成本可幫助我們判斷台指期當月支撐與壓力，並且也可以掌握外資趨勢方向，這樣操作台指期貨就更有信心，更加穩建了。因為台指期貨的操作槓桿較大，必須有嚴格的技術分析訓練與紀律，所以請務必謹慎小心[註1、2]。

3. 如何運用摩台當日平均成本做期指當沖？

每天的摩台外資平均成本算出之後，隔日就可以將昨日的成本當作今天的摩台支撐與壓力參考。站上且站穩，期貨偏多操作，跌破反彈站不上，期貨偏空操作。直接看摩台 1 分 K 線，操作台指期即可。如果你對於摩台的籌碼平均成本取得有興趣，歡迎可來電報名學習相關摩台的相關課程哦。

範例 2015/10/1，10 月摩台新倉平均成本 300.7 點，盤中拉高。

309 點已超過 305.7 點 (300.7 ＋ 5 大點＝ 305.7 點），方向出現趨勢偏多，但美股道瓊指數從 17,689 大跌至 8/24 的 15,370 點，跌了 2,300 多點，道瓊指數盤整到 9 月底 16,284 點，並且國際股市均呈現空頭排列，股市恐慌氣氛未消，但是 2015/10/1 摩台卻逆勢出現多方趨勢，所以用 N 字型操作，逢拉回作多。

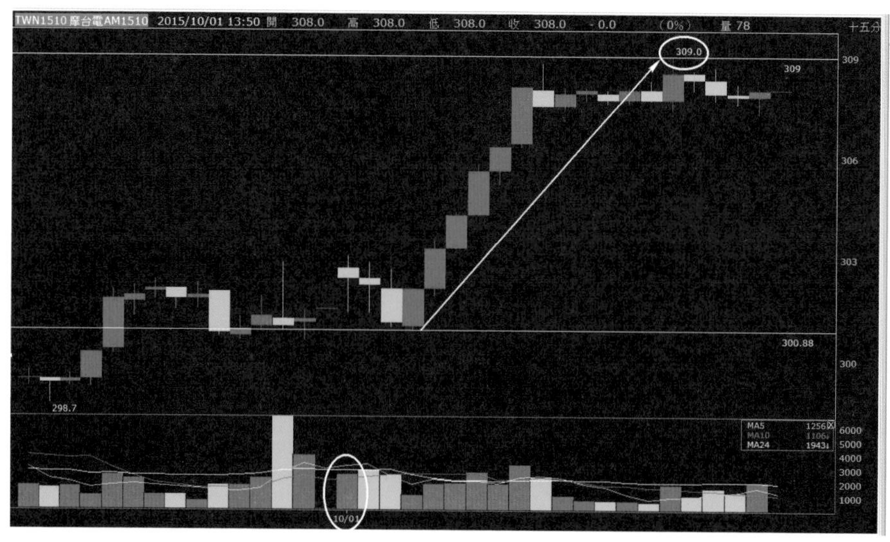

10/16 用摩台 15 分 K 線觀察，果真是用 N 字型上漲法。

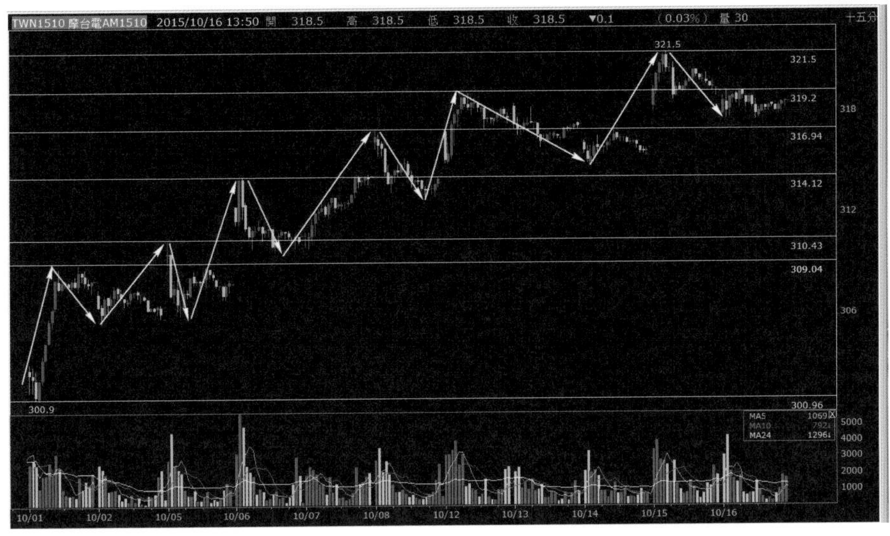

摩台指從 10/1 的每個壓回均是買點（直接買進台指期）。

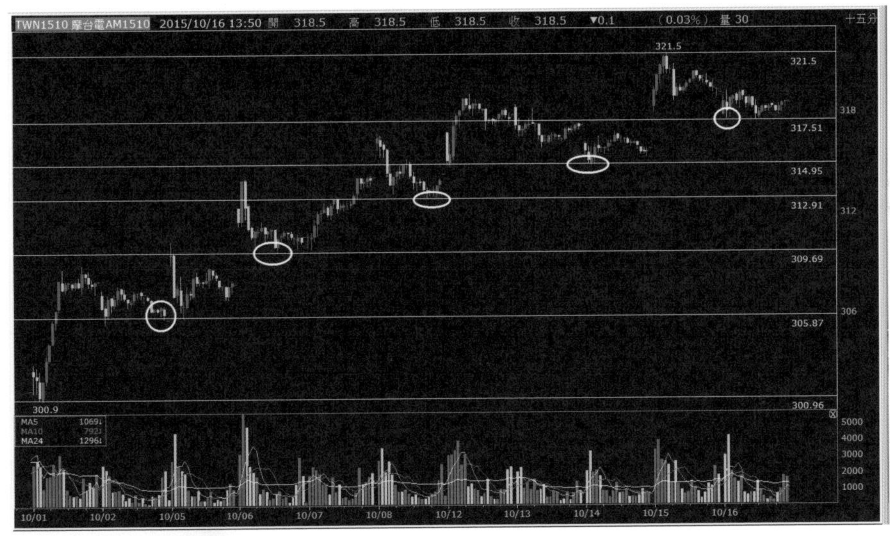

台指期（30 分 K）從 10/1 ～ 10/16 這段期間，壓回都是不錯的進場點，從 10/2 低點 8,254 點上漲 10/16 最高 8,668 點，波段上漲 414 點。

由此可知，摩台期指的趨勢對台指期的重要性。至於拉回何時低接，這個技術上問題，我們會在相關技術分析課程上分享，歡迎有興趣的朋友們一起來參加哦！

舉一個例子：

2015/10/15 早晨，美股 4 大指數收盤，道瓊指數，那斯達克指數，S&P500 指數全數收黑，費半漲，你覺得台指期會如何開盤？

我們看一下新加坡摩台期指數凌晨收漲 0.44%。

商品	成交	漲跌	幅度
道瓊指數	16924.75	157.14	0.92%
費城半導	645.7	23.416	3.76%
NASDAQ	4782.848	13.761	0.29%
S&P500	1994.24	9.45	0.47%
德國指數	9915.84	116.98	1.17%
巴黎指數	4609.03	34.35	0.74%

商品	成交	漲跌	幅度
摩根台指 1510	317.2	1.4	0.44%
摩根台指 1511	315.3	0.4	0.13%

結果：台指期貨指數，果然開高走高，盤中最高大漲 149 點。

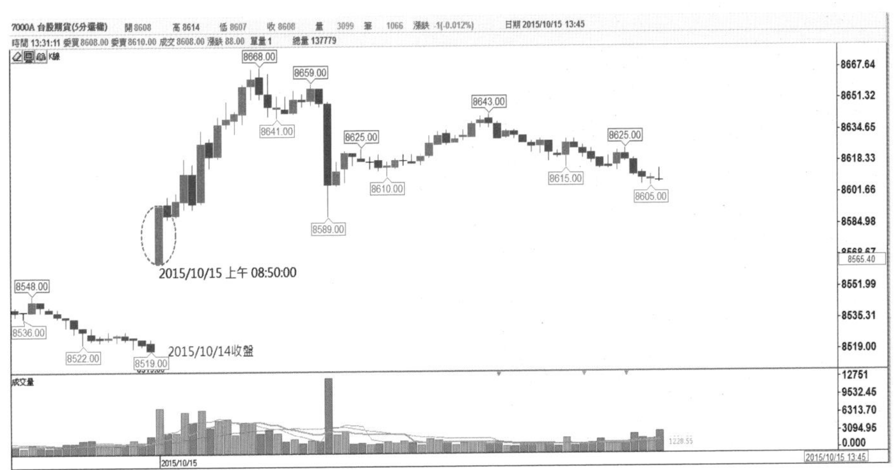

摩台盤中也是大漲 321.5 點，由於 10/1 新加坡摩台開倉平均成本 300.7 點，已經上漲近 20.8 點，波段漲幅滿足已經達了，所以盤中波動劇烈快速壓回 318.7 點。

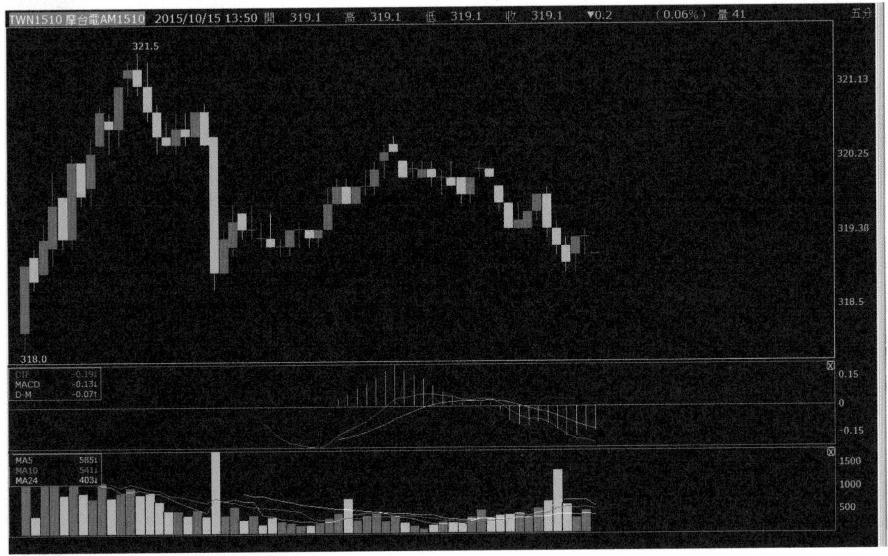

群組二			
商品	成交	漲跌	幅度
道瓊指數	17141.75	217	1.28%
費城半導	651.892	6.192	0.96%
NASDAQ	4870.1	87.252	1.82%
S&P500	2023.86	29.62	1.49%
德國指數	10064.81	148.96	1.50%
巴黎指數	4675.29	66.26	1.44%

摩台			
商品	成交	漲跌	幅度
摩根台指 1510	318.7	0.4	0.13%
摩根台指 1511	318.2	1.1	0.34%

第二天 2015/10/16 歐美股市因美國近期多項經濟數據公佈，並沒有如預期的好，所以投資市場認為今年 12 月以前預估美國升息機率非常低，所以歐美股大漲。

但是我們看一下新加波摩台期指數 16 日淩晨，收跌 0.13% 收盤跌 0.4 點。

所以台指期開低機會率大，果然台指期開低 27 點，未到 8,588 點。

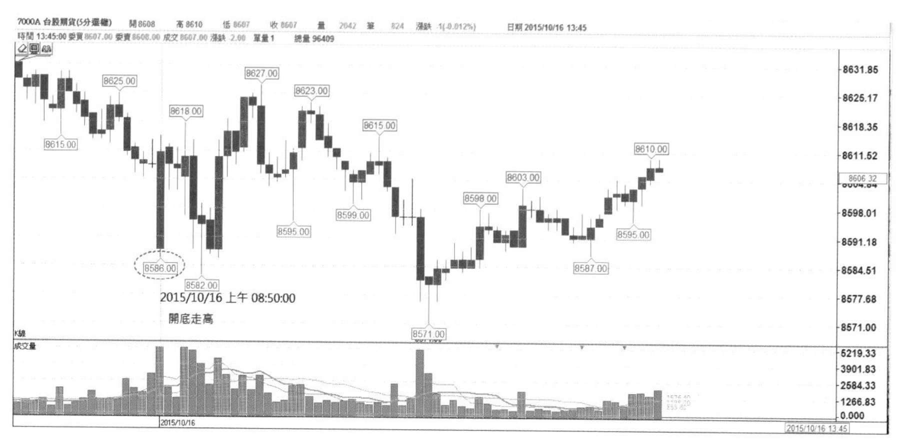

容我再舉一特殊案例：

11 月的摩台開倉（10/30）的未平倉成本 321.3 點。

1. 2015／10／30（週五）摩台指收了十字線，收盤 316 點，盤中最低 313.8 點，摩台趨勢出現方向偏空（ps：轉倉成本 321.3-5=316.3 點）。
2. 2015／11／2（週一）摩台指開低走高收紅 K，盤中最低 313.2 點，收盤 316.5 點。
3. 2015／11／3（週二）摩台指跳空開高走高收紅 K，收盤 322.4 點。

你是否覺的奇怪，怎麼走勢不是向下，卻反向朝上漲了呢？

4. 2015／11／4（週三）摩台指跳空開高走高收長紅 K，為何不跌卻大漲呢？

答案揭曉：大盤兩岸領導人 11/7（週六）將在新加坡舉辦兩岸領導人會談，兩岸 66 年來第一次，稱之「習馬會」或「馬習會」，台指期大漲 1.84%（漲 161 點），摩台收盤 329.3 點。

（321.3 ＋ 5 ＝ 326.5）趨勢反向，要有紀律停損，盤中摩台指來到了 326.3 點執行停損。因為台灣 66 年來從沒有過的政治利多，先退出觀望。

5. 2015／11／5（週四）摩台指開低走低收小黑 K，摩台收盤 328.2 點，為何又不漲了呢？
6. 2015／11／6（週五）摩台指開低走低收長黑 K，摩台收盤 320.3 點，今天卻又大跌？

7. 2015 ／ 11 ／ 9（週一）摩台指開低走低收長黑 K，摩台收盤 319.2 點，今天又續跌？

8. 2015 ／ 11 ／ 10（週二）摩台指跳空開低走低收黑 K，摩台收盤 315.1 點，今天又續跌，摩台跌破 316.3 點，方向又回到開倉時的空頭方向，空方趨勢出現，留倉期指空單（ps：轉倉成本 321.3 － 5 ＝ 316.3 點）。

9. 2015 ／ 11 ／ 11（週二），歐美股市收盤小漲小跌，道瓊小漲 27 點，韓國股市漲 0.034%，上證漲 0.26%，但摩台卻跳空開低走低收長黑 K，收盤 309.4 點，台指期跌幅全球最大 -1.78%（152 點），為何無風無雨台股殺聲隆隆？

答案很明白的是，新加坡外資要賺期貨空單 14 萬多口倉位的錢。

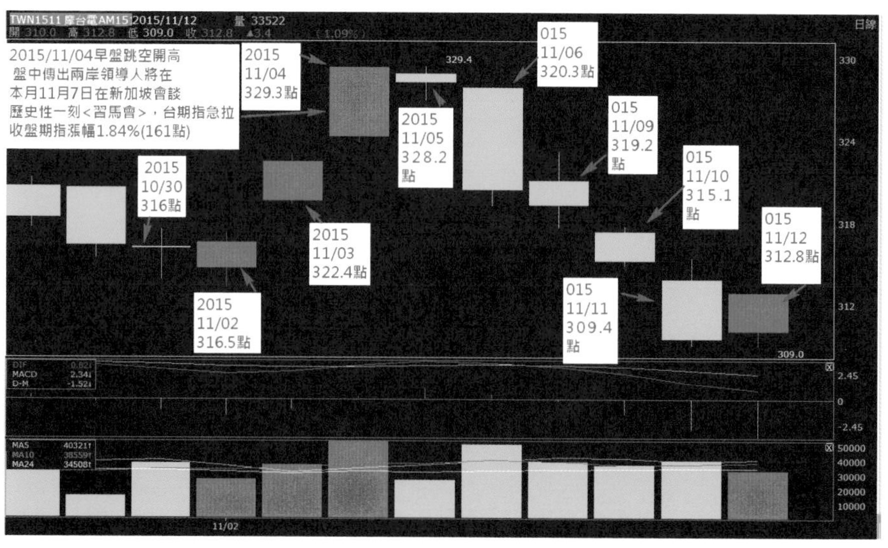

10. 2015／11／16（週一） 摩台最低來到 302.5 點，已來到摩台平均 11 月開倉成本 321.3 點，接近獲利目標區 301.3 點。
11. 2015／11／17（週二）台股今天立院三讀通過 明年 1 月 1 日起廢除證所稅，台股期貨大漲 150 點（1.8%）收盤 8440 點 . 摩台收盤 309.8 點。
12. 2015／11／18（週三）台指期結算日，美股道瓊指數淩晨收盤小漲 6.49 點，韓股指數小跌 0.036%, 日經指數小漲 0.097%，但今日台股卻是全球最弱勢地區，台指期下跌 101 點（1.2%），摩台跌 1.96%（-6.1 點）。

若如下圖所示，即可印證與台指期關係密切的是「新加坡摩台指期」歐美股市會受影響，但並非是最直接影響。

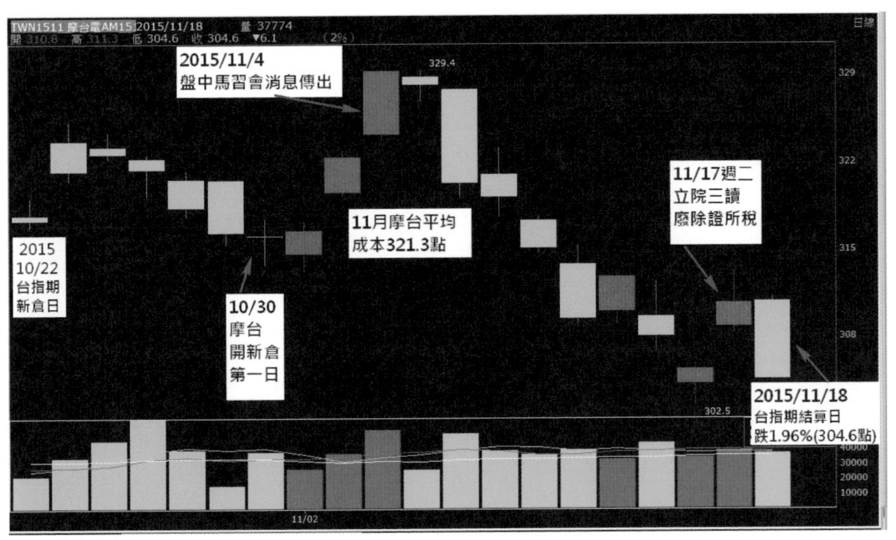

期指當沖贏家的關鍵因素

如果期貨留倉，怕隔日會有跳空風險，則可以操作「當沖交易」，不留倉。

當沖交易，當然要學習一套勝率高，並且要求自已能嚴守停損紀律，如果做不到！想要成為當沖贏家是不大可能的。

當沖贏家要掌握什麼資料呢？

首先，請判斷摩台外資的趨勢：

1. 新加波摩台結算後隔月的摩台平均成本是多少？你要知道。因為要判斷這個月外資的趨勢力向。
2. 台指期外資的留倉口數是多少？與前五大與前十大期貨口數多空淨額是多少？
3. 選擇權的買賣權未平倉量比率 %（P/C）

第二，順著趨勢作當沖：

1. 當天新加波摩台的移動平均成本是多少你要知道。把摩台的移動平均成本當做支撐與壓力位置。站上且站穩平均成本做多期指，確認跌破平均成本做空期指。

2015/10/6 摩台平均成本 312 點，收盤 307.8 點，10/7 盤中摩台突破 312 點，就做多期指。

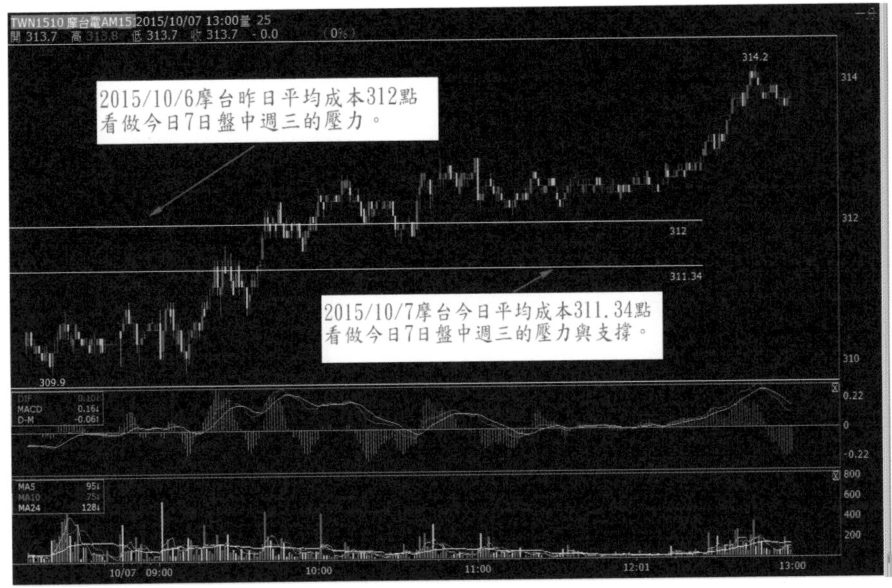

早盤摩台開小高之後走高，期指買盤力道慢慢轉強，我第一筆單：當沖單用低接策略：買進 8,373 點做多，8,396 點壓力區平倉，小賺 23 點，但是摩台突破 312 點，我決定追多，突破之後我下二筆單 8,423 點與 8,418 點二筆，均獲利平倉在 8,442 點。

8,438 點做多，平倉 8,446 點。

再做多 8,445 點與 8,447 點，平倉 8,443 點與 8,465 點。未計手續費／稅，共賺 83 點。

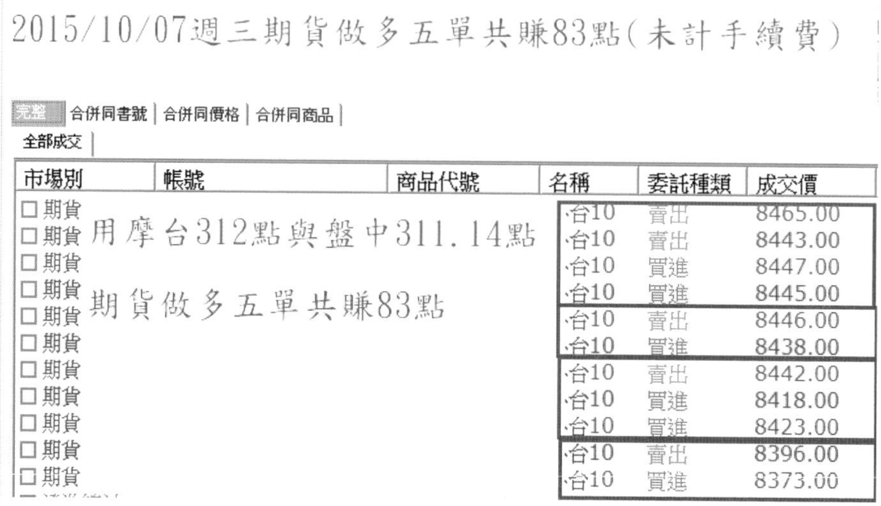

2015/10/07週三期貨做多五單共賺83點(未計手續費)

完整 | 合併同書號 | 合併同價格 | 合併同商品

全部成交

用摩台312點與盤中311.14點

期貨做多五單共賺83點

市場別	帳號	商品代號	名稱	委託種類	成交價
□期貨			台10	賣出	8465.00
□期貨			台10	賣出	8443.00
□期貨			台10	買進	8447.00
□期貨			台10	買進	8445.00
□期貨			台10	賣出	8446.00
□期貨			台10	買進	8438.00
□期貨			台10	賣出	8442.00
□期貨			台10	買進	8418.00
□期貨			台10	買進	8423.00
□期貨			台10	賣出	8396.00
□期貨			台10	買進	8373.00

2. 判斷今天的大盤是盤整盤或是趨勢盤？

期指的即時盤：

買賣力道與內盤外盤成交張數比參考，如果長紅趨勢盤者兩者會出現紅柱狀體，買賣力道差會高達 3000 以上，長黑趨勢盤者兩者會同時出現綠柱狀體，買賣力道差會高達 -3000 以上。

偏多盤整盤：

通常會出現一個是紅柱與一個綠柱不同方向。

偏空盤整盤：

買賣力道差 0 ～ 2990。至於盤中的支撐與壓力，與細部的技術分析，希望在未來課程有機會再與您分享。

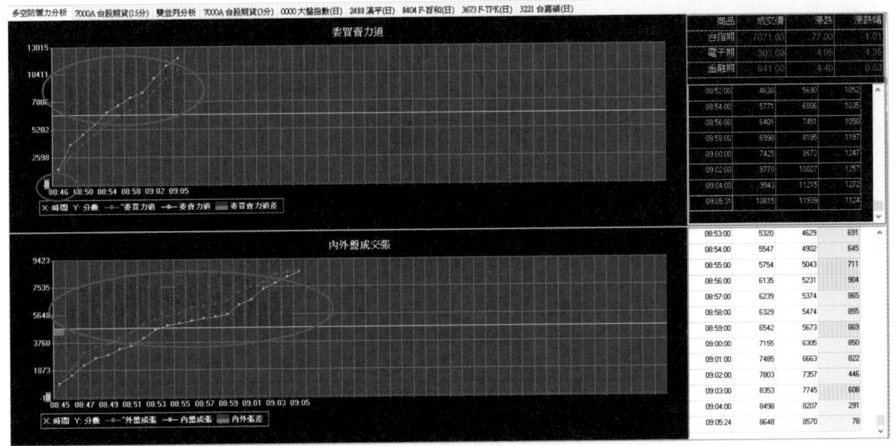

3. 判斷盤中盤勢之後，可選擇不同策略因應之。

A. 盤整盤偏多盤：做多「採低進——高出」策略，或「彈高放空——壓低回補」策略。

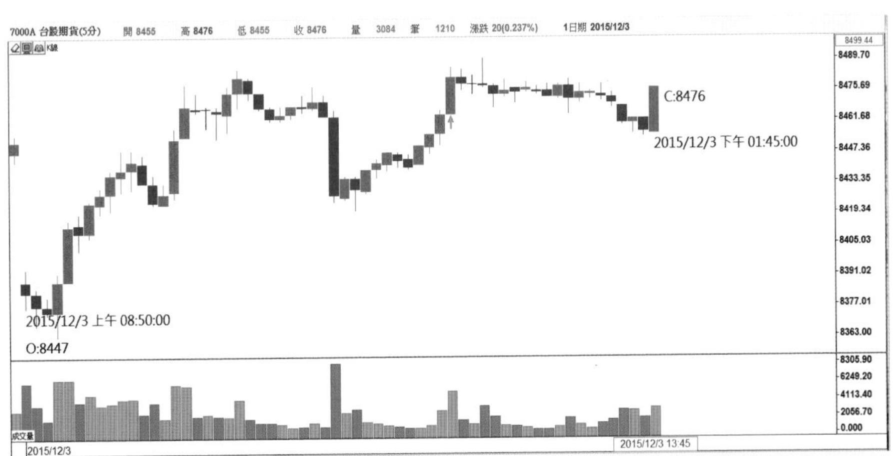

B. 盤整盤偏弱盤：做空「反彈遇壓不過高，放空策略，壓低則平倉」。

C. 長黑趨勢盤大殺盤：做空「小反彈則放空，壓低出場策略，指標底背離平倉」。

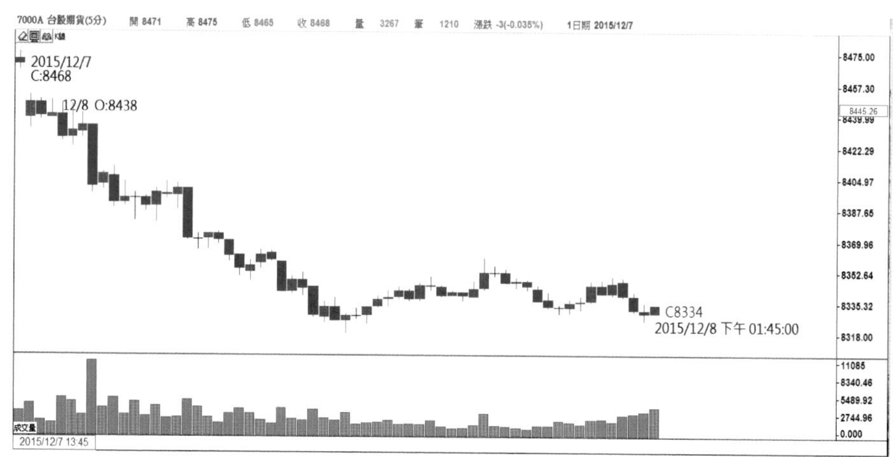

D. 長紅趨勢盤大漲盤做多：「小壓回則做多，逢高出場策略，指標頂背離平倉」。

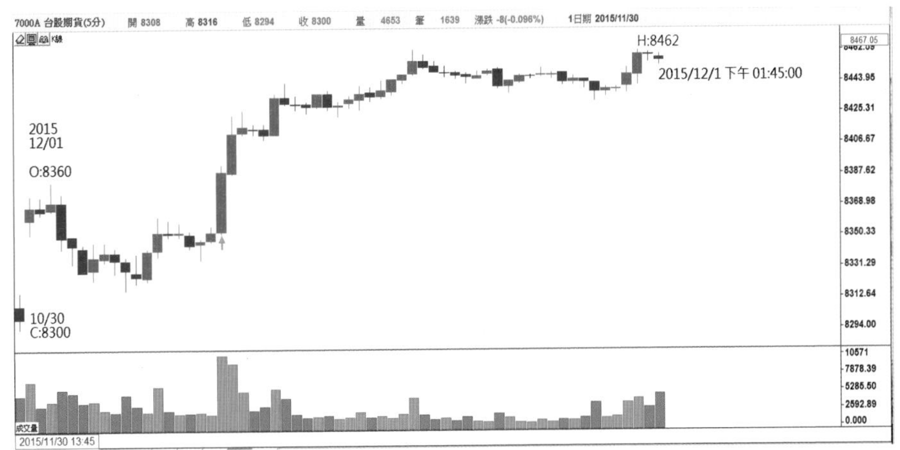

技術分析支撐與壓力參考資料常用的有 a. 三關價；b. 期指均價線；c. 摩台盤中平均成本價；d.《易經：河圖洛書》16 宮位支壓法：

《繫辭傳》曰「易有太極，是生兩儀，兩儀生四象，四象生八卦。」邵子曰：「一分為二，二分 為四，四分為八也。」八分為十六乃天機數。

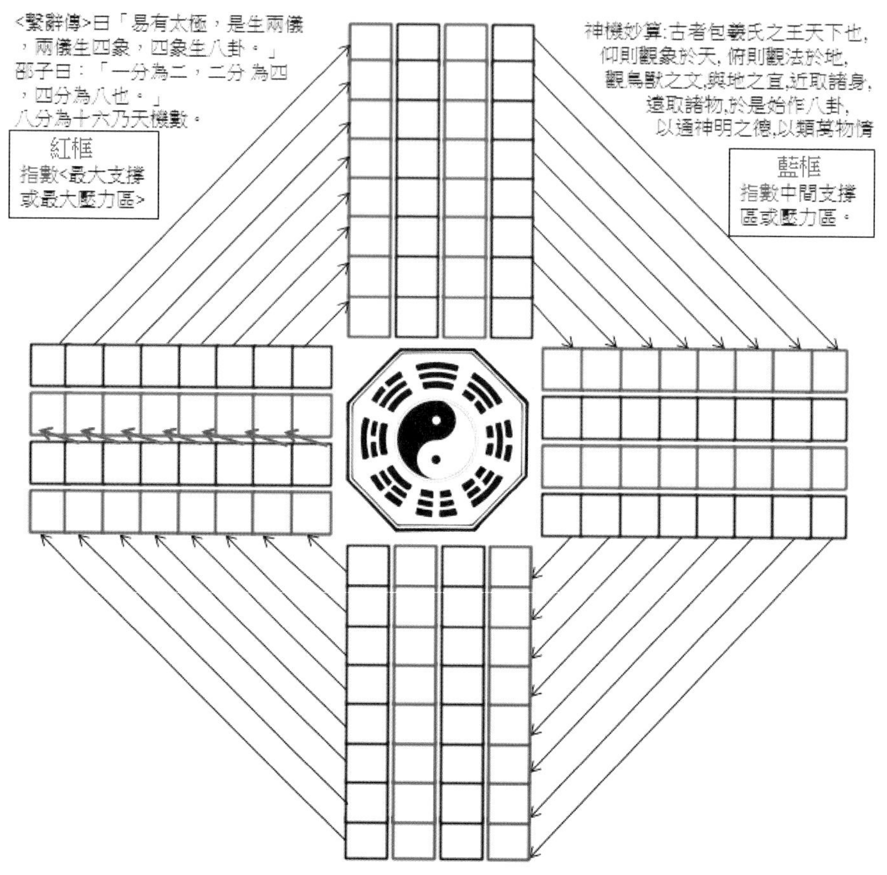

期指操作 5 大鐵律

1. 嚴設停損：趨勢出現，開始操作趨勢單，但如果趨勢不如預期，則要勇於停損，期貨市場裡， 能持續獲利者，是能控制資金與善於停損的人。

   舉以 100 萬資金為例：

a 假設：你的停損 10%，100 萬資金只剩 90 萬，則 90 萬需要賺 12% 獲利，才能回到本金。

b 假設：你的停損停損 20%，100 萬資金只剩 80 萬，則 80 萬需要賺 25% 獲利，才能回到本金。

c 假設：你的停損停損 30%，100 萬資金只剩 70 萬，則 70 萬需要賺 45% 獲利，才能回到本金。

d 假設：你的停損停損 40%，100 萬資金只剩 60 萬，則 60 萬需要賺 70% 獲利，才能回到本金。

e 假設：你的停損停損 50%，100 萬資金只剩 50 萬，則 50 萬需要賺 100% 獲利，才能回到本金。

2. 資金控管：留倉單：以 3 口的保證金，操作一口期貨，當沖單絕不留倉，尾盤一定平倉。
3. 要尊重趨勢，不隨意猜頭或猜底。
4. 當沖單一天停損超過二次則停止交易，休息當日不做單。
5. 只選單邊操作：今日要做多或做空選一邊操作。

誰能在期貨市場賺錢？

其實，具備以下特質的投資人，通常更有機會在股市勝出，分別是努力、細心、用心、耐心、良好紀律、資金控管能力以及勇氣。特別是「勇氣」，指的是要用「對」方向，勇於加碼，持續長抱到出現滿足訊號時再出場。但是反觀「勇氣」若用錯方向，那麼我們則更需要有設停損的勇氣。須知停損要養成習慣，讓它變得就跟呼吸一樣自然，請記住：小賠是通往長期成功的一部份。

神經語言學家研究發現：不熟悉的事物，如果不斷重複做 21 次以上，就可以記住 95%，繼續做下去，就會變身體的一部份，就會跟呼吸一樣了。

你或許會問？天啊！如果我連續停損 21 次，還有信心嗎？！

如果你真的停損 21 次，原因可能有以下 2 條：

第一條：你技巧真的可能有很大的問題！必須找出原因，重新導入操作模式，從模擬盤練習，勝率真的夠高了，再先從小台操作起，能累積贏的經驗與紀律考驗之後才能慢慢放大部位。

第二條：請看第一條。

期指交易操盤手，想的是生存問題，不設停損，無法生存下去，遑論信心……？

Stock 運用台灣 50 指數 ETF（代號 0050）

「台灣 50 指數 ETF」是目前國內熱門的衍生性金融商品，投資一檔台灣 50 指數 ETF 就等於投資台灣 50 家最具代表性及潛力的公司。

在證交所挑選出的 50 檔個股中，包括了電子、金融保險、塑膠、紡織及其他產業等，為了精確掌握市場脈動，這 50 檔成分股並不是永久的，證交所每季都會依照計算標準來調整成分股，以貼近市場。台灣 50 指數不僅佔了台灣股市市值的 7 成，並且與加權指數的連動關係係數達到 0.989，每年也能享受配息。

2015/10/30 摩台新倉第一天，判斷摩台方向出現，則運用 0050 來波段操作，也是一種選擇。但是還是要嚴設停損機制。趨勢方向不對了，則要停損出場，等方向再確認了我們再把部位建倉回來。

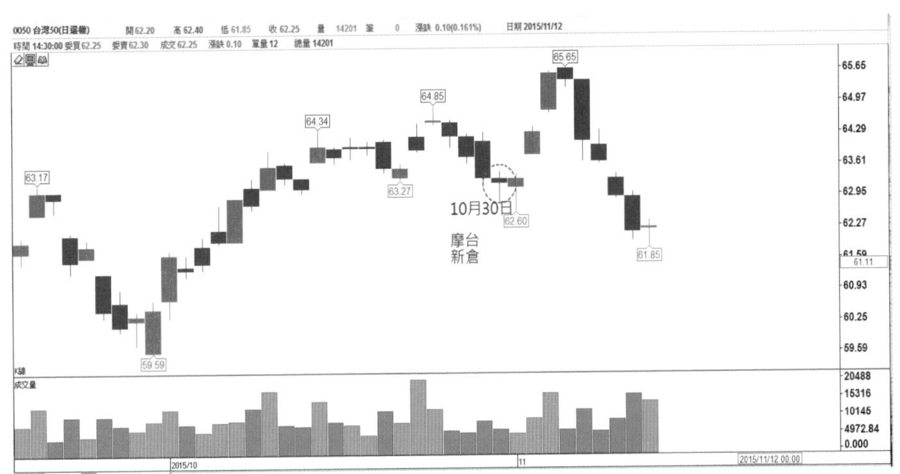

金融性延伸商品：台指選擇權

大盤指數選擇權，基本知識請上臺灣期交所（http：//www.taifex.com.tw/chinese/2/TXO.asp）。選擇權首重的是策略性運用，可分買權（CALL）與賣權（PUT），看大盤會大漲，就買進買權（CALL），看大盤會大跌，就買進賣權（PUT），市場上的有錢人常做賣方（Sell），看不漲！可 Sell 買權，看不跌！可 Sell 賣權。

切記，選擇權是給錢少的人翻身最佳工具，選擇權的價差策略，風險雖然不大，但獲利有限，風險也多半有限。如果你是做雙 S（Sell Call 與 Sell Put），那你就要小心黑天鵝的超大風險，可能賺

5 年，一次就輸光賠光還不夠。所以我們要在關鍵點出手選擇當選擇權買方，拿平常股市或期指當沖賺錢的一半來買選擇權（Buy Call 或 Buy Put），如果趨勢看對了，大盤又有大波動，我們投報率就有機會百倍的成長，你覺的這樣倍增財富速度是不是比較快呢？假如沒有如預期的方向大漲或大跌，頂多輸了你所買的權利金。反正也是從股市贏來的，輸了比較不會心疼。

選擇權權的功用就是給你技術分析看對方向趨勢時，就直接買多（B Call）或買空（B Put），大盤波動變大，就有機會一週內賺上百倍。如果只是為了賺幾 10%，就每天用期貨當沖，不留倉，這樣還比較安全。

舉一個例子：2015/6/3 大盤指數出現 3 個空方訊號

1. 月 BAIS 死亡交叉。
2. 跌破中線上升趨勢線。
3. 中線向下翻跌。

2015/06/03 買進，週 6W2 選擇權 9350PUT（8.8 點）。

委回 | 成回 | 進階回報 | 集保庫存與資券明細 | 證券即時庫存 | 即時對帳單 | 證券即時損益試算 | 對帳單 | 證券網路交易額度 | 交割款 | 股票申購

帳號 期貨 F　蕭　顯示筆數 預設50筆　查單一商品　查詢　功能檢視開關

重新查詢　清除勾選符號　匯出資料　計算成交均價

市場別：全部　證券　期權　上市　上櫃　期貨　選擇權　買賣別：全部　買　賣

完整 | 合併同書號 | 合併同價格 | 合併同商品

全部成交

市場別	帳號	商品代號	名稱	委託種類	成交價	成交量	委託書
□選擇權	F0: 蕭	TX209350R5	台選W…	新倉買進	8.70		65
□選擇權	F0: 蕭	TX209350R5	台選W…	新倉買進	8.80		79
□選擇權	F0: 蕭	TX209350R5	台選W…	新倉買進	8.80		78
□選擇權	F0: 蕭	TX209350R5	台選W…	新倉買進	8.80		71
□選擇權	F0: 蕭	TX209350R5	台選W…	新倉買進	8.80		77
□選擇權	F0: 蕭	TX209350R5	台選W…	新倉買進	8.80		55
□選擇權	F0: 蕭	TX209350R5	台選W…	新倉買進	8.80		53
□選擇權	F0: 蕭	TX209350R5	台選W…	新倉買進	8.80		88
□選擇權	F0: 蕭	TX209350R5	台選W…	新倉買進	8.80		92
□選擇權	F0: 蕭	TX209350R5	台選W…	新倉買進	8.90		05
□選擇權	F0: 蕭	TX209350R5	台選W…	新倉買進	8.50		83
□選擇權	F0: 蕭	TX209350R5	台選W…	新倉買進	8.70		97
□選擇權	F0: 蕭	TX209350R5	台選W…	新倉買進	9.00		78

台股大盤隔日 6/4 大跌 204 點，9350PUT 變成多少呢？

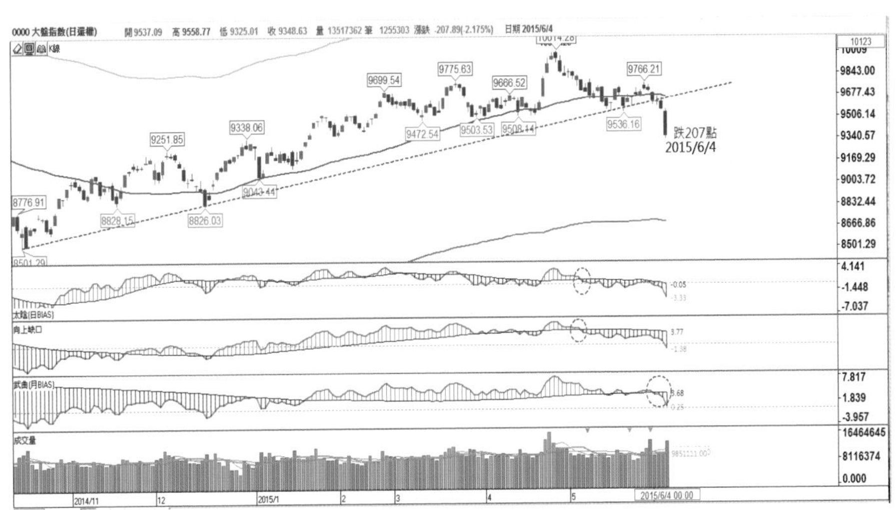

6/4 週選擇權 9350PUT 盤中最高 85 點，漲幅 13 倍，我則出在 67 點～ 72 點，小賺 7 倍左右。

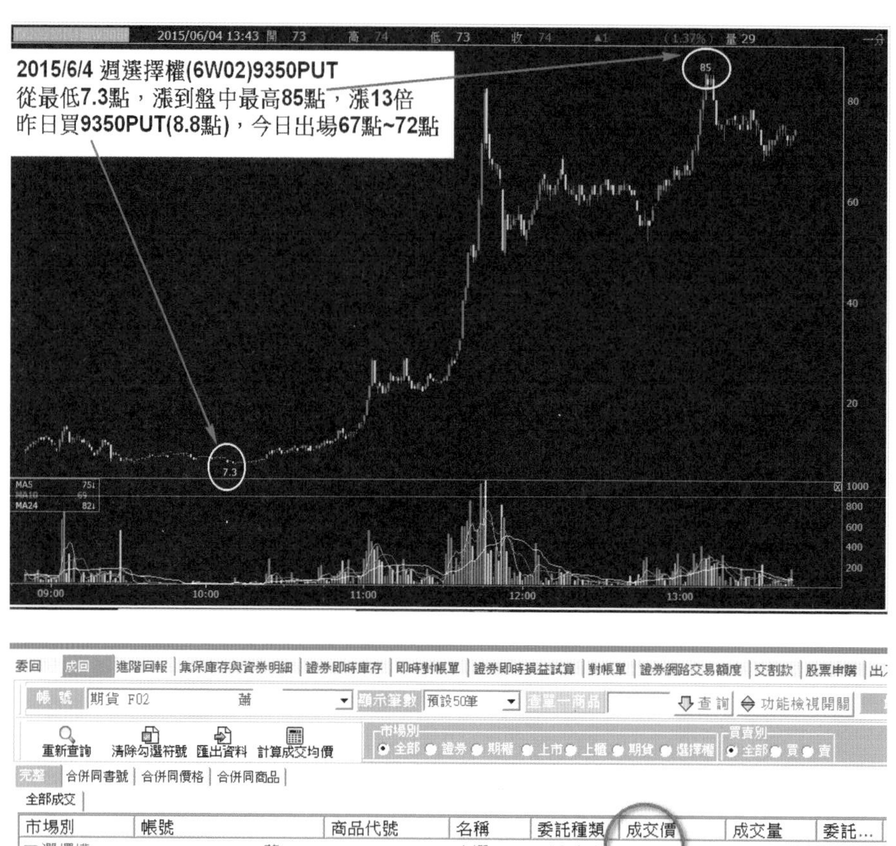

市場別	帳號	商品代號	名稱	委託種類	成交價	成交量	委託...
□選擇權	F020	TX209350R5	台選W...	平倉賣出	72.00		d3058
□選擇權	F020	TX209350R5	台選W...	平倉賣出	67.00		g2252

2015/07/08 大盤大跌。

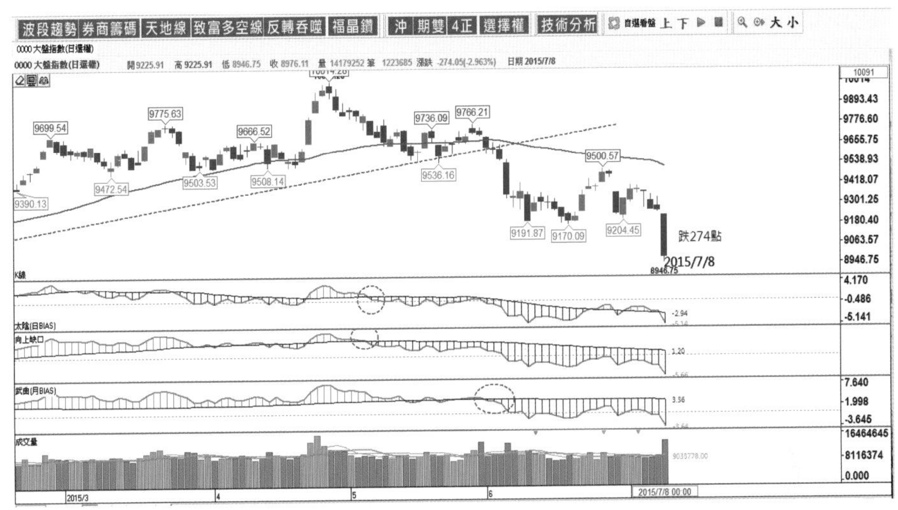

7/8 9050PUT當日盤中最低0.1點～最高93點，漲幅最高930倍。

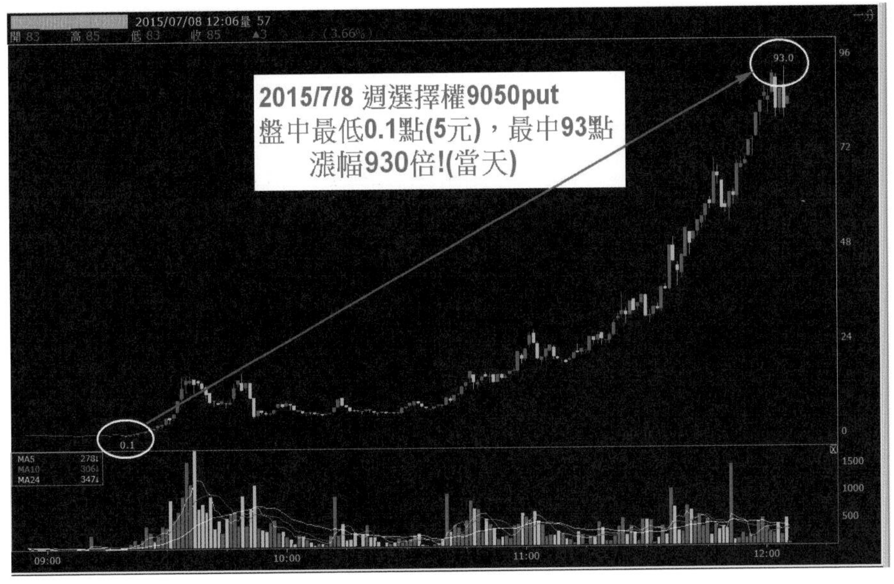

2015/8/19 選擇權結算日，開盤 8,182 點，收盤 8,021 點。

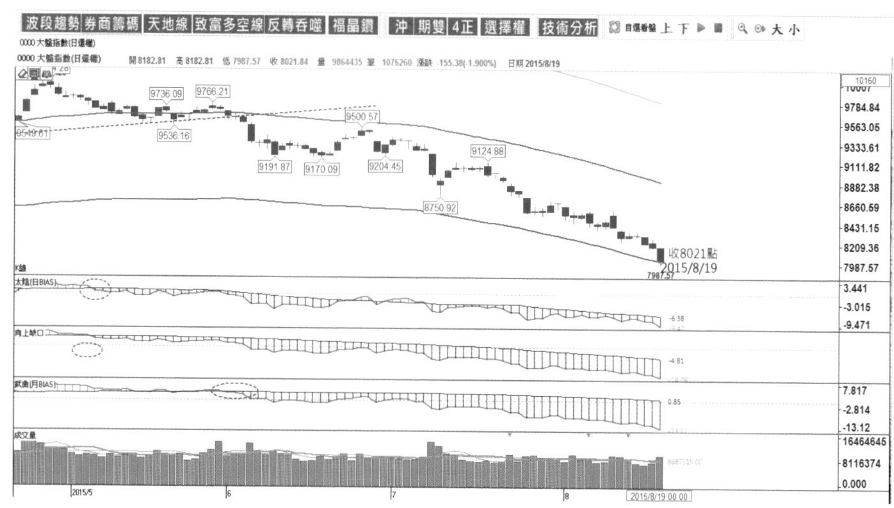

8/19 的 8050 選擇權盤中成交 4,500 口以上（0.5 點～ 2 點）

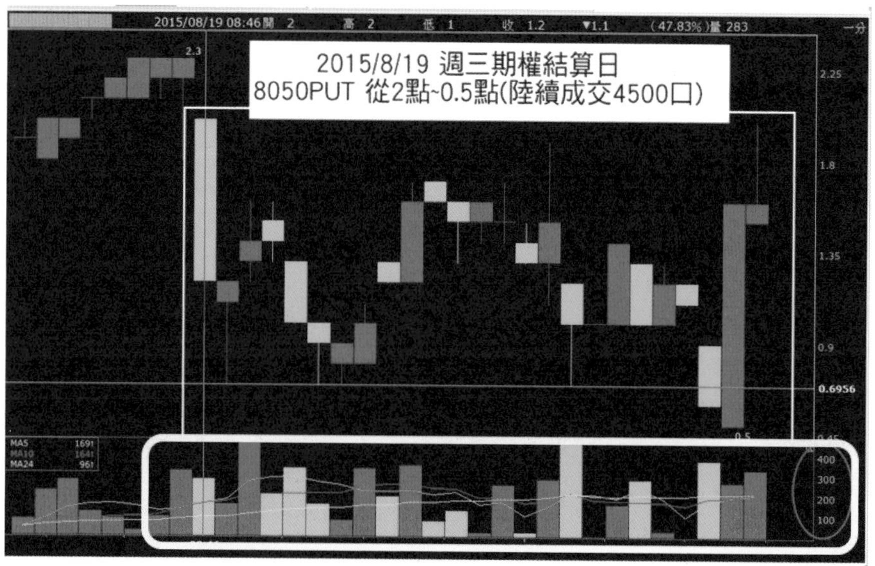

8/19 的 8 月結算日，8050 選擇權盤中最低 0.5 上漲到最高 58 點，漲幅最大高達 116 倍。

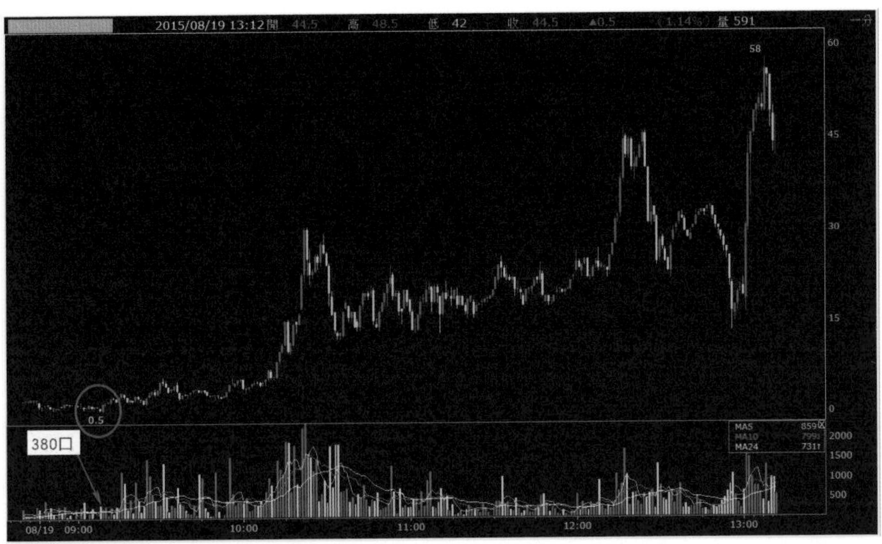

2015/8/20是9月期權新倉第一天，台股大盤比起全球下跌的早，波段跌幅還要急與深，有些人想法是？跌那麼多了，還會繼續跌嗎？

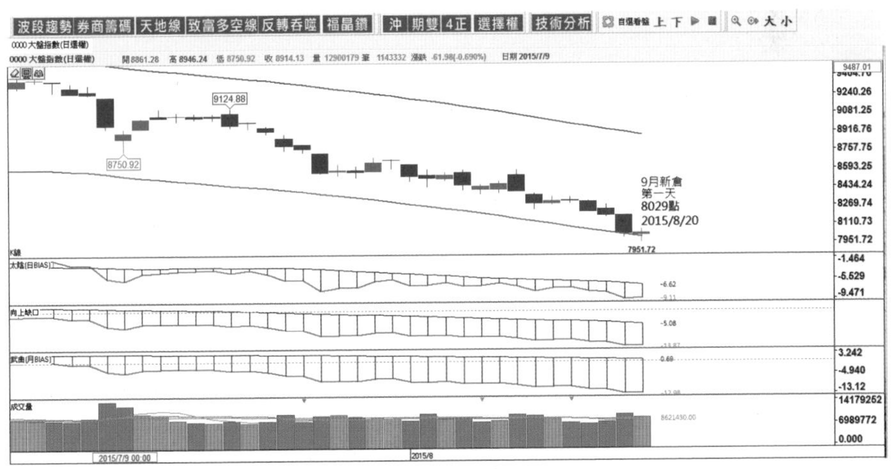

舉以下 2 檔履約價為例：6800PUT 與 7000PUT

2015/8/20，6800PUT 收盤 1.7 點，總成量 1,239 口。

市 | 櫃 | 期 | 選 | 興 | 海 | 庫 | 自 | 台選09 | 台選10 | 台選11 | 台選12 | 台選03 | 台選W408 | 金選09 | 金選10 | 金選11 | 金選12 | 金選03 | 電選09 | 電選10 | 電選11

代號	名稱	買進	賣出	成交價	漲跌	幅度	單量	成交量	最高	最低	標的名稱	標的代號
TSEA	加權指			8029.81	▲7.97	0.10	5585	87981	8063.80	7951.72		

買進	賣出	成交價	漲跌	成交量	履約價	買進	賣出	成交價	漲跌	成交量
1160.00	1190.00				C 6800 P	1.20	1.80	1.70	▲1.50	1239
1060.00	1090.00	1080.00	▲10.00	2	C 6900 P	2.00	2.60	2.50	▼0.80	3238
960.00	995.00				C 7000 P	3.70	3.90	3.70	▼1.30	5018
865.00	895.00				C 7100 P	5.60	5.80	5.70	▼1.20	5591
770.00	800.00				C 7200 P	8.80	8.90	8.80	▼1.70	7745
675.00	700.00	620.00	▼70.00	1	C 7300 P	13.00	13.50	13.50	▼1.50	8962
580.00	615.00				C 7400 P	19.50	20.00	19.50	▼2.50	17296
491.00	515.00	505.00	▲6.00	20	C 7500 P	29.50	30.00	29.50	▼2.00	17656
414.00	430.00	428.00	▼16.00	50	C 7600 P	44.50	45.00	44.50	▼3.50	20342
325.00	349.00	339.00	▼6.00	250	C 7700 P	64.00	65.00	65.00	▼3.00	21562
265.00	268.00	266.00	▼5.00	1529	C 7800 P	91.00	93.00	93.00	▼4.00	16979
199.00	202.00	200.00	▼2.00	3591	C 7900 P	125.00	127.00	127.00	▼8.00	14288
143.00	146.00	143.00	▼9.00	11402	C 8000 P	170.00	171.00	172.00	▼8.00	11390
99.00	101.00	99.00	▼8.00	21037	C 8100 P	223.00	226.00	225.00	▼12.00	4186
65.00	66.00	66.00	▼6.00	25627	C 8200 P	280.00	298.00	293.00	▼9.00	1857
38.00	39.00	39.00	▼7.50	36956	C 8300 P	361.00	375.00	366.00	▼12.00	927
22.00	22.50	22.00	▼6.50	35664	C 8400 P	437.00	464.00	448.00	▼5.00	522
11.50	12.00	12.00	▼5.00	30073	C 8500 P	535.00	550.00	540.00	▼10.00	325
6.60	6.90	6.70	▼3.80	20423	C 8600 P	630.00	645.00	635.00	▼10.00	131
3.50	3.80	3.50	▼3.40	8627	C 8700 P	710.00	745.00	720.00	▼20.00	78
2.10	2.30	2.10	▼2.70	5468	C 8800 P	810.00	840.00	810.00	▼25.00	70
1.20	1.40	1.30	▼2.10	3557	C 8900 P	910.00	940.00			
0.80	0.90	0.80	▼1.50	2462	C 9000 P	1020.00	1040.00	1000.00	▼30.00	29
0.40	0.60	0.60	▼1.00	1152	C 9100 P	1110.00	1140.00			
0.40	0.50	0.50	▼0.90	510	C 9200 P	1210.00	1240.00	1200.00	▼30.00	4
0.30	0.50	0.50	▼0.80	502	C 9300 P	1310.00	1340.00	1380.00	▲50.00	1

2015/8/20，7000PUT 收盤 3.7 點。

市 | 櫃 | 期 | 選 | 興 | 海 | 庫 | 自 | 台選09 | 台選10 | 台選11 | 台選12 | 台選03 | 台選W408 | 金選09 | 金選10 | 金選11 | 金選12 | 金選

7000PUT

代號	名稱	買進	賣出	成交價	漲跌	幅度	單量	成交量	最高	最低
TSEA	加權指			8029.81	▲7.97	0.10	5585	87981	8063.80	7951.

買進	賣出	成交價	漲跌	成交量	履約價	買進	賣出	成交價	漲跌	成交量
1160.00	1190.00				C 6800 P	1.20	1.80	1.70	▲1.50	1239
1060.00	1090.00	1080.00	▲10.00	2	C 6900 P	2.00	2.60	2.50	▼0.80	3238
960.00	995.00				C 7000 P	3.70	3.90	3.70	▼1.30	5018
865.00	895.00				C 7100 P	5.60	5.80	5.70	▼1.20	5591
770.00	800.00				C 7200 P	8.80	8.90	8.80	▼1.70	7745
675.00	700.00	620.00	▼70.00	1	C 7300 P	13.00	13.50	13.50	▼1.50	8962
580.00	615.00				C 7400 P	19.50	20.00	19.50	▼2.50	17296
491.00	515.00	505.00	▲6.00	20	C 7500 P	29.50	30.00	29.50	▼2.00	17656
414.00	430.00	428.00	▼16.00	50	C 7600 P	44.50	45.00	44.50	▼3.50	20342
325.00	349.00	339.00	▼6.00	250	C 7700 P	64.00	65.00	65.00	▼3.00	21562
265.00	268.00	266.00	▼5.00	1529	C 7800 P	91.00	93.00	93.00	▼4.00	16979
199.00	202.00	200.00	▼2.00	3591	C 7900 P	125.00	127.00	127.00	▼8.00	14288
143.00	146.00	143.00	▼9.00	11402	C 8000 P	170.00	171.00	172.00	▼8.00	11390
99.00	101.00	99.00	▼8.00	21037	C 8100 P	223.00	226.00	225.00	▼12.00	4186
65.00	66.00	66.00	▼6.00	25627	C 8200 P	280.00	298.00	293.00	▼9.00	1857
38.00	39.00	39.00	▼7.50	36956	C 8300 P	361.00	375.00	366.00	▼12.00	927
22.00	22.50	22.00	▼6.50	35664	C 8400 P	437.00	464.00	448.00	▼5.00	522
11.50	12.00	12.00	▼5.00	30073	C 8500 P	535.00	550.00	540.00	▼10.00	325
6.60	6.90	6.70	▼3.80	20423	C 8600 P	630.00	645.00	635.00	▼10.00	131
3.50	3.80	3.50	▼3.40	8627	C 8700 P	710.00	745.00	720.00	▼20.00	78
2.10	2.30	2.10	▼2.70	5468	C 8800 P	810.00	840.00	810.00	▼25.00	70
1.20	1.40	1.30	▼2.10	3557	C 8900 P	910.00	940.00			
0.80	0.90	0.80	▼1.50	2462	C 9000 P	1020.00	1040.00	1000.00	▼30.00	29
0.40	0.60	0.60	▼1.00	1152	C 9100 P	1110.00	1140.00			
0.40	0.50	0.50	▼0.90	510	C 9200 P	1210.00	1240.00	1200.00	▼30.00	4
0.30	0.50	0.50	▼0.80	502	C 9300 P	1310.00	1340.00	1380.00	▲50.00	1

大陸央行放手讓人民幣短短幾天內急貶 3.12%，引發全球股災。

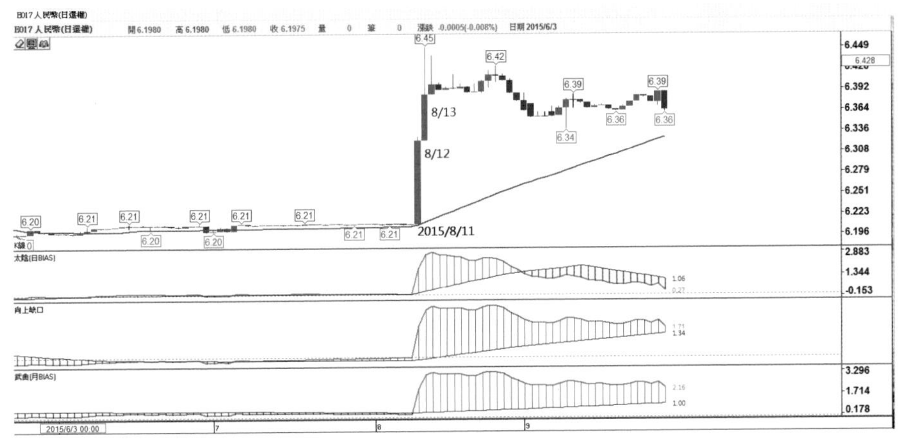

台股再下殺至 8/24 最低點 7,203 點。

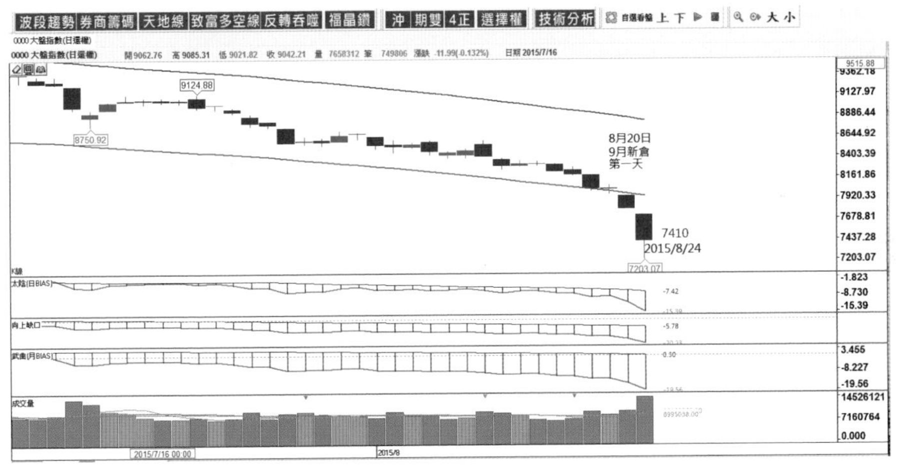

你知道選擇權 PUT 威力，你猜可以漲多少倍嗎？

我接著舉 2 個 PUT 覆約價說明：

6800PUT 在 20 日收盤 1.7 點，成交量 1,239 口，但是 6800PUT 在 8/24 日盤中最高 515 點，漲幅 302 倍。假如你是投入 5 萬元進場，賣在最高點，那麼你就有機會賺進 1,510 萬。

2015/08/24 選擇權 9 月 6800PUT 隔三個交易日

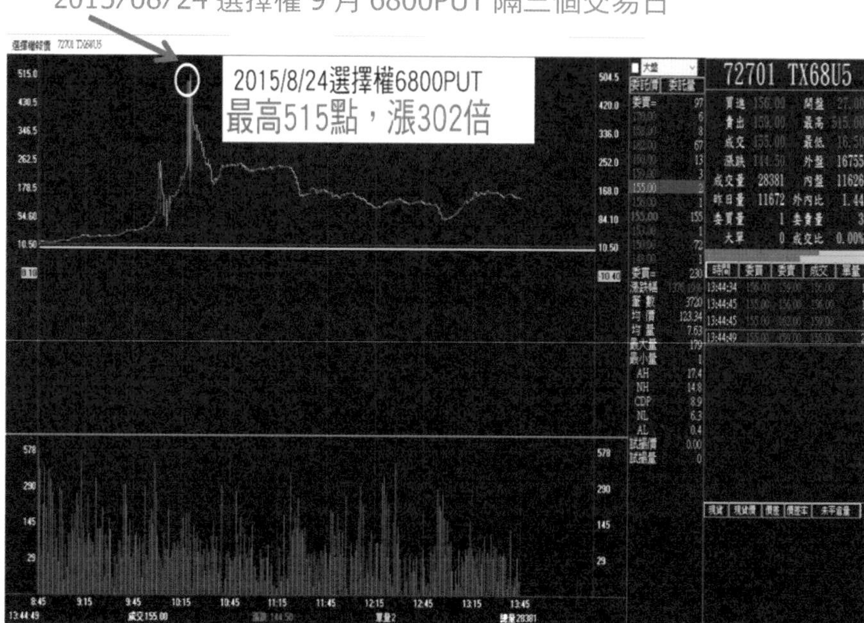

7000PUT 在 20 日收盤 3.7 點，成交量 5,018 口 ×3.7 點 ×50 元 ＝ 928,330 元（約成交金額），8/24 日盤中最高 650 點，從 3.7 點～650 點，漲幅最高 175 倍。

5 萬元頓時變成 875 萬元。

當然這是最理想狀況，但是要賺 3 ～ 50 倍機會就很大了，你說是嗎？

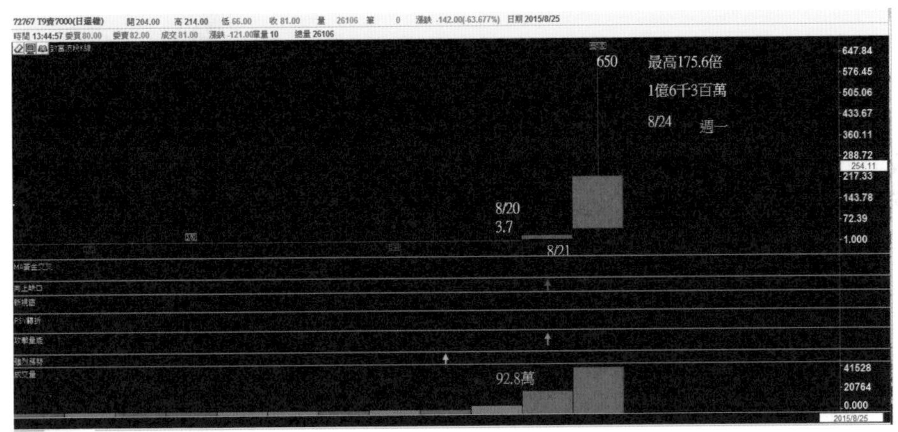

想多瞭解選擇權「關鍵轉折技術研判與交易策略應用」相進一步瞭解選擇權及選擇權的妙用的朋友，歡迎來電洽詢。

1 新加坡摩台的未平倉查詢網址
http：//www.sgx.com/wps/portal/sgxweb_ch/home/marketinfo/derivatives/delayed_prices/futures

2 摩台指統計來源，可從國內各大期貨商海外期貨報價。

借鏡理財大師，投資成功不求人

向世界頂尖理財大師學習投資策略與內功心法，你距離成功肯定不遠。每位投資大師都有屬於自己的一套短線操作、長線投資與波段操作模式，我在這裡列舉幾位大師的投資關鍵技術供大家參考。

多年前認識一位台北知名房仲業的總經理，他與我分享了一則真實的案例：

2011/3 他移民國外的一位好友，拿 1 億元回台灣投資，選擇買進某手機品牌公司股票，買在 2011/3 股價約 1,100 元左右，起初有漲上去，他朋友很高興與陳總分享股票賺錢經驗，但是在高點 1300 元出現後，股價開始修正，6/15 他買的那一檔股價跌破他的買價，股價來到 900 多元時再灘平買進股票，但是股票又繼續跌，到了 600 多元，他又再灘平加碼，但是股價非但沒漲又繼續破底到 400 多元，雖然 2011/12 股價開始反彈到 600 多元，但是還是沒有解套，最後股價再次破 400 多元，他朋友為了要把輸掉的錢快一點賺回來，就決定把股票由現股換成融資壓滿，但是股價又再往下破底，一路跌到 191 元，他的股票全部被斷頭賣出，總共賠了 1 億元。

各位投資朋友，如果他當初知道師法並且遵守傑西・李佛摩的 18 個投資核心理念，想來就不會犯了不該犯的錯誤，進而慘賠 1 億元。

用 1 億元當代價換取 18 個投資信念，這代價也未免太昂貴了，不是嗎？

每位投資大師都有屬於自己的一套短線操作、長線投資與波段操作模式，我在這裡列舉幾位大師的投資關鍵技術供大家參考。

短線操作範例——「世界投資大師」傑西‧李佛摩

被《時代》雜誌（*Time*）形容為「最活躍的美國股市投機客」的傑西‧李佛摩（Jesse Lauriston Livermore），其慣用的 18 個投資核心理念，分別是：

1. 若第一筆交易已讓你蒙受損失，再做第二筆交易就是有勇無謀。
2. 不要在同一時間內介入太多股票，幾檔股票要比一大堆股票容易照顧。
3. 除非你確知交易結果無損你的財富安全，否則不要輕易出手。
4. 股票越過「關鍵點」後若無法展現應有表現，即應視之為必須留意的危險信號。
5. 專注在最強勢的產業類股，並從這些產業類股中找出最強勢的股票。
6. 必須迅速斬斷損失並且讓獲利順勢往前行。
7. 假如你損失 50%，那麼你必須獲利 100% 才可以扳平。
8. 市場永遠不會錯，而個人意見通常都是錯的。
9. 類股走勢是交易時機的判斷：股票不會單獨行動。
10. 永遠都要留意自己的情緒：贏的時候不要太自信，輸的時候也無須太沮喪。
11. 成功的投資人不會隨時停留在市場上，許多時候應該手握現金。

12. 不要固守著下跌的股票，成為一個「無可奈何」的投資者。
13. 顧好你的本金：採用測試交易單做買進，逐步建立部位。
14. 投機有方法並且要依計行事，不要老是在更動計劃。
15. 在市場行情走到盡頭時，大量通常是倒貨量，這時股票從大戶手中流向散戶，從專業人士手中流向一般大眾。
16. 股價不可能因為價位太高而無法買進，也不會因價位太低而無法放空。
17. 「創新高價」是關鍵時刻，創下歷史新高價代表已經完全消化套在上方的股票籌碼供應，極可能是有效的突破訊號。
18. 市場上之所以不斷重演老戲碼，無非是因為貪婪、恐懼、無知以及希望……，這就是數字結構和型態會不斷重複的原因。

短線操作範例——「金融大鱷」喬治．索羅斯

在 1992 年 9 月著名的英鎊戰役中贏得 20 億美元利潤，並在 1997 年成功狙擊泰銖，喬治．索羅斯（George Soros）因此獲得「金融大鱷」或「國際狙擊手」。

1．索羅斯操作原則：

a. 他堅持生存為第一要義。面對投資風險，並不孤注一擲。他屢次強調：「絕不能為了賺錢，而冒徹底失敗的風險。假如有利可圖，而風險又在可承受的範圍之內，就必須果斷採取行動」。

索羅斯在《金融煉金術》（*The alchemy of finance : reading the mind of the market*）的導論中說：如果我必須就實務技巧做一個總評，我會選擇存活。

譬如 1987 年，當股市崩盤時，他判斷會從日本開始隨後才是美國股市，可是原本放空的日本市場反而上揚，他馬上認賠出場。他的原則是：先求生存，再求致富。正所謂「冒著沒有東山再起的風險而孤注一擲」，這正是索羅斯極力反對的一種投資方式。

b. 在投資市場上並沒有絕對的「對」與「錯」，在投資市場上，「對」與「錯」的檢驗標準，直接可用「賺」和「虧」。

c. 他認為人類對事物的認知總是有缺陷的，但要隨時準備去修正自己的錯誤，以免在曾經跌倒過的地方再次跌倒。

2・成功者都是學習者：

索羅斯訂購了 30 種業界雜誌，還閱讀一般性雜誌，到處尋找可能有價值的訊息或社會趨勢，他博覽群書的目的，就是要從資料審視有什麼特殊之處，找機會切入市場。

Stock 長期投資範例——「股神」華倫・巴菲特

說起長線操作的經典，我們絕對不能不提及以下這兩位投資界代表人物，首先第一位就是素有「股神」稱號的華倫 巴菲特（Warren Edward Buffett）。而巴菲特成功投資的選股策略，則是以下列 8 大標準為主：

1. 必須是消費壟斷企業。
2. 企業要有好的發展前途。
3. 企業要有穩定的經營史。
4. 具有優秀管理者的企業。
5. 企業具有強大的競爭優勢。
6. 經營效率高、收益好的企業。
7. 企業現金流量較充裕
8. 股票價格必須合適。

長期投資範例——「股票之聖」彼得．林區

彼得．林區（Peter Lynch）與巴菲特、索羅斯齊名，其成功關鍵在於，他善於觀察且開發具有持續盈利、不斷成長、兼具價值的快速成長型公司（企業規模較小，但年增長率為 20 ～ 25%，具備活力也比較年輕者），進而勇敢加碼、投資。其服膺的投資理念是：購買股票的最佳時段是在股市崩潰或股價出現暴跌的時候。價值投資的精隨在於，質優價低的個股，內在價值在足夠長的時間裡總會體現在股價上，運用這種特性，使本金穩定地復利增長。

彼得．林區強調，投資不過是一種想方法提高勝算率的賭博而已。彼得．林區認為，確定投資的前提是研究分析股價是否合理？假如你做出了正確的研究且買入了價格合理的股票，那你已經在一定程度上讓你的風險降低到最小化了。

彼得．林區認為，投資必須盡可能集中投資優秀企業的好股票。

為了避免一些不可預見的風險發生，只投資於一支股票是不安全的，一個資產組合中必須含有 3 ～ 10 支股票較為合適。彼得．林區認為，在選擇分散投資的對象時應考慮下列因素：

1. 緩慢增長型的股票是低風險、低收益的股票。
2. 穩定穩票是低風險、中等收益股票。
3. 隱藏資產型股票是低風險、高收益的股票。

波段操作範例——「德國的華倫．巴菲特」安德烈．科斯托蘭尼

安德烈．科斯托蘭尼（André Kostolany）被尊稱為德國的華倫．巴菲特，多年來，他流傳在投資界的經典語錄計有：

1. 我在長達 80 年的證券交易中學到一點：投機是一門藝術。
2. 有 3 種快速致富的方法：一是帶來財富的婚姻；二是幸運的商業點子；三是投機。

   他對自己一生堅持「投機」是那麼理直氣壯。他投機各種證券、貨幣以及期貨，也就是說，哪裡有投資生財的管道，他就到哪裡去投機。
3. 「有錢的人，能夠投機，錢少的人不能投機，根本沒錢的人，必須投機」，他不是因為錢而投機，而是把投機看成藝術才投機。

4. 有錢不等於幸福，同時要懂得用錢創造豐富的心靈。
5. 他建議大家「享受生活」，他始終牢記這一原則，並奉行到生命終點。
6. 他既不吝嗇，也不亂花錢，更不炫耀自己的財富，錢只是實現目的的手段。
7. 絕對不要借錢買股票。
8. 不要只想獲利就賣掉股票。

操盤秘訣

1．只看趨勢，並且關注不同的基本因素：

貨幣、利息率、信貸政策、經濟擴張、國際形勢、貿易平衡表以及商業消息等，他們不受二手消息的影響，設計一個理想的投資組合與戰略，依照每天發生的事件來調整。

2．奉行「發展趨勢＝貨幣＋心理」的投資概念：

他認為「貨幣對證券市場來說，就好比是氧氣之於呼吸，或者汽油之於引擎那樣重要，沒有貨幣，即使將來形勢很好，經濟一片繁榮，世界充滿和平，行情也不會上升，假設沒有多餘的錢，就沒有人購買股票，可以說，貨幣就是股票市場的靈丹妙藥」。然而僅僅依靠貨幣，股票市場也不會發生變化，還必須加上心理因素，假如大多數投資者的心理是負面的，則沒有人想購買股票，股票大盤指數也不會上漲，只有在貨幣與心理都呈正面效應的時候，股票大盤指數才會攀升，而兩個因素都是出現負面的時候，股票大盤指數就會下挫。

假設某個因素略占上風，就會通過略為上升或下降的指數呈現出來，這就要看哪個因素更強，只有當一個因素產生逆轉，造成兩個因素同時變成正面或負面的時候，就會出現行情暴漲或暴跌。科斯托蘭尼認為，在指數上升過程中，即使是最差的投機者也可賺到一些錢；而在指數下挫過程中，即便挑選很好股票的人也賺不到錢，所以投機很重要的是掌握趨勢，其次才是選股。

3．一切取決於供給和需求：

科斯托蘭尼曾經講過這麼小故事：有一個人到大街上散步，他的狗跟在他的身邊，狗總是這樣，它跑到主人的前面，但一會兒返回到主人的身邊，接著，它又跑到主人的後面，看到主人跑得太遠，就又跑了回來，一直如此不斷，最終，主人和狗到達同一個目的地，主人慢慢地走了 1 公里時，狗卻來回跑了 4 公里……

這個「人」就是經濟，而「狗」就是股市，1930 ～ 1933 年的經濟大蕭條結束之後，美國的經濟發展就好比這個例子，經濟持續在增長，其中也有一、兩次的停滯不前，然而證券市場卻漲漲跌跌有上百次之多，所以，分析發展趨勢的時候，必須對各種影響因素進行評估，而且要能看出將來的供需情況。

4．任何一所學校都教不出投機家，除了經驗之外，還是經驗：

證券交易所猶如一間昏暗的房間，那些幾十年來一直待在屋子裡的人，一定比不久前才進來的人，更為瞭解這房間。那些經濟學家光會計算，但不會思考，他們的統計不但有錯誤，而且也發現不了數字背後隱藏的東西。在科斯托蘭尼眼中，投機的目標成了百萬富翁之後，並非要累積多少財富，而是要「不依靠任何人，運用自己的資本，就可以滿足自我需要的人！例如百萬富翁便是不用工作，既無須在上司面前，也不用對客戶卑躬屈膝者。」

獲利法則

1・逆向操作是成功的要素：

他說：「當股市過熱的時候要克制自己的衝動而迅速地退出市場，而當股市過於冷清的時候要鼓勵自己大膽進入。」他認為，當股市熱到了幾乎所有投機者都進入了股市時，當街頭巷尾的街坊鄰居，都在談論股票，此時你必須克制自己的交易情緒，立即從股市裡退出來，接下來欣賞股市是如何崩盤的。

2・在逆轉股中尋找真金：

科斯托蘭尼認為，進行投機，能夠運用「轉機股」發財。克萊斯勒是當時全球第三大汽車製造商，在20世紀70年代末將要破產，但科斯托蘭尼卻反其道而行，以3美元的價格買進股票，經紀人建議他趕快拋出，理由是該公司肯定會在不久之後宣告破產。可是科斯托蘭尼並不這麼想，他認為，股價從50美元下滑跌到3美元，機會跟風險是不成比例的，這簡直是不可思議的賺錢良機！假設公司真的破產了，每股僅賠3美元，但反觀若公司順利被拯救了，他日後所獲得的收益將會飆升到30美元，甚至更多……

後來，克萊斯勒的新上任總裁以高超的管理經營能力，對公司進行改組，其股價確實從3美元向上暴漲，此後更始終保持在150美元的水準，這樣的成就促使科斯托蘭尼獲得將近50倍的收益！

3・在股票市場上賺錢，不是靠頭腦，而是靠沉得住氣：

「耐心」就是股票市場上最重要的東西，缺乏耐心是投資最常見的錯誤，誰缺乏耐心，誰就不要靠近股票市場……

操作技巧

暴漲與崩盤是不可分割的搭檔，崩盤往往以暴漲為前導，而暴漲都以崩盤結束。它們是不斷的迴圈，因此，投資主要的技巧，就在於判斷市場是處在哪個階段，而他憑藉著豐富的經驗判斷市場處在哪個階段，例如：

1. 遇空不下跌是超賣，遇多不上漲是超買。
2. 持續地放量下跌，離底部就不遠了。
3. 持續縮量下跌，前景堪憂；持續放量上漲，也是前景堪憂。
4. 縮量上漲，情形很有利，當成交量較小的時候，假如指數上漲，此情形就很有利。

選股心法

1. 看行情再選股。
2. 選擇成長性行業。
3. 連升連降理論（股價不斷創新高與不斷創新低）：這個理論指的是，在行情上漲時，上一個最高點就會被接下來的一個最高點超過，假如此現象重複幾次出現，股市可能還會持續上漲。這就是我們前面所教學的上升趨勢線。
4. W（W 底）、M（M 頭）規則：他對兩個圖表規則十分感興趣，他認為 W、M 規則是投機者憑藉著經驗能夠看出的徵兆中最有意義的信息。

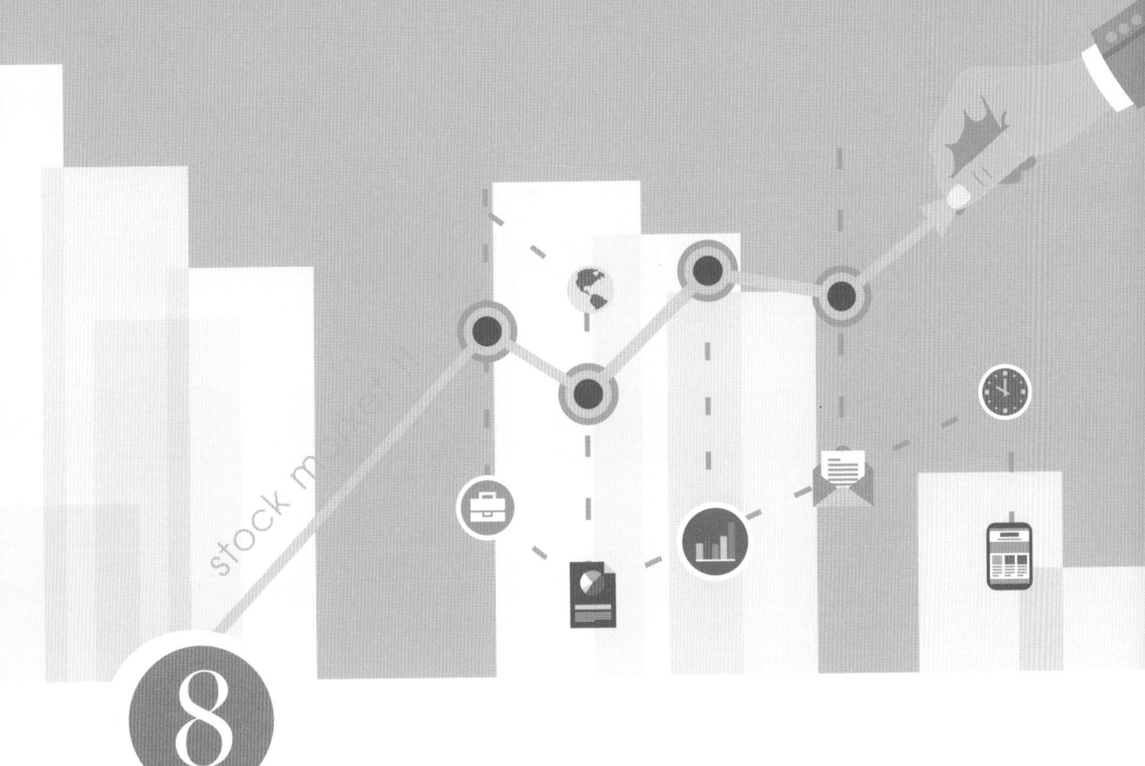

8

學員學習心得分享

大學唸的是金融科系，可是卻從未在學校中學到有效的選股方法，只看財報基本面投資，大學時代就已賠了 10 萬元，後來即使用巴菲特的價值投資法，也因為符合價值投資的台股寥寥可數，加上小散戶資金不多，即使每年都有 20% 的報酬，也不可能讓我達到財富自由的目標。

但是當我學完這套課程後，一切都不一樣了，首先，我的選股能力提升了，我開始享受到波段獲利的快感，不再像以往那樣即使好不容易選對一支股票卻抱不住的懊悔。再者，我較能掌握出場時機，不會再像以往一樣，將好不容易賺取的獲利又全數吐回去，成功鎖住獲利，即使看錯也不會因為死不停損，反而輸更多。最後，當大盤要下殺時，我會合理調整持股比例，不會像以往一樣，傻傻地用肉身去接刀子。

有人說過，市場就是最好的老師，可是要繳給市場的學費實在太高，時間也拉太長，加上每個人的領悟力不一樣，若沒有一個好老師帶領，即使在戲棚下站一輩子，也不見得有好康降臨在你身上。

真的很慶幸自己有機會接觸到這套課程，更感謝富豐公司用心提供好的學習環境與用心協助學員，以及康老師不計得失的教導，上述種種均是經過實務驗證過的經驗與方法，從此讓我看到財務自由的可能性！

我相信若想要在股票市場中成為贏家，富豐肯定是一個最好的選擇！

學員｜周仕承 先生（證券分析師）

想起 2009 年以前的我，完全不懂股票基本面、技術面，但卻莫名其妙地搭上亂射的飛鏢順風車，那時的股市幾乎是不分好壞、天天漲停板，就這樣年中漲到年尾，回想起這段時間的我，幾乎把所有定存全部解套投資進去股市中，甚至感覺自己根本就是所向無敵了……。

直到 2009 年全球金融風暴來襲，所有的美夢全部都醒了，一連串的大逃殺、踩踏到最後越跌越兇，那時的我還很天真，自以為持有績優股根本不用擔心，單純認為投資要放長線才行。但萬萬沒想到，當出噴到天上飛的到最後竟變成地上爬的，股票跌的速度遠遠超乎我所能想像，就這樣，連本帶利，抱上抱下，待夢醒之後，我只有大賠出場，用身家換來這傷心的體悟：這只是一場賭博而非投資。

在那時，因緣際會之下，我有幸遇到營業員賴先生，他帶我去聽一場演講，第一次上投資課程，進而認識蕭顧問、康老師，這時我才知道原來有達人會開辦這種投資課程，也從那時候開始，我終於知道什麼是 K 線？技術分析？。

康老師上課時的精闢講解總令我印象深刻，他總是掛在嘴邊的一句話便是：想要投資前，請先認識投資是什麼？

這時，我終於下定決心要報名課程，一腳踏進富豐學習課程，重新開始認識技術分析、股票、期貨、選擇權。而在進入富豐學習課程的這段時間，對於完全不懂「投資」這兩個字的我，反覆學習最多的部份是如何控管資金，這可是投資時很重要的一環，再來是判斷趨勢，這兩樣人性弱點是我著墨最多的一部份，我花了龐大時間消化所學，除了選股以外，最重要是累積實戰經驗。

富豐提供學員重複學習的機會，講師們用心的指導更讓大家成功翻轉人性弱點，最重要的是，康老師所傳授的技術分析具備嚴格定義，康老師的專業知識更是讓我敬佩不已。

正所謂「師父領進門，修行在個人」，在學會股票分析技術之後，我累積最多實戰經驗的是期貨、選擇權，在五年後的今天，我能夠在期權這市場存活下來並且獲利，這可是一件非常不容易的事，今年我將賺到的錢轉投資到一家位於台中市的店面，順利出租開始當起了包租公。回想這幾年的操作經驗，我明白自己認真實現顧問曾經對我們說過的話：「金融市場就是你的提款機」。幸好當時下定決心來上課，讓我從什麼都不懂的小夥子，走到今天能將選擇權當做我的提款機，我非常推薦對投資有興趣的朋友來富豐一起學習與成長，請相信我既能做的到，您一定也可以。

學員｜江邦盛 先生（洗衣店老闆）

早期不懂什麼是股市，盲目跟隨，連融資斷頭是什麼都不知道，魯莽地聽信朋友所言就入市，結果就是一口氣輸掉了兩棟房子。

有次在保養車子時無意間看到一本雜誌，當期內容採訪一位年輕的外資操盤人！縱橫股市的他自有一套關鍵技術來佐證！當下因好奇的驅使，我便抄下雜誌上的聯絡方式，報名試聽 。

我從來沒有上過任何有關股票市場的課程，參加講座，聽完整堂課程的當下，我只能說是霧裡看花，真的搞不懂那些是什麼意思？但是即便如此，我腦海中依舊不斷浮現雜誌上那位年輕操盤人所說，他是如何透過技術分析，如何精準看到 K 線圖以及法人如何操作關鍵……等，好奇心不斷襲來！

我當下便認為，如果能夠早一點學到這樣的技術，應該就不會在股市損失慘重了！

考慮了些許時間後，我終於下定決心去報名上課！

從基本的股市入門開始學起，我從不懂什麼是股市到瞭解股市風險，與法人操盤的關鍵技術！花費了很長的時間在學習課程上，由其是股市技術分析的課程，我便花了好幾個月的時間用心研習。這當中我更要感謝太太的鼓勵與支持！這段時間還真是難為她了。

從完全不懂走到慢慢瞭解，我終於明白富豐所提供的學習與訓練環境是外面所沒有的，我很感恩自己有幸能來這裡上課，也非常感謝老師們的用心傳授！我自認運用的還算不錯，已算是進入賺多賠少的境界，對我來說這更是自己日後退休的興趣和技能。非常感謝富豐關鍵技術，讓我從此獲得更豐富的人生。

感謝富豐講師群們，祝大家平安順利，發光發亮！

學員｜陳徠發 先生（退休族）

未上課前，我投資股市單憑心情好壞，交易時則最愛聽明牌（例如電視牌／股市名嘴牌／投顧牌／親朋好友牌），但是因為運氣真的很好，所以大多都還能賺了就跑，但好運不可能永遠長伴左右，所以也曾因誤信親朋好友牌，而在金融風暴時大賠五、六百萬（茂德／HK1997……）。

學完這套課程後，覺得對自己最大的幫助是，培養出一套能夠在股市投資中賺錢的致勝心法：一方面嚴設停損點（保本），進而從中追求卓越的獲利（找出強勢股，朝對的方向加碼）。我相信自己日後即便再遭遇金融海嘯，想來也不會賠的太慘，加上在老師跟顧問的幫助下，我更有信心能找到強勢股，捉住整個波段 不會剛發動就被洗掉。

學習這套課程已有一段時間，我覺得自己已從市場上賺回了許多倍的學費回來，連過往最愛聽的明牌也能明確判斷，絲毫不用擔心會變成最後一隻白老鼠。而當我對未來走向感到疑惑時，老師都能在課堂解盤中，讓我們對未來的走勢做足萬全準備，課程對我幫助非常大，與其買名牌，不如繳一次學費投資自己，還能終身獲益，真的太超值了！

學員｜羅如智 小姐（竹科上班族）

我從事金融業 4 年多，股齡 10 年以上，看過的股票書藉超過百本以上，總結多年的投資經驗，雖然沒輸錢但也沒賺太多，但是當我開始接觸康老師所教授的技術分析後，我徹底改變了以前慣用的操作想法與技術：遇上多頭市場時，敢於追強勢股；此外也學會移動式停利，可以長抱一支股票撐過一個波段，不會被洗出去，可說越來越有信心了。

朋友以前都戲稱我大師，同事現在則都稱我為大戶或漲停板先生，因為我選中的股票連續漲停機率非常高，甚至在多頭市場時，我也與學員們互相競爭，比較在誰的庫存中，漲停板最多支？

學員｜賴振和 先生（證券業主管）

恭喜我們的學員接受了《今周刊》第981期（2015/10/12）專訪[註1]：

「窮爸爸變富爸爸翻身日記」

38歲的工程師化名陳耀光，他現在還在科學園區上班，但是卻能從負債400萬元，翻身變成身價高達2000萬元的富爸爸，他是怎樣辦到的？

我們為了協助上億的華人投資散戶，特別邀請傳授窮爸爸變富爸爸投資理財關鍵技術，擁有億萬身價的操盤人康老師[註2]，親自傳授你「股市贏家六大關鍵技術揭密 」。講座每堂原價3,980元，為了慶祝「富豐 - 股市成功研究學苑「成立七週年，每人可免費申請試聽乙次。線上報名：http://rich.yytc.com.tw/indexr.html

QR CORD 報名

註

1 http://www.businesstoday.com.tw/article-content-80401-128596

2 youtube 網 址 https://www.youtube.com/watch?v=OH4BKs3_U1U
以下是《今周刊》第896期，康老師專訪資訊。
（http://www.businesstoday.com.tw/article-content-80402-105908）

傳遞愛與感恩的正能量，直達世界的每一個角落……

此書之所以能順利完成，要感恩鑫豐證券陳總經理給我在金融業的啟蒙，康老師在技術分析上的教導，願意將股市理財的關鍵技術傳授給富豐學員們。此外，還要感恩金融業多位前輩與好友給予我的指正（東海期貨集團上海總部蘇振軍總經理、群益期貨林昌興協理、凱基證券李吉昌協理、元大證券北屯分公司陳品蓁副總經理、三立財經台張雅芳總監等）

還有我最棒富豐公司員工團隊與全省富豐學員的支持，更感謝我的父母的養育之恩。開啟了人生夢想關鍵課程是我 26 歲，決定報名亞洲成功學權威陳安之師的課程，並且幸運的進入 NO.1 培訓機構「陳安之研究訓練機構」擔任推廣講師工作，接受了陳老師嚴格的培訓與教育訓練，建立人生正確價值觀與信念。

更要感謝最美麗的老婆，一直支持我在事業上衝刺，並且幫我細心照顧二個寶貝兒女。讓我能全力以赴，幫助更多人在投資理財技術上，提升專業素質與增加財富收入。

我有一個遠大夢想，我想推動一個「圓夢成功飛行計畫」，目標是要幫助一億名華人提升財富商數，規畫人生成功藍圖與實現夢想。並且推動孝道，愛與感恩文化，將中華傳統文化的正能量推廣到全世界，想必會為世界帶來重大改變與貢獻。您想要實現您的夢想嗎？您想與我們一起傳播愛與感恩的正能量嗎？我們歡迎您一起加入「圓夢成功飛行計畫」。

最後在此祝福您福慧圓滿，事事順心。

感恩再感恩

正崗 敬上

您不能不懂的股市投資術！

課程「掌握主力籌碼，大賺波段行情」

本課程您將學到：

1. 新加坡摩台指籌碼 & 台指期波段趨勢
2. 如何應用摩台平均成本操作台指當沖
3. 輕鬆掌握主力券商籌碼，賺取股票波段行情
4. 精算主力券商進貨成本秘訣
5. Q&A

時數：2 小數

售價 3,980 元

訂購此書三本的朋友，可獲贈市價 3,980 元的本課程「掌握摩台籌碼，大賺波段行情」上課券 1 張，您絕對不能錯過哦！

富豐雲端財富股份有限公司　官網 :www.rich899.com.tw

上課地點：

北　台北市重慶南路一段 10 號 6F

中　台中市西區臺灣大道二段 16 號 21F-1（木玉商業大樓）

南　高雄市苓雅區青年二路 101 號 3F（苓雅圖書館）

詳情請洽詢專線，將有專人為您服務！

台北（02）2331-8260　台中／高雄（04）3506-5968

識財經 003

洞燭先機：股市億萬贏家關鍵技術揭密

作　　者──蕭正崗
視覺設計──孫麗雯、李宜芝
主　　編──林憶純
行銷企劃──塗幸儀、王聖惠

第五編輯部總監──梁芳春
董 事 長──趙政岷
出 版 者──時報文化出版企業股份有限公司
108019台北市和平西路三段240號七樓
發行專線／（02）2306-6842
讀者服務專線／0800-231-705、（02）2304-7103
讀者服務傳真／（02）2304-6858
郵撥／1934-4724時報文化出版公司
信箱／一〇八九九臺北華江橋郵局第九九信箱
時報悅讀網──www.readingtimes.com.tw
電子郵箱──history@readingtimes.com.tw
法律顧問──理律法律事務所 陳長文律師、李念祖律師
印　　刷──勁達印刷股份有限公司
初版一刷──2016年2月19日
初版二十四刷──2023年2月6日
定　　價──新台幣320元

時報文化出版公司成立於一九七五年，
並於一九九九年股票上櫃公開發行，於二〇〇八年脫離中時集團非屬旺中，
以「尊重智慧與創意的文化事業」為信念。

洞燭先機：股市億萬贏家關鍵技術揭密 / 蕭正崗作. -- 初版. -- 臺北市：
時報文化, 2016.02
272面；17×23公分--（識財經：3）

ISBN 978-957-13-6499-5 (平裝)

1.股票投資　2.投資技術　3.投資分析

563.53　　104026995

ISBN 978-957-13-6499-5
Printed in Taiwan